FRANCOPHONIES
D'AMÉRIQUE

FRANCOPHONIES
D'AMÉRIQUE

2001   Numéro 11

Les Presses de l'Université d'Ottawa

FRANCOPHONIES
D'AMÉRIQUE

2001   Numéro 11

Directeur :
PAUL DUBÉ
Université de l'Alberta, Edmonton

Conseil d'administration :
GRATIEN ALLAIRE
Université Laurentienne, Sudbury

JAMES DE FINNEY
Université de Moncton

PIERRE-YVES MOCQUAIS
Université de Regina

JEAN-PIERRE WALLOT
CRCCF, Université d'Ottawa

Comité de lecture :
GEORGES BÉLANGER, responsable des recensions
Université Laurentienne, Sudbury

RAOUL BOUDREAU
Université de Moncton

LESLIE CHOQUETTE
Collège de l'Assomption, Worcester (Mass.)

ESTELLE DANSEREAU
Université de Calgary

PIERRE PAUL KARCH
Collège universitaire Glendon, Université York

Secrétariat de rédaction :
*Centre de recherche en civilisation
canadienne-française
Université d'Ottawa*
FRANCE BEAUREGARD
MONIQUE PARISIEN-LÉGARÉ

Publications récentes et thèses soutenues :
LORRAINE ALBERT

Révision linguistique :
ANDRÉ LAROSE

Francophonies d'Amérique est indexée
dans :

Klapp, *Bibliographie d'histoire littéraire
française* (Stuttgart, Allemagne)

*International Bibliography of Periodical
Literature (IBZ)* et *International
Bibliography of Book Reviews (IBR)*
(Osnabrück, Allemagne)

MLA International Bibliography (New York)

Cette revue est publiée grâce à la contribution financière
des universités suivantes :
UNIVERSITÉ D'OTTAWA
UNIVERSITÉ LAURENTIENNE DE SUDBURY
UNIVERSITÉ DE MONCTON
UNIVERSITÉ DE L'ALBERTA – FACULTÉ SAINT-JEAN
UNIVERSITÉ DE REGINA

Pour tout renseignement concernant l'abonnement, veuillez consulter la page 218 en fin d'ouvrage.

ISBN 2-7603-534-1

TABLE DES MATIÈRES

L'ACADIE

LES ÉTATS-UNIS

PUBLICATIONS RÉCENTES ET THÈSES SOUTENUES

FRANCOPHONIES
D'AMÉRIQUE

Paul Dubé
Université de l'Alberta

> «Car l'exiguïté signifie une ouverture et une intervention sur le monde; elle n'est pas — ne devrait jamais être, quoiqu'elle l'ait été longtemps au Québec — un repli sur soi et une fermeture devant la diversité de l'Autre. Seul l'éclatement du repli identitaire peut permettre aux petites cultures, en dépit de définitions trop floues, d'accéder à l'universalité du savoir.»
>
> François Paré, *Les littératures de l'exiguïté*

Si le hasard fait bien les choses, ce n'est pas lui qui nous fait mettre comme discours incipital à ce nouveau numéro de *Francophonies d'Amérique*, le premier de la nouvelle équipe de direction, l'étude de Claude Couture, historien à la Faculté Saint-Jean (Université de l'Alberta), à Edmonton, lieu d'une de ces enclaves perdues et peut-être à risque dans le pays de Stockwell Day, dans l'américanité géographique et culturelle ambiante. Réagissant à un article de Charles Castonguay sur les révélations implicites du dernier recensement concernant l'assimilation «inévitable» des francophones en milieu minoritaire au Canada, Couture accuse cette pensée qu'il qualifie d'alarmiste et de «catastrophiste», de s'insérer dans le discours démolinguistique classique qui fait de l'assimilation une «loi». On a compris que celui-ci renverse cette vieille équation suspecte en invoquant les mêmes «faits», et d'autres par la même occasion, qu'il examine à la lumière de nouvelles perspectives, nuances comprises, pour transformer les données et dévoiler une tout autre réalité.

Il y a dix ans, dans la préface du premier numéro de *Francophonies d'Amérique*, le directeur Jules Tessier faisait état d'un semblable discours pré-requiem sur l'avenir de ceux et celles qu'il convenait encore d'appeler à l'époque les francophones hors Québec. Et c'est sans ambiguïté et sans ambages que notre ami Jules toisait ces fomentateurs de discours réducteurs et négateurs s'inspirant d'«analyses manichéennes». Contre ces Bouvard et Pécuchet, il invitait, au nom de la revue, les chercheurs et chercheures de ces milieux ainsi que tous les autres s'y intéressant, à participer à l'établissement d'une sorte de «carte-satellite» des activités intellectuelles et culturelles qui permettrait de dégager une image plus juste d'eux-mêmes. C'est grâce à *Francophonies d'Amérique* et à d'autres voix éloquentes que s'éclaircit et se précise aujourd'hui l'image. Une nouvelle conscience de ces lieux exigus apparaît et il convient de dire que les francophonies minoritaires de ce nouveau millénaire n'ont jamais été aussi rondement auscultées et, jusqu'à un certain point, renforcées par cette nouvelle donne. Dans la foulée des règlements judiciaires et des droits acquis consolidés par l'application — songeons aux nombreuses écoles françaises qui parsèment tout le territoire —, cette francophonie n'a jamais paru aussi solidement installée. Cependant, qu'on se garde d'oublier tous les phénomènes liés à la mondialisation, à la postmodernité, au consumérisme, à la culture populaire, enfin, tous ces éléments à caractère fragilisant. À cet égard, et paradoxalement, la francophonie n'a jamais été autant menacée, et le défi à relever d'une telle ampleur.

Cela fait-il appel à une nouvelle sorte d'engagement de la part des universitaires œuvrant dans ces milieux? Faut-il changer l'orientation de la revue pour faire face à la musique? Profiter d'un changement de personnel à la direction pour redéfinir les voies à emprunter?

Pour l'instant, il n'est pas question de déroger à l'orientation générale déjà définie dans le premier numéro de la revue au printemps 1991: regroupant «les universitaires qui œuvrent en milieu minoritaire francophone nord-américain ou qui s'intéressent aux isolats de langue française», et au-delà de son rôle de diffusion des «nouvelles parutions», des «projets de recherche et d'édition» issus de ces milieux clairement circonscrits, *Francophonies d'Amérique* sert de «lieu de rencontre pour mettre en commun le résultat des études et des travaux portant sur différents aspects de la vie française à l'extérieur du Québec envisagée à partir des perspectives multiples offertes par les disciplines groupées sous la double appellation des sciences humaines et sociales» (p. 1). Ainsi parlait Jules Tessier, qui a présidé pendant dix ans aux destinées de la revue avec une vision de ramasseur et de rassembleur de peuples à la Pélagie et d'une main de maître digne des Solti et Dutoit.

La nouvelle équipe — composée de Gratien Allaire (Université Laurentienne) à la présidence du conseil d'administration, de Georges Bélanger (Université Laurentienne), responsable des recensions, et de moi-même à la direction — ne modifiera d'aucune façon ce mandat que notre devancier a su maintenir avec devoir et passion. Dans la mesure où la revue décloisonne, réseaute, ouvre la voie à l'approfondissement et au partage, elle a contribué à ces récents appels de réflexion, d'activités convergentes dans le but de se multiplier dans la solidarité et l'action concrète; même si les travaux de type universitaire doivent rester incontestablement sa première fonction, il n'est pas impossible qu'elle envisage à l'avenir une composante recherche-action pour faire suite à l'implacable logique des « découvertes ». En d'autres mots, si *Francophonies d'Amérique* doit demeurer le lieu de la recherche universitaire dans ses meilleurs éclats, pourra-t-elle continuer à s'y cantonner ? La place du chercheur-sujet dans le contexte n'est-elle pas en quelque sorte un pur appel à l'action ?

Il conviendra sans doute éventuellement de songer à un numéro thématique spécial pour amener la réflexion dans les pages mêmes de la revue sur le rôle de l'intellectuel francophone minoritaire en tant que chercheur et sujet social, par exemple, un peu selon le modèle proposé par Jean-Paul Sartre dans *Qu'est-ce que la littérature ?*, ou tel que présenté par Alain Touraine dans un chapitre de son fameux livre, *Critique de la modernité*. Il s'agit là d'une piste parmi bien d'autres choisies par nos membres et nos collaborateurs et collaboratrices, et soumises à leurs regards probants.

Quoi qu'il en soit, on verra que le numéro de cette année procède du lignage légué par notre mentor Jules Tessier pour qui l'image de rassembleur évoquée plus haut paraît fort appropriée quand on songe à l'étendue et au rayonnement de *Francophonies d'Amérique*.

* * *

La répartition des articles suivant les grandes régions de la francophonie nord-américaine à l'extérieur du Québec se poursuit comme par le passé, et puisqu'il s'agit d'un numéro sans thématique précise, il donne avec les recensions un peu de l'éclectisme habituel mais dominé cette année par la littérature.

C'est en effet le domaine privilégié par l'Ouest canadien. Pamela Sing d'abord, évoquant « l'Ouest et ses sauvagesses » par l'entremise des œuvres d'auteures de deux différentes générations — Marguerite Primeau, contemporaine de Gabrielle Roy, et Simone Chaput —, présente des personnages féminins détachés de la tradition, de la femme dite « patriarcale », modelée sur celle bien connue du roman du terroir. Les auteures étudiées construisent, semble-t-il, une esthétique de l'écriture au féminin, une écriture « travaillée par la conscience d'être femme et par la reconnaissance de la sexuation dans le processus scriptural » dont les paramètres seraient « langage, expérience, corps (et) prairie ». Québécoise d'origine, établie et professant dans l'Ouest, Claudine Potvin propose, à partir de questions d'exil et d'identité, une sorte de dialogue entre Nancy Huston et elle-même où est examiné « en quoi l'exil contribue à la dé / construction des identités culturelles ». D'une perspective radicalement différente, David Powell poursuit la réflexion sur l'œuvre de plus en plus commentée de Nancy Huston. Notant que celle-ci déploie souvent dans son œuvre l'interaction féconde entre l'art, la narration et l'autoréflexivité, il retient pour son analyse, comme l'indique le titre, les «dimensions narratives et temporelles du jeu musical dans trois romans» de cette brillante auteure originaire de Calgary.

L'Ontario maintient le cap sur l'analyse littéraire. Pour Robert Dickson, «altérité, métissage, mutation, métamorphose» sont des notions et des concepts qui nourrissent l'analyse de «quelques représentations de mutation identitaire» et culturelle dans des ouvrages récents de la littérature franco-ontarienne, entre autres chez Hélène Brodeur, Patrice Desbiens, Daniel Poliquin et Lola Lemire Tostevin. Du roman à la poésie: Jules Tessier étudie le rapport à l'institution de la poète Andrée Lacelle, notamment par la réception dont ses œuvres ont bénéficié au regard de celle-là, mais aussi au niveau de la critique que l'écrivaine elle-même est appelée à faire de l'œuvre des autres. Échanges — car Andrée Lacelle n'est pas seule à communaliser — où apparaissent les écueils types de l'enclavement incontournable, propre à ces lieux d'exiguïté, mais non dénués, cela va de soi, de ces pénétrantes intuitions de poète. Au «Portrait d'auteur», ce numéro inaugure une nouvelle forme de présentation. D'abord parce qu'il s'agit d'un écrivain qui en interviewe un autre: Roger Léveillé dialoguant avec Paul Savoie par la voie de l'écriture, le courriel, médium privilégié pour l'échange en profondeur sur des passions que partagent évidemment ces interlocuteurs, soit la littérature, la poésie, le début de l'écriture, l'écriture en milieu minoritaire, les petit et grand publics, l'interpellation de l'anglais, de l'autre, et la vie... Un Paul Savoie dans l'éloquence et l'intimité de l'écriture et de l'amitié.

Du côté de l'Acadie, Annette Boudreau et Stéphane Guitard présentent les politiques linguistiques de deux radios communautaires au Nouveau-Brunswick et montrent comment elles «arrivent à refléter la réalité linguistique des régions qu'elles desservent», comment elles agissent sur les représentations que les gens entretiennent de leur langue, de leur milieu et d'eux-mêmes. Leur analyse débouche sur cet effet paradoxal de légitimation et d'universalisation de la langue quand le régional est valorisé. Apportant une complémentarité nécessaire (parce que souvent négligée) et prometteuse au savoir sur nos populations, Guylaine Poissant, de son côté, étudie sur les lieux et à partir d'interviews les «activités quotidiennes dans un quartier populaire francophone» (Parkton) de Moncton. L'analyse de la précarité économique manifestée dans les activités vécues dans le privé — faisant enfin pendant aux indicateurs plus observables à dégager des lieux publics — contribue à un approfondissement de la connaissance et à une identification des valeurs dominantes de la classe ouvrière. Toujours en Acadie, le politicologue Chedly Belkhodja partage dans une note de recherche quelques réflexions sur le Sommet de la Francophonie de Moncton de septembre 1999. S'inspirant de la notion du «temps mondial» empruntée à l'internationaliste Zaki Laïdi, qui voit la mondialisation influençant la perception du temps et de l'espace, imposant de nouvelles règles et stimulant un «ajustement de l'ensemble du discours politique, économique et culturel, à une nouvelle représentation du monde», Chedly Belkhodja applique ce nouveau paradigme de représentation à l'Acadie actuelle afin d'y voir les conséquences sur la définition même du sens acadien.

Mélanie Tardif nous entraîne dans le sud réel et imaginaire de la Louisiane. Après avoir fait état de la situation linguistique aux origines francophones multiples, identifié la demi-douzaine de recueils formant «la poésie franco-louisianaise contemporaine», l'auteure nous fait goûter cette poésie unique, coincée, même tiraillée entre une langue populaire (parlé cadien ou créole français), identitaire, et le français normatif qui pourrait servir de lien avec l'ensemble de la francophonie... Yukari Takai nous ramène au nord sur la côte est américaine, et propose dans son travail qui participe à la recherche sur l'immigration canadienne-française en Nouvelle-Angleterre entre 1900 et 1920, de remédier au peu d'attention accordée dans l'historiographie aux «modes complexes de migration dans le processus qui liait des sociétés d'origine des migrants et celles de leurs destinations». Elle s'intéresse en particulier à la situation des femmes, notamment en ce qui a trait aux changements dans la structure du travail, dont, entre autres, leur rôle au sein de la famille.

* * *

La préparation d'un volume de *Francophonies d'Amérique* permet d'apprécier le travail de l'équipe qui en assure la parution. Les changements opérés à la direction sont accompagnés ailleurs dans la structure de départs et d'arrivées qui marquent de nouveaux positionnements dans la carrière ou dans la vie. Gilles Cadrin (Faculté Saint-Jean, Alberta), qui, malgré sa retraite, avait continué à apporter sa lecture méticuleuse à la production annuelle, passe maintenant à la grande retraite et cède sa place au comité de lecture à une collègue albertaine bien connue dans nos pages, Estelle Dansereau (Université de Calgary). Pour sa part, Jean-Pierre Wallot (CRCCF, Université d'Ottawa) comble le vide laissé au conseil par Robert Choquette (Université d'Ottawa), qui a joué un rôle de premier ordre dans l'organisation du colloque «Francophonies d'Amérique: altérité et métissage» de novembre 1999. Notre collaboratrice de longue date et de travail difficile en raison d'une double exiguïté, Éloïse Brière (Albany) nous quitte à son tour, sans toutefois nous abandonner, car elle reste disponible aux appels d'aide intermittents ; Leslie Choquette (Assumption College) prend la relève. Nos plus sincères remerciements à nos anciens collègues pour leur travail exemplaire, et nos souhaits de bienvenue aux nouveaux membres.

Rappelons aussi les autres, ceux au conseil et au comité de lecture qui viennent de manifester encore une fois (pour la production de ce numéro) leur indéfectible engagement au succès de la revue. Qu'ils soient reconnus et remerciés ici: Gratien Allaire (Université Laurentienne), James de Finney (Université de Moncton), Pierre-Yves Mocquais (Calgary), Georges Bélanger (Université Laurentienne), Raoul Boudreau (Université de Moncton) et Pierre Paul Karch (Collège Glendon).

Notre profonde gratitude s'adresse aux deux personnes suivantes : à France Beauregard dont la patience et la constance s'allient à des qualités de compétence et d'efficacité parfaites, exemplaires, et qui nous a été pour cette préparation d'une aide et d'un secours inestimables ; à Jules Tessier, resté typiquement gracieux et discret depuis la passation des responsabilités, s'est prêté cependant à toutes les consultations et consolations avec le discernement et la délicatesse qu'on lui connaît. Qu'il puisse trouver dans ce volume les signes qui le rassurent quant à l'avenir de la revue et à celui de ces isolats pour lesquels il a si vaillamment combattu...

LA DISPARITION INÉVITABLE DES FRANCOPHONES À L'EXTÉRIEUR DU QUÉBEC : UN FAIT INÉLUCTABLE OU LE REFLET D'UN DISCOURS DÉTERMINISTE ?

Claude Couture
Faculté Saint-Jean, Université de l'Alberta

En octobre 1999, le mathématicien Charles Castonguay publiait dans *Policy Options* un autre vibrant réquisitoire contre la timidité des politiques linguistiques fédérales et le refus d'Ottawa (et des leaders des communautés francophones) de reconnaître l'urgence de la situation. Cette fois, le principal critère utilisé est celui du remplacement intergénérationnel de la langue maternelle, lequel laisse clairement voir une incapacité des francophones hors Québec à transmettre en nombre suffisant la langue française à leurs enfants et à ainsi freiner le phénomène de l'anglicisation.

Même au Québec la situation serait « difficile », notamment à cause de la faible natalité, et ce malgré les politiques linguistiques des dernières décennies et l'intégration des immigrants. Ailleurs au pays, la situation serait également « difficile » au Nouveau-Brunswick, voire « catastrophique » dans les autres provinces. Charles Castonguay, en conclusion, va même jusqu'à écrire : « *Ottawa's language policy could well turn out, in the long run, to be no more than a subtle manner of securing the slow but sure anglicization of French Canada so firmly recommended by Lord Durham. This perception is simply fuelled by Ottawa's lack of transparency regarding the facts on French.* »

Le présent texte n'a pas pour but d'entrer dans les détails d'une argumentation fondée sur des analyses sophistiquées du phénomène de l'assimilation. Ces analyses, indéniablement, n'ont eu de cesse d'attirer l'attention des gouvernants sur les dangers constants qui guettent les populations francophones hors Québec, même depuis l'instauration de la politique canadienne sur les langues officielles il y a déjà plus de trente ans. Les prises de position récentes de Charles Castonguay, défenseur passionné de l'idée de bilinguisme territorial, s'inscrivent toutefois dans une tradition : celle d'une forme de discours qui s'est développée dès les débuts de l'application de la loi sur les langues officielles et qui est caractérisée par une constante tendance alarmiste, voire « catastrophiste », dirions-nous.

Or ces prédictions catastrophiques et alarmistes peuvent être nuancées, selon nous, en prenant en considération l'évolution en nombres absolus de la population d'origine francophone à l'extérieur du Québec. Au fil des ans, les experts en démolinguistique ont constamment élaboré des scénarios d'assimilation déterministes mécaniques, négligeant ainsi le phénomène pourtant important de la résistance des francophones à l'assimilation.

Le premier objectif de ce texte sera donc de situer les récentes sorties de Charles Castonguay dans la tradition de ce discours mécanique et «catastrophiste» pour ensuite contraster ce discours avec des éléments d'une réalité qui nous semble plus complexe, défiant la simple logique des chiffres. Nous conclurons en soulignant quelques aspects du recensement de 1996 pour en arriver à un plaidoyer en faveur d'une recherche qui tienne davantage compte du phénomène de la résistance à l'assimilation.

L'élaboration d'un discours déterministe

Afin de bien situer les travaux de Charles Castonguay dans le cadre de la démolinguistique, il importe d'en rappeler l'histoire. La démolinguistique est un secteur de recherche en démographie qui a pour principal objet l'étude des langues utilisées par certains groupes sur un territoire géopolitique précis. Ainsi, au Canada, la démolinguistique a été appliquée particulièrement à l'étude du transfert linguistique du français à l'anglais. Une section entière de Statistique Canada est vouée à l'étude de cette question. Évidemment, l'intérêt pour l'étude de ce problème a été grandement accru par la loi sur les langues officielles. Notons que l'assimilation et le transfert linguistique ont été les concepts clés de la discipline.

L'ouvrage pionnier qui donna le ton, si l'on peut dire, est celui que Richard Joy publia en 1971 à partir d'un premier manuscrit paru à compte d'auteur en 1966. L'idée d'une assimilation «inévitable» et «sans espoir» est en effet devenue en quelque sorte paradigmatique après la publication de son livre. Ingénieur à Ottawa, l'auteur a conçu son ouvrage comme une «histoire linguistique» du Canada en se fondant sur les recensements de l'État fédéral. Il a notamment mis au point le concept de *bilingual belt*, qui désigne une zone tampon allant de Sault-Sainte-Marie (Ontario) à Moncton (Nouveau-Brunswick), en passant par les Cantons-de-l'Est, au Québec. Selon cette théorie, le Québec allait devenir de plus en plus unilingue à l'intérieur de la «ceinture bilingue», alors qu'à l'extérieur le Canada anglais allait consolider l'usage unique de la langue anglaise. En d'autres termes, le seul espoir de développement pour une société d'expression française au Canada se trouve, selon cette vision, à l'intérieur des frontières précises du Québec, ce qui ne laisse à l'extérieur de celles-ci que des îlots minoritaires voués à une inévitable disparition.

Joy fut aussi un pionnier dans l'utilisation du concept de «taux d'assimilation», taux calculé selon la différence entre l'«origine ethnique» et la «langue maternelle» (un concept raffiné par la suite grâce à la distinction entre «langue maternelle» et «langue d'usage»). Utilisant ce critère, il observa que les taux d'assimilation étaient de 66 % dans les Prairies canadiennes (à partir du recensement de 1961), d'où cette conclusion très pessimiste : « *the French speaking population of the West appears well on the way toward a final disappearance.* »

Après les études de Richard Joy, celles de Réjean Lachapelle et de Jacques Henripin raffinèrent considérablement les modèles d'analyse quantitative. En 1980, Henripin et Lachapelle réalisèrent une étude importante commanditée par l'Institut de recherches politiques. Lachapelle était alors directeur de la recherche à l'Institut et devint par la suite directeur de la division de la démolinguistique de Statistique Canada[1]. La principale innovation de Lachapelle et d'Henripin fut de remplacer le critère de la langue maternelle par celui de la langue d'usage. Le plus grand mérite de cette étude fut par ailleurs de présenter différents scénarios d'assimilation, en essayant d'intégrer plusieurs facteurs, favorables ou non, au maintien du français. Dans cette étude, selon les pires scénarios prévus, le français ne serait plus utilisé à la maison que par 2,4 % des Canadiens vivant à l'extérieur du Québec en 2021, 1,1 % des Canadiens en l'an 2031. Le scénario le plus positif ne chiffre qu'à 3,3 % en 2031 le pourcentage de Canadiens hors Québec par rapport à la population totale utilisant le français à la maison.

Dix ans après cette étude, le rapport Bernard dressait aussi un portrait plutôt sombre de la situation. Toutefois, dans ce rapport, on accorda une plus grande importance au critère du transfert linguistique en comparant non pas la langue maternelle aux origines ethniques, mais plutôt le français comme première langue apprise au français comme langue d'usage à la maison. Dans une étude ultérieure, Roger Bernard en arriva à un constat extrêmement pessimiste, surtout à partir du critère des taux de transfert linguistique vers l'anglais dans les Prairies canadiennes, qui seraient passés de 44 % en 1971 à 62 % en 1996.

Rejoignant le discours de la chronique des morts annoncées, Scott Reid soutint pour sa part, dans *Lament for a Notion : The Life and Death of Canada's Bilingual Dream*, que la politique sur les langues officielles avait engouffré des milliards de dollars en pure perte. Loin d'apaiser les tensions entre anglophones et francophones au pays, la politique sur les langues officielles a ajouté, selon cet auteur, 50 milliards de dollars à la dette fédérale et a poussé à son extrême limite la capacité de tolérance des deux principaux groupes linguistiques au Canada. À propos des analyses de Richard Joy publiées quelque vingt-cinq ans auparavant, Reid a écrit : « *neither subsidies nor minority language services would make a noticeable dent in the prevailing assimilation trends. This [Joy's thesis] analysis turned out to be flawlessly accurate.* »

En somme, depuis trente ans, à partir de ces exemples « classiques » de la littérature démolinguistique, il appert que les principaux éléments du discours démolinguistique sont les suivants :

- l'assimilation est inévitable : il s'agit d'une loi « démolinguistique », les politiques de l'État fédéral n'y peuvent rien ;

- le transfert linguistique des francophones hors Québec vers la société anglophone majoritaire est irrémédiable et toujours catastrophique;
- d'où ce phénomène de mort imminente des communautés francophones constamment seriné depuis trente ans.

Les publications récentes de Charles Castonguay s'inscrivent donc dans la tradition de ce discours alarmiste véhiculé par la démolinguistique depuis les années 1970. Certes, la proportion de la population francophone à l'extérieur du Québec par rapport à la population générale ne cesse de diminuer : 7,3 % en 1951, 4,5 % en 1996. L'un des problèmes, reconnu même par des observateurs qui ne partagent pas le pessimisme de Charles Castonguay, est le remplacement intergénérationnel : dans l'Ouest, 3,2 % de la population qui se dit officiellement francophone est née entre 1956 et 1961, mais seulement 1,3 % entre 1986 et 1991. Le nombre d'enfants des francophones âgés de 0 à 9 ans se trouve sous le seuil du nombre d'adultes âgés de 25 à 34 ans, d'où un taux de transfert linguistique d'une génération à l'autre inférieur à 100 %. En fait, ce taux serait de 86 % chez les francophones du Québec et de 58 % seulement pour les minorités francophones à l'extérieur du Québec. Mais ces tendances inquiétantes indiquent-elles un processus irréversible et, surtout, une mort imminente ?

Une autre vision

La disparition des communautés francophones à l'extérieur du Québec annoncée depuis trente ans semble contredite par une donnée sur laquelle il y aurait lieu de réfléchir plus longuement : entre 1931 et 1996, ces communautés francophones ne se sont pas effondrées du point de vue numérique ; elles ont plutôt résisté au fil des décennies à un effondrement catastrophique. Ainsi, dans les Prairies canadiennes, la population francophone s'est maintenue au même niveau numérique entre 1951 et 1996, soit 125 210 individus en 1951 et 124 291 en 1996.

Tableau 1
Population francophone des Prairies (langue maternelle)

Année	Prairies	%	Manitoba	%	Saskatchewan	%	Alberta	%
1951	125 210	4,9	54 199	7,0	36 815	4,4	34 196	3,6
1961	139 388	4,4	60 899	6,6	36 163	3,9	42 276	3,2
1971	139 030	3,9	60 485	6,1	31 795	3,4	46 750	2,9
1981	137 315	3,4	51 620	5,1	25 090	2,6	60 605	2,8
1991	129 300	3,2	50 775	5,1	21 795	2,5	56 730	2,5
1996	124 291	—	49 100	—	19 901	—	55 290	—

Source : Compilation à partir de Louise Marmen et Jean-Pierre Corbeil, *Les langues au Canada : recensement de 1996*, Ottawa, Ministre des Travaux publics et Services gouvernementaux Canada, 1999, tableau A.1.

Il faudrait aussi noter comme phénomène concomitant que le taux de bilinguisme a aussi augmenté au Canada depuis 1971, passant de 13,5 % à 17 % en 1996. C'est au Québec et au Nouveau-Brunswick que les taux de bilinguisme sont les plus élevés, avec respectivement 37,8 % et 32,6 %. À l'échelle nationale, 40 % des francophones sont bilingues, ce qui représente un taux de bilinguisme quatre fois plus élevé que le taux de bilinguisme de la population anglophone en général. À l'extérieur du Québec, 84 % des francophones sont bilingues, alors qu'au Québec 62 % des anglophones le sont.

Tableau 2
Taux de bilinguisme au Canada

	1971 %	1996 %
Terre-Neuve	1,8	3,9
Île-du-Prince-Édouard	8,2	11,0
Nouvelle-Écosse	6,7	9,3
Nouveau-Brunswick	21,5	32,6
Québec	27,5	37,8
Ontario	9,31	11,6
Manitoba	8,2	9,4
Saskatchewan	5,0	5,2
Alberta	5,0	6,7
Colombie-Britannique	4,6	6,7
Canada	13,5	17,0

Source : Statistique Canada, *The Globe and Mail*, 17 août 1999, p. A-22.

Par ailleurs, un regard plus attentif sur les données concernant les Prairies canadiennes révèle aussi que la population de ce territoire disant avoir une connaissance du français n'a cessé d'augmenter depuis 1951. Ainsi, pour les Prairies en général, on est passé de 158 462 individus déclarant avoir une connaissance du français en 1951 à 335 870 en 1996.

L'Alberta, pourtant réputée pour son conservatisme et son opposition politique au bilinguisme, constitue un exemple fascinant puisque le nombre de personnes ayant une connaissance du français y est passé de 46 707 en 1951 à 180 120 en 1996.

Ces données laissent donc apparaître non pas un effondrement de la langue française, mais plutôt une résistance dans la stabilité numérique de la population francophone des Prairies, jumelée à un phénomène de progression du français en général dans la population. Certes, à ces deux niveaux, les progrès auraient pu être plus spectaculaires. Mais on ne peut pas, à partir de ces

Tableau 3
Population des Prairies canadiennes ayant une connaissance du français

Année	Prairies	%	Manitoba	%	Saskatchewan	%	Alberta	%
1951	158 462	6,2	66 310	8,5	45 445	5,5	46 707	5,0
1961	184 713	5,8	76 332	8,3	45 927	5,0	62 454	4,7
1971	218 075	6,2	85 955	8,7	47 810	5,2	84 310	5,2
1981	273 130	6,5	82 610	8,2	44 355	4,6	146 165	6,6
1991	321 050	7,0	100 705	9,3	51 250	5,3	169 095	6,7
1996	335 870	7,1	104 635	9,5	51 115	5,2	180 120	6,8

Source: Louise Marmen et Jean-Pierre Corbeil, *op. cit.*, tableau A.3.

chiffres, considérer les politiques fédérales en matière de langues officielles depuis trente ans comme des échecs complets. D'autres indices pourraient confirmer ce point de vue.

Par exemple, le professeur Edmund Aunger a fait ressortir une nette progression de la population francophone dans l'Ouest canadien (les Prairies et la Colombie-Britannique) de 1931 à 1991, ce qui, là encore, contredit l'idée d'un effondrement complet. Au cours de ces années, la population francophone serait passée de 120 695 à 203 040 individus selon les calculs du professeur Aunger. Et quand on prend le recensement de 1996, même en ne considérant que la population recensée se déclarant de langue maternelle française, on en arrive à une population totale de 181 046 individus, soit un total supérieur au nombre de francophones enregistrés au milieu du XXe siècle. Une fois de plus, la thèse de l'effondrement ne semble pas vérifiée.

Par contre, le tableau 5 confirme jusqu'à un certain point les sombres analyses de Charles Castonguay. Ainsi, ces chiffres indiquent un décalage important dans le transfert linguistique d'une génération à une autre, phénomène essentiellement dû à une faible natalité. Toutefois, d'autres facteurs doivent être pris en considération pour avoir un portrait non statique des communautés francophones. L'un de ces facteurs est la mobilité des francophones. Comme l'a rappelé le professeur Aunger, cette population francophone de l'Ouest, au cours des dernières décennies, a été caractérisée par un apport important de Québécois francophones, notamment en Colombie-Britannique et en Alberta (voir le tableau 6). Par conséquent, la migration de francophones, du Québec ou d'ailleurs, peut être une solution très active au problème de l'érosion des nombres résultant de la faible natalité. En fait, c'est sans doute cet apport en provenance du Québec qui semble expliquer en bonne partie que la population francophone des Prairies, au total, se soit maintenue à peu près au même niveau depuis 1951.

En d'autres mots, le processus n'est pas irréversible même si la faible natalité se maintient. L'enjeu est donc de comprendre que l'assimilation ne résulte

Tableau 4
Évolution de la population francophone dans l'Ouest,
par province, 1931-1991

Année	Colombie-Britannique	%	Alberta	%	Saskat-chewan	%	Manitoba	%	Ouest	%
1931	7 768	1,1	28 145	3,9	42 283	4,6	42 499	6,1	120 695	4,0
1941	11 058	1,4	31 451	4,0	43 728	4,9	51 546	7,1	137 783	4,3
1951	19 366	1,7	34 196	3,6	36 815	4,4	54 199	7,0	144 576	3,9
1961	26 179	1,6	42 276	3,2	36 163	3,9	60 899	6,6	165 517	3,4
1971	38 030	1,7	46 500	2,9	31 605	3,4	60 545	6,1	176 685	3,1
1981	45 620	1,7	62 145	2,8	25 560	2,6	52 560	5,1	185 855	2,7
1991	58 680	1,8	64 755	2,5	24 295	2,5	55 305	5,1	203 040	2,6

Source : Edmund A. Aunger, « Les communautés francophones de l'Ouest : la survivance d'une minorité dispersée », dans Joseph Y. Thériault (dir.), *Francophonies minoritaires au Canada : l'état des lieux*, Moncton, Éditions de l'Acadie, 1999, p. 285 (à partir de Statistique Canada, recensements de 1931, 1941, 1951, 1961, 1971, 1981 et 1991 ; Réjean Lachapelle et Jacques Henripin, 1980, p. 371-376 ; Réjean Lachapelle, 1986, p. 129). Précision apportée par le professeur Aunger dans son article : contrairement aux recensements précédents, le recensement de 1991 fait la distinction entre les répondants qui déclarent une seule langue maternelle et ceux qui en déclarent deux ou plus.

Tableau 5
Population de langue française dans l'Ouest, par génération,
selon le lieu de résidence, 1991

Année de naissance	Lieu de résidence									
	Colombie-Britannique	%	Alberta	%	Saskat-chewan	%	Manitoba	%	Ouest	%
1re génération 1926-1931	3 780	2,6	3 170	3,5	1 770	4,1	3 170	6,9	11 890	3,7
2e génération 1956-1961	5 780	2,0	7 555	3,0	1 955	2,4	4 830	5,2	20 120	3,2
3e génération 1986-1991	1 795	0,8	2 640	1,3	685	0,9	2 585	3,1	7 705	1,3

Source : Edmund A. Aunger, « Les communautés francophones de l'Ouest : la survivance d'une minorité dispersée », dans Joseph Y. Thériault (dir.), *Francophonies minoritaires au Canada : l'état des lieux*, Moncton, Éditions de l'Acadie, 1999, p. 286 (à partir de Statistique Canada, recensement de 1991).

Tableau 6
Lieu de naissance de la population francophone dans l'Ouest, par province, selon le lieu de résidence, 1991

Lieu de naissance	Lieu de résidence				
	Colombie-Britannique %	Alberta %	Saskatchewan %	Manitoba %	Ouest %
Ouest	37,2	55,9	82,8	86,3	62,2
Québec	35,9	24,0	9,3	7,1	21,0
Ontario	11,3	9,4	3,2	2,6	7,3
Ailleurs au Canada	5,0	4,4	1,5	1,4	3,4
À l'extérieur du Canada	10,6	6,2	3,2	2,6	6,1
Total	100,0	99,9	100,0	100,0	100,0

Source: Edmund A. Aunger, « Les communautés francophones de l'Ouest : la survivance d'une minorité dispersée », dans Joseph Y. Thériault (dir.), *Francophonies minoritaires au Canada : l'état des lieux*, Moncton, Éditions de l'Acadie, 1999, p. 287 (à partir de Statistique Canada, recensement de 1991). Précision apportée par le professeur Aunger dans son article : tableau dressé à partir d'un échantillonnage (3 %) provenant du fichier de microdonnées à grande diffusion de Statistique Canada.

pas de lois inévitables et sans solution, mais qu'au contraire, notamment par une politique plus dynamique d'établissement de francophones d'origines diverses à l'extérieur du Québec, on peut contrer les conséquences négatives de la faible natalité.

La politique à l'assaut du déterminisme

Un certain nombre de constats se dégagent, selon nous, des observations précédentes. Tout d'abord, les données en chiffres bruts montrent que les francophones hors Québec, notamment dans les Prairies, n'ont pas eu tendance à disparaître dramatiquement, mais plutôt à se maintenir numériquement, du moins en nombres absolus, depuis 1951. Les chiffres peuvent aussi révéler une tendance de résistance à l'assimilation, phénomène beaucoup moins étudié au cours des trente dernières années que celui de l'assimilation. Il serait intéressant de voir les démolinguistes déployer la même énergie et la même ingéniosité méthodologique à l'étude de ce phénomène au lieu de consacrer tous leurs efforts ou presque à l'étude de la seule assimilation. Ne pourrait-on pas, par exemple, s'interroger plus longuement sur les causes de cette résistance et le fait que, malgré la pression de facteurs très négatifs, les communautés francophones n'ont pas disparu ?

En second lieu, comme nous l'avons vu, le bilinguisme a aussi progressé depuis l'instauration de la loi sur les langues officielles, quoi qu'en disent certains « experts » parfois prisonniers de leurs ornières idéologiques. Or très peu d'études se sont attardées aux nombreuses facettes de cette progression du bilinguisme, qui s'est en quelque sorte déployée en même temps qu'une augmentation importante du nombre des mariages « mixtes » sur le plan linguistique. Ainsi, à l'extérieur du Québec, plusieurs personnes se déclarant bilingues, en raison de ces mariages mixtes, utilisent l'anglais à la maison comme principale langue d'usage, mais travaillent en français (institutions fédérales, écoles, etc.). Il serait sans doute pertinent d'étudier davantage ce genre de phénomène avant de conclure à la disparition inévitable du français.

Ce dernier aspect évoque la question de la langue d'usage. Selon le recensement de 1996, les données sur la langue d'usage à la maison sont particulièrement alarmantes. En Alberta, en 1996, 17 822 personnes seulement ont déclaré utiliser le français à la maison ; en Saskatchewan, 5 828 ; au Manitoba, 23 133. Par contre, à la question sur la première langue officielle parlée (c'est-à-dire la langue officielle actuellement parlée et qui a été apprise en premier lieu par la personne recensée), les chiffres suggèrent, là encore, non pas un effondrement mais une certaine stabilité. À cette question de la langue officielle encore parlée, 49 390 personnes en Alberta ont déclaré le français en 1996, 17 310 en Saskatchewan, et 45 570 au Manitoba. Ces chiffres laissent donc planer la possibilité d'un emploi du français à l'extérieur du foyer, phénomène dont il faudrait mieux étudier les causes avant de conclure à une catastrophe imminente.

Enfin, les études démolinguistiques, peut-être moins celles produites par Statistique Canada, de façon générale plus nuancées, que celles de francs-tireurs comme Charles Castonguay et Scott Reid, ont été arrimées à des enjeux idéologiques qu'on a voulu camoufler derrière les « faits ». Il y aurait lieu de s'attarder plus longuement sur cet aspect.

Face au projet de la dualité linguistique prônée par les institutions actuelles, trois grandes visions idéologiques semblent correspondre aux solutions proposées par certains auteurs qui ont utilisé la perspective de la démolinguistique pour traiter du problème des minorités francophones. La première de ces trois visions repose sur l'idée d'un Canada unilingue et d'un Québec bilingue. L'historien Donald Creighton fut, dans la première moitié du XXᵉ siècle, le défenseur passionné de cette vision. Elle fut reprise par d'autres auteurs, au point de devenir une sorte de discours dominant reproduit sans questionnement. Ainsi, dans ce discours sur le Canada, il est postulé d'emblée que la dualité linguistique à l'extérieur du Québec ne peut fonctionner. Au XIXᵉ siècle, D'Alton McCarthy et Clifford Sifton ne pensaient pas autrement. Par conséquent, chez certains auteurs, dont Scott Reid, manifestement influencés par cette vision, la réponse face au phénomène de l'assimilation est déjà conçue avant même que la moindre question ne soit formulée.

Autrement dit, l'idéologie précède l'analyse des données brutes. Cette dernière observation, tout aussi applicable, il est vrai, au présent article, vaut également pour ce que l'on pourrait décrire comme la récupération politique de la démolinguistique par les partisans de la souveraineté du Québec ou les défenseurs du principe de bilinguisme territorial (l'anglais au Canada et le français au Québec). Curieusement, dans ces deux visions, le postulat de l'échec inévitable de la dualité linguistique est identique à celui de la vision Creighton. Il se dégage de la lecture des travaux des partisans de l'une ou l'autre de ces deux visions l'impression que les auteurs ont été davantage animés par une volonté implacable de prouver que la dualité est une utopie — et que son échec est attribuable non pas à des effets de politique, mais plutôt à un déterminisme linguistique fondé sur des lois — que par le désir d'essayer de comprendre les éléments du problème qui permettent de conclure à une résistance des minorités.

Ici, la contradiction semble évidente : le lourd déterminisme linguistique invoqué pour expliquer la disparition « inévitable » des minorités francophones disparaît lorsque l'on propose des solutions de rechange, de nature éminemment politique, comme le bilinguisme territorial ou la souveraineté du Québec. Mais alors, pourquoi et comment la « loi » de la pression exercée par la majorité linguistique nord-américaine cesserait-elle d'opérer dès l'instant où l'on appliquerait l'une ou l'autre de ces deux options ? L'idée de nier toute légitimité à des mesures politiques comme celles de 1969 et de 1982 sous prétexte qu'elles ne peuvent contrer un certain déterminisme apparaît douteuse, surtout lorsque les mêmes auteurs tournent casaque et proposent... des solutions politiques au problème linguistique. Ainsi, les solutions politiques visant à promouvoir la dualité linguistique sont tout aussi acceptables en théorie que d'autres solutions politiques présentées dans le but de résister à l'assimilation. Et peu importe le scénario politique retenu, le déterminisme linguistique n'est pas implacable. D'ailleurs, l'histoire des francophones de l'Ouest constitue, parmi d'autres, un exemple de cette résistance des minorités à l'assimilation. Certaines études, comme celles de Charles Castonguay, ne rendent pas justice à la complexité de cette résistance et contribuent même d'une certaine façon à créer une identité négative et sans espoir qui, paradoxalement, favorise peut-être l'assimilation.

Conclusion

Antonio Gramsci a déjà écrit : « Tout est politique, même la philosophie et les philosophes. » À cela on pourrait ajouter : tout est politique, même la démolinguistique et les démolinguistes. En fait, cette discipline, dans le contexte canadien, est particulièrement imprégnée de politique. Aussi, contrairement à ce qu'aime proclamer à cor et à cri Charles Castonguay, les « faits » ne sont pas les « faits ». Les faits sont constamment examinés selon différents angles, et ces angles sont inévitablement politiques. Le fait marquant de la seconde moitié du XXe siècle en ce qui concerne les minorités francophones, notamment dans l'Ouest canadien, fut le maintien d'une communauté et non sa disparition. Or ce maintien a résulté d'un refus de la part de milliers de francophones de s'assimiler à la majorité anglophone tout en continuant à vivre à l'extérieur de la «ceinture bilingue». Leur choix et leur courage devraient faire l'objet d'un peu plus de considération et de subtilité dans l'analyse de leur situation.

BIBLIOGRAPHIE

Allaire, Gratien et Laurence Fedigan, «Survivance et assimilation : les deux faces d'une même médaille», *The Canadian Modern Language Review*, vol. 49, n° 4, 1993, p. 672-686.

Aunger, Edmund A., «Obsèques prématurées : la disparition des minorités francophones et autres illusions nationalistes», texte présenté au colloque «Fédéralisme, nationalisme et identités», Edmonton, 10, 11, 12 décembre 1991.

_____, «The Decline of a French-Speaking Enclave : A Case Study of Social Contact and Language Shift in Alberta», *Canadian Ethnic Studies*, vol. 25, n° 2, 1993, p. 65-83.

_____, «Language and Law in the Province of Alberta», dans Paul Pupier et José Woehrling (dir.), *Langue et droit : actes du premier congrès de l'Institut international de droit linguistique comparé, 27-29 avril 1988, Université du Québec à Montréal/Language and Law : proceedings of the first conference of the International Institute of Comparative Linguistic Law*, Montréal, Wilson & Lafleur, 1989.

Bercuson, David J. et Barry Cooper, *Goodbye et bonne chance*, Montréal, Le Jour, 1991.

Bernard, Roger, *Le choc des nombres : dossier statistique sur la francophonie canadienne-française, 1951-1986*, Ottawa, Fédération des jeunes Canadiens français, 1990.

_____, *Le déclin d'une culture*, Ottawa, Fédération des jeunes Canadiens français, 1990.

Bouchard, Gérard, *La nation québécoise au futur et au passé*, Montréal, VLB éditeur, 1999.

Cardin, Jean-François et Claude Couture, *Histoire du Canada. Espa-*

ces et différences, Sainte-Foy, Presses de l'Université Laval, 1996.

Castonguay, Charles, *L'assimilation linguistique : mesure et évolution, 1971-1986*, Québec, Publications du Québec, 1994.

_____, «Le déclin des populations francophones de l'Ouest canadien», *Cahiers franco-canadiens de l'Ouest*, vol. 5, n° 2, 1993, p. 147-153.

_____, «French is on the Ropes. Why Won't Ottawa Admit It ?», *Policy Options/ Options politiques*, [vol. 20, n° 8], octobre 1999, p. 39-50.

_____, «Getting the Facts Straight», *Inroads*, n° 8, 1999, p. 57-76 ; «L'assimilation durable», *Le Devoir*, 3 juin 1999 ; «Durham, Chrétien, même combat», *Le Devoir*, 22 août 1999.

Dallaire, Louise M. et Réjean Lachapelle, *Demolinguistic Profiles of Minority Official Language Communities*, Ottawa, Promotion of Official Languages Branch, Dept. of the Secretary of State of Canada, 1990.

Denis, Wilfrid L., «La complétude institutionnelle et la vitalité des communautés fransaskoises en 1992», *Cahiers franco-canadiens de l'Ouest*, vol. 5, n° 2, 1993, p. 253-284.

Denis, Wilfrid L. et Peter S. Li, *Les lois et la langue : l'oppression des Fransaskois de 1875 à 1983*, Saskatoon, Unité de recherche pour les études canadiennes-françaises, Université de la Saskatchewan, 1983.

Frenette, Yves, *Brève histoire des Canadiens français*, Montréal, Boréal, 1998.

Hart, Edward J., *Ambition and Reality : The French-Speaking Community of Edmonton, 1795-1935*,

Edmonton, Salon d'histoire de la francophonie albertaine, 1980.

_____, «The Emergence and Role of the Elite in the Franco-Albertan Community to 1914», dans Lewis H. Thomas (dir.), *Essays on Western History*, Edmonton, University of Alberta Press, 1976, p. 159-174.

Huel, Raymond J. A., «The French Language Press in Western Canada : *Le Patriote de l'Ouest*, 1910-1941», *Revue de l'Université d'Ottawa*, n° 46, 1976, p. 476-499.

Joy, Richard J., *Languages in Conflict*, Toronto, McClelland and Stewart, 1972.

Lachapelle, Réjean, *L'immigration et le caractère ethnolinguistique du Canada et du Québec*, Ottawa, Programme d'étude linguistique, Statistique Canada, 1988.

_____, «La démolinguistique et le destin des minorités françaises vivant à l'extérieur du Québec», *Mémoires de la Société royale du Canada*, 5ᵉ série, t. 1, 1986, p. 123-141.

Lachapelle, Réjean et Jacques Henripin, *La situation démolinguistique au Canada : évolution passée et prospective*, Montréal, Institut de recherches politiques, cop., 1980.

Lalonde, André, «Les Canadiens français de l'Ouest : espoirs, tragédies, incertitude», dans Dean Louder et Eric Waddell, *Du continent perdu à l'archipel retrouvé : le Québec et l'Amérique française*, Québec, les Presses de l'Université Laval, 1983, p. 81-95.

_____, «L'intelligentsia du Québec et la migration des Canadiens français vers l'Ouest canadien, 1870-1930», RHAF, vol. 33, n° 2, 1979, p. 163-185.

Li, Peter S. et Wilfrid S. Denis, «Minority Enclave and Majority Language : The Case of a French

Town in Western Canada», *Canadian Ethnic Studies*, vol. 15, n° 1, 1983, p. 18-32.

Owram, Doug, *Promise of Eden: The Canadian Expansionist Movement and the Idea of the West, 1856-1900*, Toronto, University of Toronto Press, 1992.

Painchaud, Robert, «Les exigences linguistiques dans le recrutement d'un clergé pour l'Ouest canadien: 1818-1920», *Sessions d'études*, La société canadienne d'histoire de L'église catholique, 1975, p. 43-64.

_____, «The Franco-Canadian Communities of Western Canada Since 1945», dans David J. Bercuson et Philip Buckner (dir.), *Eastern and Western Perspectives*, Toronto, University of Toronto Press, 1981, p. 3-18.

_____, «French-Canadian Historiography and Franco-Catholic Settlement in Western Canada»,

The Canadian Historical Review, vol. 49, n° 4, 1978, p. 447-466.

_____, «Les origines des peuplements de langue française dans l'Ouest canadien, 1870-1920: mythes et réalités», Société royale du Canada, 4ᵉ série, t. 13, 1975, p. 109-111.

_____, *Un rêve français dans le peuplement de la Prairie*, Saint-Boniface, Éditions des Plaines, 1986.

_____, «Situation de la recherche sur les communautés franco-canadiennes de l'Ouest», Colloque sur les archives et recherches régionales du Canada français, Ottawa, Centre de recherche en civilisation canadienne-française de l'Université d'Ottawa, 1977, p. 113-121.

Reid, Scott, *Lament for a Notion: The Life and Death of Canada's Bilingual Dream*, Vancouver, Arsenal Pulp Press, 1993.

Silver, A. I., «French-Canadian Attitudes Towards the North-West and North-West Settlement, 1870-1890», M.A. thesis, McGill University, 1966.

_____, *French-Canadian Idea of Confederation, 1864-1900*, Toronto, University of Toronto Press, 1982.

_____, «Ontario's Alleged Fanaticism in the Riel Affair», *The Canadian Historical Review*, vol. 69, n° 1, 1988, p. 21-50.

Smith, Donald B., «A History of French-Speaking Albertans», dans Howard et Tamara Palmer, *Peoples of Alberta: Portraits of Cultural Diversity*, Saskatoon, Western Producer Prairie Books, 1985, p. 84-108.

Thériault, Joseph Yvon, *Francophonies minoritaires au Canada: l'état des lieux*, Moncton, Éditions d'Acadie, 1999.

NOTE

1. NDLR – La Division de la démolinguistique n'existe plus; au cours des années 1990, elle a été fusionnée avec la Division de la démographie, que dirige à l'heure actuelle Réjean Lachapelle et qui comprend une Section des caractéristiques démographiques et linguistiques.

LANGAGEMENT, L'ÉCRIVAIN ET LA LANGUE AU QUÉBEC
de LISE GAUVIN
(Montréal, Boréal, 2000, 254 p.)

Raoul Boudreau
Université de Moncton

Le beau titre du livre de Lise Gauvin indique d'emblée l'impossibilité, pour l'écrivain québécois, de rester indifférent à la question de la langue. S'intéressant aux relations entre langue et littérature depuis plus de vingt ans, l'auteure est mieux placée que quiconque pour faire le point sur cette question. Cet ouvrage a été précédé de plusieurs autres rédigés ou dirigés par Lise Gauvin et qui ont pour objet l'interaction langue/littérature. La particularité de ce dernier est d'être centré sur la littérature québécoise et d'offrir une synthèse inédite et claire d'un sujet dont la richesse rendait difficile la composition de cette vue d'ensemble. Certains des chapitres de *Langagement* sont des refontes ou des prolongements d'articles de l'auteure, mais l'unité de l'ouvrage n'en souffre aucunement, car le livre est traversé par de solides liens chronologiques et thématiques, et l'éclairage nouveau qu'ils reçoivent leur donne un impact qui justifie d'emblée l'entreprise.

L'itinéraire qui est tracé ici va du tourment de langage à l'imaginaire des langues, de la célèbre lettre du poète Octave Crémazie, rêvant pour le Québec d'une langue à soi, jusqu'aux fictions les plus récentes. Il est tout entier éclairé par la notion de «surconscience linguistique» que Lise Gauvin a développée au cours des années et qui est devenue un outil fort utile pour la description et l'analyse du rapport à la langue chez l'écrivain francophone. Il s'agit à la fois d'une conscience exacerbée de la langue qui entraîne une interrogation constante sur les pratiques langagières et d'un inconfort fondamental et fécond résultant des tensions entre les différentes variétés de langue qui représentent tout aussi bien des tentations que des interdits. L'écrivain francophone est, plus encore que les autres, étranger à sa propre langue et sa situation particulière oriente son travail de création et de transformation de la langue.

Dans la première partie du livre, avant d'aborder la littérature comme telle, Lise Gauvin analyse les discours sur la langue qui entourent la littérature sans en faire vraiment partie et qui ont toujours été fort nombreux au Québec. L'examen est à la fois extrêmement complet — par le nombre de textes étudiés —, minutieux et fouillé, et nous ne pourrons nous arrêter que sur quelques éléments de son parcours. Ainsi le texte fondateur d'Octave Crémazie est-il éclairé par une très précise mise en contexte qui révèle que « le souhait utopique de Crémazie crée un imaginaire de la langue qui prendra au cours des générations subséquentes une dimension mythique » (p. 27). Les réflexions de Crémazie incitent à « concevoir la spécificité de cette littérature dite canadienne en relation étroite avec le statut de la langue » (p. 31). Ce sont les revues qui prendront le relais de ce questionnement, comme *Le Terroir* et *Le Nigog* au début du XXᵉ siècle, et qui continueront à faire alterner sur la question de la langue les courants régionalistes et universalistes. Au cours des années 1960, la revue *Parti pris* s'est fait connaître par ses positions sur la langue, et l'auteure souligne que, si les auteurs de *Parti pris* ont prôné provisoirement un usage littéraire du joual, « jamais il n'a été question de faire de ce non-langage une spécificité » (p. 36).

Puisque Lise Gauvin présente le Québec comme une terre de manifestes, on ne sera pas étonné d'en trouver de fort nombreux sur la langue. Paul Chamberland avec *L'afficheur hurle* et aussi Gaston Miron avec « Notes sur le non-poème et sur le poème » s'adonnent au genre dès les années 1960, dans des textes empreints de violence et de négativité qui préparent la voie au texte de Michèle Lalonde, *Speak White*, dont l'auteure fait une analyse détaillée qui montre comment dans ce texte le recours à la langue anglaise et à diverses techniques de détournement permet d'arriver symboliquement à une nouvelle distribution des rôles entre dominant et dominé. Créé en 1968 et publié en 1974, ce manifeste galvanise une bonne partie des défenseurs d'un statut amélioré de la langue française au Québec, et son impact social est si profond qu'en 1989 Marco Micone donne à son manifeste sur la langue un titre, *Speak What*, qui ne peut se comprendre sans référence au manifeste précédent. Le texte n'en suscite pas moins beaucoup de confusion et de controverses, mais Lise Gauvin peut prendre du recul et proposer, en accord avec Micone, « de lire *Speak What* comme un acte de déférence envers *Speak White*, considéré comme classique, et comme une attestation de l'existence même de la littérature québécoise » (p. 62).

Le dernier chapitre de cette première partie porte sur l'examen des textes d'écrivaines qui, au cours des années 1970, ont posé des questions à la langue et au langage et ont interrogé « la parole elle-même comme lieu et enjeu de pouvoir et de libération » (p. 72). Dans la question des rapports entre femme et langage, les Nicole Brossard, Yolande Villemaire, Louky Bersianik ou Madeleine Gagnon proposent une aventure linguistique comme aventure littéraire « qui prend soit la voie de la déconstruction d'un certain ordre du discours, ordre authentifié par la grammaire et ses lois, soit la voie d'une transgression/dérivation qui en appelle à la subversion pour inventer une autre parole, parole frontalière plus que contre-discours, parole des marges, de la contrebande, des chuchotements et des interdits » (p. 77). Les femmes écrivaines pratiquent aussi le genre hybride de la théorie-fiction dans le but de se réapproprier une langue qui leur est fondamentalement étrangère pour ne pas dire infamante. Lise Gauvin écrit : « En s'affichant comme des "voleuses de langues", les femmes qui ont pris la parole au cours des années 1970 ont déconstruit certains mythes de la féminité pour créer un espace de langue et de langage différent, utopie concrète visant à permettre la circulation libre des discours » (p. 92).

La deuxième partie de *Langagement* est consacré à l'examen de la problématique de la langue dans la fiction romanesque québécoise. Encore une fois, la diversité des œuvres examinées est remarquable et nous oblige à renoncer à en donner un aperçu complet puisque la plupart des romanciers québécois d'importance, du XIXe siècle jusqu'à Ying Chen, sont ici considérés.

Ce panorama, qui n'est aucunement un survol par la précision des notations, témoigne d'un travail de longue durée et il livre autant de facettes de la surconscience linguistique. Il révèle d'abord le lien constant entre les poétiques romanesques et les conceptions de la langue, qui sont les unes et les autres en transformations continues et parallèles. Les tentations du réalisme à l'origine de la création romanesque — et que l'on retrouve sous diverses formes dans des œuvres comme *Le Survenant* et *Bonheur d'occasion* — ne disparaissent jamais complètement, mais elles sont assez vite dépassées par des expérimentations qui mettent en évidence la littérature comme invention et construction plutôt que comme représentation. Ainsi, Lise Gauvin montre toute l'évolution et la complexité du traitement de la langue orale chez Michel Tremblay, complexité qui dépasse de beaucoup la simple volonté de réalisme pour atteindre une intégration festive des niveaux de langue aussi riche que la vie elle-même et qui laisse, pour notre plus grand bonheur, autant de questions irrésolues et autant de pain sur la planche. Tremblay a certes le mérite d'avoir naturalisé et légitimé l'utilisation littéraire de la langue populaire québécoise, de telle sorte que les romanciers qui le suivent « manifestent une tolérance toute particulière au plurilinguisme et une sensibilité aiguë aux faits et effets de langue » (p. 164). Certains, comme Réjean Ducharme et Yolande Villemaire, poussent plus loin la veine ludique présente chez Tremblay par la carnavalisation du langage et font exploser d'un même élan la voix narrative et les codes. Dans ce passage du tourment de langage à l'imaginaire des langues, la contribution des écrivains migrants — Marco Micone, Régine Robin ou Ying Chen — comme témoins privilégiés de la traversée des cultures, n'est pas négligeable, car leurs œuvres viennent tout à la fois diversifier, relativiser et éclairer l'expérience québécoise de la langue en littérature.

C'est donc un ouvrage extrêmement touffu, chargé d'une somme d'informations remarquable que nous livre Lise Gauvin avec *Langagement*. On se prend parfois à souhaiter que l'auteure ait poursuivi la discussion sur certaines des œuvres abordées, mais elle a de toute évidence dû faire un choix dans une matière dont l'abondance est le signe même de la fécondité de la surconscience linguistique de l'écrivain québécois. Il reste que, tel qu'il est, *Langagement* représente une synthèse indispensable sur les rapports entre langue et littérature au Québec, synthèse qui ne néglige aucun des textes marquants sur cette question et qui a, de plus, le mérite de les citer abondamment. Comment ne pas souligner en terminant, étant donné le sujet du livre, l'inventivité de la langue de Lise Gauvin, dont le sens de la formule ne nous permet pas d'oublier qu'elle est elle-même écrivaine. La publication de ce livre confirme donc son auteure comme une des plus éminentes spécialistes du rapport langue/littérature dans la francophonie, et l'ouvrage arrive à point nommé, au moment où la question du métissage, de l'hybridité et des transferts interculturels domine la réflexion en sciences humaines. Dans ce contexte, il n'y a pas à douter qu'il servira de modèle pour des études du même genre sur d'autres corpus de la littérature francophone.

LA MÉMOIRE DU COURS CLASSIQUE :
LES ANNÉES AIGRES-DOUCES
DES RÉCITS AUTOBIOGRAPHIQUES
de CLAUDE CORBO
(Montréal, Éditions Logiques, 2000, 445 p.)

Jules Tessier
Université d'Ottawa

Ainsi que le sous-titre le laisse deviner, pour faire revivre l'institution plusieurs fois séculaire du cours classique, l'ex-recteur de l'Université du Québec à Montréal a choisi d'aller puiser ses informations dans des récits autobiographiques. La trouvaille est rien de moins qu'astucieuse, car, en ayant recours à ces témoignages, Claude Corbo a évité deux écueils opposés mais également menaçants, soit se laisser entraîner dans un traité apologétique ringard et nostalgique, à l'image de cette énorme glorification du cours classique, ce pavé colossal de 720 pages intitulé *Nos humanités*[1] (on notera l'emploi révélateur de l'adjectif possessif), dont l'auteur est l'abbé Georges Courchesne, futur archevêque de Rimouski, ou encore se lancer dans une activité *in* en adressant un autre réquisitoire au clergé et aux communautés religieuses qui avaient fait du cours classique leur chose. Soit dit en passant, Clara Gutsche, cette artiste d'origine américaine qui a sillonné le territoire québécois afin de produire d'incroyables photographies de nonnes ayant résisté à la laïcisation de leurs habits, n'a pas caché son étonnement après avoir constaté le « déni » du passé religieux au sein de la population actuelle et la « véhémence » avec laquelle il s'exprime (les deux vocables présentés entre guillemets sont d'elle)[2].

Afin de montrer l'évolution des mentalités, à défaut de signaler les changements apportés à un programme d'étude demeuré remarquablement blindé contre les influences extérieures tout au long de son existence, l'auteur a divisé son analyse en trois étapes : fin de siècle ; marée montante de la modernité (1920-1945) ; prodrome de la Révolution tranquille.

Comme dans plusieurs triptyques, c'est le panneau central qui est le plus important, le premier étant constitué d'une esquisse rapide eu égard, sans doute, à la faible quantité des textes répertoriés, et le troisième comportant peu de différences par rapport à l'époque antérieure, puisque l'institution du cours classique, forte d'une tradition qui remontait aux humanistes de la Renaissance, résistait à la modernité avec une assurance hautaine qu'on aurait dit empruntée à l'infaillibilité papale. Mal lui en prit, car, faute de s'être adapté à une société en pleine mutation pendant la période de l'après-guerre, particulièrement lors de la phase d'accélération observée à partir de 1960 au Québec, le cours classique, peu après cette date charnière, « a été congédié sans ménagement » (p. 431). Voilà pour le découpage temporel.

Quant à la répartition géographique, si l'on s'en tient à l'espace québécois, non seulement les grands centres urbains de Montréal et de Québec sont-ils bien représentés, mais aussi les régions avec Gaspé et René Lévesque, Rimouski et Gérard Filion, Sainte-Anne-de-la-Pocatière et Benoît Lacroix, Trois-Rivières et Marcel Trudel, Joliette et Georges-Émile Lapalme, L'Assomption et Guy Rocher, Rigaud et Jean-Pierre Lefebvre, etc. Ottawa n'est pas passée sous silence grâce à Hector Grenon, et l'Ontario figure une seconde fois au recensement par les soins de Jean Éthier-Blais, un ancien du Collège du Sacré-Cœur de Sudbury. Mais l'Acadie n'est pas mentionnée une seule fois, ni non plus l'Ouest canadien. Une autre absence notable : les femmes. Pourtant, Marie Gérin-Lajoie, la première bachelière canadienne-française, diplômée en 1911, a eu de nombreux épigones[3]. Serait-ce qu'aucune d'entre elles n'a « raconté » son cours classique ?

À propos de Jean Éthier-Blais, il faut dire qu'il hérite de la part du lion dans les citations d'auteurs. S'il est ainsi fréquemment et longuement appelé à la rescousse, ce n'est pas tant à cause de son témoignage plein de reconnaissance et d'empathie pour ses maîtres jésuites, que d'« une écriture élégante et raffinée, aux pages souvent enchanteresses[4] » (p. 84). Reconnaissant envers son *alma mater*, ce noble fils de l'Ontario français originaire de Sturgeon Falls l'est pour deux raisons essentielles : parce qu'il a conscience d'avoir été choyé en recevant une éducation d'une qualité exceptionnelle dans un environnement à peu près aussi propice à l'épanouissement de la culture française que la topographie de la région, s'apparentant au sol lunaire, l'est pour la végétation en général, et aussi parce que son cours classique ne lui a pas coûté un rond… En effet, grand lauréat du tout premier Concours de français de l'Ontario l'année même de sa fondation par Robert Gauthier, en 1938, il a bénéficié du prix offert par les pères jésuites à l'heureux champion à la fin de ses études secondaires, soit un cours classique complet de huit ans, pension incluse, à leur collège de Sudbury. Lucien Bouchard, l'actuel premier ministre du Québec, n'a pas eu droit au même privilège de l'exemption des frais de scolarité et de pension, mais, provenant d'une famille modeste, il se montre tout aussi reconnaissant envers les pères oblats de Jonquière, qui lui ont permis d'avoir accès à ce tremplin convoité, le seul apte alors à propulser ses diplômés dans l'univers élitiste des professions libérales.

Les témoignages ne sont pas tous laudatifs, tant s'en faut, et l'universitaire, rompu aux exigences des travaux de recherche à caractère scientifique, donne voix au chapitre à tout le monde, mais on le devine sensible à la qualité formelle des textes cités, et tout comme pour Jean Éthier-Blais, c'est sans doute l'enrobage stylistique qui vaut à Noël Pérusse, un pourfendeur du cours classique devant l'Éternel s'il en est un, de mériter un *accessit* pour le nombre des citations, dans la dernière partie du livre, après André Major, car ses brocards dirigés contre les pères de Sainte-Croix ont valeur d'apophtegme, non pas à cause de leur contenu, mais par le biais de leur formulation digne des épigrammes les plus réussies. À preuve que le cours classique pouvait contribuer à produire des écrivains doués, même parmi ceux-là qui l'avaient pris en aversion.

Le but de l'auteur n'est pas de faire le procès de la vénérable institution, mais bien d'en brosser un portrait qui soit le plus ressemblant possible et, pour y arriver, il entrecoupe les extraits cités de commentaires et d'analyses afin d'en dégager les lignes de force et les constantes, pour mettre en perspective les variantes qui les différencient, avec un aplomb et un à-propos qui ne se démentent jamais. Tout y est évoqué, à commencer par les matières au programme passées en revue les unes après les autres, avec une insistance sur la place dévolue à l'apprentissage du français, du latin et du grec — beaucoup moins de l'anglais — pendant les premières années, une espèce de désert à traverser afin d'avoir accès aux trésors de la littérature française dont l'initiation est confiée à des professeurs mieux préparés, en versification et surtout en belles-lettres et en rhétorique, pour aboutir aux deux dernières années à propos desquelles tous les témoignages sont autant de constats d'échec total des cours de philosophie résolument thomiste dispensés alors. Mais il y a encore le cadre de vie envisagé sous tous ses aspects, avec les contraintes et diktats reliés à ces maisons d'enseignement foncièrement catholiques, indéfectiblement masculines, sans exclure la pratique des sports, la vie culturelle souvent indigente mais néanmoins existante, avec, en complément, l'horaire quotidien détaillé étonnamment identique dans tous les pensionnats.

L'entreprise n'était pas sans risque, car la méthode adoptée aurait pu engendrer un collage de citations disparates sans qu'il en émerge une vision claire de ce que fut le mythique cours classique. C'est tout le contraire qui se produit grâce à la maestria du guide-analyste qui fait émerger de ces témoignages un portrait d'une netteté telle que quiconque ayant fait ses « humanités », en parcourant ces pages, verra apparaître « son » cours classique, jusque dans les menus détails, quel qu'en aient été le lieu ou l'époque, et encore sous la plume d'auteurs qui en parlent avec une qualité littéraire dont le lecteur ne manquera pas de se régaler. Résultat garanti !

On peut cependant regretter que, faute de témoignages peut-être, Claude Corbo n'ait pas donné une dimension canadienne, voire panaméricaine à sa recherche, car une des merveilles de ce programme d'études, c'est qu'il transcendait les frontières et qu'il était dispensé de façon à peu près identique du Collège Saint-Joseph de Memramcook en Acadie jusqu'au Collège Mathieu de Gravelbourg en Saskatchewan, sans oublier les collèges de la Nouvelle-Angleterre, tel celui de l'Assomption à Worcester, pendant sa période bilingue. En somme une espèce de pipe-line continental dans lequel circulait un produit éducatif homologué et, de ce fait, réversible, les élèves autant que les enseignants ayant ainsi la possibilité de voyager à l'intérieur du système, dans un sens ou dans l'autre, ce qui a permis, par exemple, au Québécois François Hertel de dynamiser l'enseignement au Collège de Sudbury, au Manitobain Placide Gaboury d'occuper un créneau unique dans la vie intellectuelle québécoise, ceux-là parmi tant d'autres.

À ce propos, ce n'est pas sans une certaine émotion que l'on lit, dans un récit autobiographique non répertorié par l'auteur, ce passage où l'annonceur Henri Bergeron raconte qu'un beau jour le jésuite titulaire de la classe de belles-lettres, au Collège de Saint-Boniface au Manitoba, en entendant le sifflet du train en partance pour Montréal à la gare de Winnipeg, de l'autre côté de la rivière, ne pouvant résister au mal du pays, se mit à pleurer devant son auditoire et murmura, d'une voix étranglée : « Que je voudrais donc être à bord![5] » Il convient, ici, de rendre hommage à tous ces professeurs, particulièrement à ces exilés de l'intérieur, qui ont œuvré dans l'enseignement, dans le cadre du cours classique notamment, la poutre maîtresse de cette armature ecclésiale constituée de paroisses, d'écoles, de collèges, de couvents, d'institutions sociales et culturelles sans lesquels les francophones nord-américains auraient eu bien du mal à résister, particulièrement les « hors Québec ».

Avant de conclure, je ne peux résister à l'envie de raconter comment j'ai rencontré tout à fait par hasard Claude Corbo à l'occasion d'une balade dans le métro de Montréal, il y a de cela quelques mois. Nous étions dans la même voiture et j'ai tout de suite repéré cette physionomie typée demeurée si méditerranéenne malgré la parfaite intégration du personnage à la société québécoise au fil des générations. Il n'est pas dans mes habitudes d'aborder les célébrités que je croise — les *peoples*, comme on dit maintenant à Paris —, mais comme nous sommes descendus à la même station, je me suis enhardi et je lui ai demandé à quoi il s'occupait, son mandat de recteur de l'UQAM étant terminé. Tout bonnement, il m'a répondu qu'il avait recommencé à donner des cours, y compris au niveau du bac, et qu'il était tout à fait heureux dans ses nouvelles fonctions. Voilà une belle leçon de simplicité et d'« humanité », justement, en particulier pour ceux-là qui se cherchent désespérément une planque après avoir goûté aux blandices de l'administration, parce qu'ils ne veulent pas — ou ne peuvent plus — retourner à l'enseignement.

NOTES

1. Georges Courchesne, ptre, *Nos humanités*, Nicolet, Procure de l'École normale, 1927, 720 p.

2. Ces mots sont tirés du texte qui était reproduit à même la cimaise lors de l'exposition de ses photographies intitulée « La série des couvents », tenue au Musée d'art de Joliette du 18 octobre 1998

au 10 janvier 1999 : « Le déni est une chose étrange. [...] J'ai été étonnée par le manque de visibilité du catholicisme et par la véhémence avec laquelle beaucoup de Québécois rejettent leur passé religieux. »

3. Voir Hélène Pelletier-Baillargeon, *Marie Gérin-Lajoie*, Montréal, Boréal Express, 1985, p. 118.

4. Jean Éthier-Blais a fait un récit détaillé de son cours classique au Collège du Sacré-Cœur de Sudbury, chaque année constituant autant de chapitres, dans *Le seuil des vingt ans* (Montréal, Leméac, 1992).

5. Le père Bernard Nadeau, après être allé se recomposer une attitude dans sa chambre, revint devant sa classe et ne se contenta pas de s'excuser, mais leur demanda encore pardon pour les avoir blessés en révélant son sentiment d'appartenance à son coin de pays. Voir Henri Bergeron, *Le Cœur de l'arbre : le bavard récidive*, Saint-Boniface, Éditions du Blé, 1995, p. 45-46.

L'OUEST ET SES SAUVAGESSES : ÉCRITURE ET PRAIRIE

Pamela V. Sing
Faculté Saint-Jean, Université de l'Alberta

En 1989, dans son mémoire de maîtrise soutenu à l'Université du Manitoba, Claire Dayan-Davis a constaté le conservatisme du roman franco-canadien de l'Ouest écrit au féminin : modelé sur le roman du terroir ou sur le roman Harlequin, il aurait pour protagoniste une femme dont les préoccupations ne sont nullement féministes. Souffrant du complexe de Cendrillon, selon lequel elle est incomplète sans son prince Charmant, fidèle aux valeurs traditionnelles, soumise, la protagoniste serait une femme patriarcale par excellence, pour reprendre l'expression de Nicole Brossard. L'amour, le mariage, voilà ce qui la préoccupe ; quant à la trame romanesque, elle comporte des invraisemblances outrées afin de satisfaire à la logique interne du code narratif. Citons le beau cas de *La Fille bègue*[1] d'Annette Saint-Pierre, publiée en 1989. Jeune mère célibataire et veuve — violée par un inconnu, elle épouse un homme plus âgé qu'elle, mais il meurt deux ans plus tard —, voici Lucie, sur le point de révéler le secret du viol à son amoureux : elle « se jeta au cou de Jean avec une ardeur juvénile. Ses deux bras lui entouraient la taille et elle plongeait son regard dans les yeux de l'homme qui *ferait ou démolirait son bonheur* » (p. 113 ; nous soulignons). Lorsque, plus loin, les parents de Jean ont accepté son mariage avec Lucie, celle-ci a déjà un autre prétendant : François, le fils de son défunt mari. Quoi faire ? Elle caractérise son dilemme ainsi : « Il faudra que j'accepte de me laisser posséder, dit-elle à haute voix. Jean ou François [...] Deux hommes qui l'avaient blessée si profondément ! » (p. 194). Le verbe est bien « blessée », car Lucie apprend que François est le père de son enfant, autrement dit, son violeur..., mais elle lui pardonne et finit par l'épouser. Quant à nous, force est de reconnaître, d'une part, qu'il ne faut pas au prince un « charme » outre mesure, et que, d'autre part, malgré les obstacles semés sur la route menant à l'amour et au mariage, l'héroïne, comme la GRC, « attrape toujours son homme ».

Or, le roman franco-canadien de l'Ouest connaît une écriture qui, s'intéressant autrement aux relations entre les sexes et à la terre, pourrait être caractérisée par quatre mots : langage, expérience, corps, prairie. Ce sont là

les paramètres autour desquels se construit une esthétique de l'écriture au
féminin, une écriture, précise Louise Dupré au sujet de l'écriture québécoise
au féminin, «travaillée par la conscience d'être femme et par la reconnaissance de la sexuation dans le processus scriptural[2]». Dans leur rapport à la
modernité, les auteures, que ce soit Marguerite Primeau, Marie Moser,
Jacqueline Dumas, Nancy Huston ou Simone Chaput, mettent en évidence le
lien entre l'écriture et l'expérience intime, et tentent de ramener cette expérience du sujet dans le langage, toujours lié avec le corporel et la prairie. Avec
Julia Kristeva et Luce Irigaray, postulons que, pour le sujet écrivant au
féminin qui tente d'entrer dans le symbolique quand l'unique modèle qui
s'offre à elle l'exclut ou lui attribue le rôle de l'altérité au négatif, la solution
consiste à réinventer un langage maternel, une réinsertion au féminin. Ainsi,
le thème de la terre ou de la campagne sert moins à valoriser, sur le mode
nostalgique, les traditions appartenant à un passé révolu qu'à s'approprier
ce que Karen Gould a nommé, en rapport à l'écriture québécoise au féminin,
«un espace de sensualisme primitif[3]». Dans l'Ouest comme au Québec, il
semble bien que, pour dire «je», le sujet-femme ne puisse être civilisé, «féminin» au sens traditionnel du mot. À force de vouloir se dire, «ça devient
sauvage».

Parmi les auteures nommées plus haut, celle qui est arrivée le plus récemment sur la scène littéraire, Simone Chaput, écrit depuis que le féminisme est
une réalité socio-psychique et culturelle. Cependant, ses deux premiers romans,
en confirmant la difficulté de devenir femme, correspondent presque au
modèle proposé par Dayan-Davis cité ci-dessus. Pour des raisons de comparaison, nous en donnerons ici un aperçu pour en venir à discuter plus longuement de son troisième roman, *Le Coulonneux*. Nous enchaînerons avec le
prix Champlain 1986 de Marguerite Primeau, une auteure qui écrit depuis
les années 1950 et qui, selon nous, a toujours écrit avec une conscience de
femme autonome.

La Vigne amère[4], pour lequel Simone Chaput s'est vu attribuer le prix littéraire *La Liberté 1990*, a pour protagoniste Judith, une jeune Française qui,
humiliée et battue par son père qui la traite de «salope» et de «pute» (p. 67),
n'en demeure pas moins fidèle à lui et à la terre qui lui appartient. Devenue
l'amie d'un jeune sculpteur de l'Ouest canadien, elle écoute décrire la prairie.
Lorsqu'il rentre chez lui, Judith promet de le suivre, mais en attendant, elle
s'initie à l'acte de la création en trouvant les mots pour faire vibrer aux
oreilles de sa mère les images du «lointain pays» (p. 80) «pur et inviolable»
(p. 102) qu'elle porte en elle. Pour arriver à l'écriture, elle aurait à partir pour
le Nouveau Monde, mais le dénouement affirme le caractère irrémédiable de
sa condition de prisonnière muette.

Un piano dans le noir[5], publié en 1991, lui a aussi valu le prix littéraire *La
Liberté*. De facture plus moderne que *La Vigne amère*, ce roman traite également de la difficulté de devenir une femme autonome. Une jeune pianiste
douée travaille fort afin de gagner un concours pouvant la mener à la carrière

de ses rêves, mais elle s'enfuit en Grèce la veille de l'événement. Sous le soleil de ce pays, elle mène une existence libre, mais lorsque sa famille fait appel à son aide, elle rentre au Manitoba travailler à l'épicerie de son père, tout en songeant à Montréal. L'occasion de travailler comme pianiste classique dans un restaurant d'hôtel se présente alors, et elle auditionne pour le poste, poussée, dit-elle par « le goût dur de la concurrence » (p. 191). Sa performance est parfaite, et on lui offre l'emploi, mais elle dit savoir pertinemment que c'est grâce à sa nouvelle coiffure plus qu'à son talent de musicienne, à « sa jupe fourreau et [à] son chandail moulant » (p. 195). Cela, elle l'accepte, comme elle accepte de ne pas aller à Montréal, se contentant de s'évader par l'imagination et la musique. Femme artiste, la protagoniste n'est ni la narratrice de son propre récit ni la maîtresse de sa destinée, et si l'art se voit accorder un certain pouvoir d'évasion, il ne s'exerce pas dans la liberté.

Dans *Le Coulonneux*[6], publié en 1998, il s'agit de l'arrivée à l'écriture par le biais de deux récits : celui de Camille, une jeune fille de neuf ans, qui raconte sa propre histoire, et celui de Gabriel, un jeune homme de dix-sept ans, considéré par Camille comme son prince, non pas « charmant » mais « sauvage ». Le récit de Gabriel constitue la première partie de l'ouvrage. Pris en charge par un narrateur omniscient, il raconte l'exil du jeune homme parti de la prairie dont il ne connaît que les « franges ». Pendant sept ans, il erre en Amérique du Nord, s'initiant à différentes sortes d'attachements affectifs, à différentes réalités géographiques et, auprès d'un poète, au pouvoir incantatoire des mots, à la littérature et à l'écriture. Il apprend l'art d'apprivoiser l'immensité du monde en l'écrivant, c'est-à-dire en la personnalisant et en la transformant. Et toujours, l'écrivain apprenti porte en lui le souvenir de la petite Camille. Un jour, il entend la voix de la petite fille lui dire de rentrer, de retrouver la prairie.

Or, Camille est la prairie, et son histoire est celle de l'évolution dans ses rapports avec un espace primordial. « Au début, dit la narratrice, maman m'appelait sa princesse sauvage, [au sens d']exotique, naturelle, vraie » (p. 89). C'est l'époque où la petite fille se partage entre la maison et le « terrain vague » qu'elle explore et d'où elle rapporte divers trésors qu'elle montre à sa mère : des couronnes de pissenlits ou des colliers de marguerites, ou bien les chenilles, les coccinelles, la poignée de vers ou le campagnol mort qu'elle porte au creux de sa main. Avec le temps, elle en arrive à faire une avec cette terre, à vivre en communion avec elle. Quittant très tôt la maison pour ne la retrouver qu'à la tombée du jour, « les cheveux en bataille, [s]es vêtements déchirés, et la crasse de la prairie dans tous les plis de [s]on corps » (p. 90), elle devient alors la « petite sauvageonne » de sa mère. « Un mot tendre, ça, bien féminin : une petite bête mal apprivoisée » (p. 90), souligne la narratrice. Lorsque la petite fille se met à répondre aux questions de sa mère par des grognements ou des petits bruits inarticulés, à ne plus se peigner et à ne plus manger dans une assiette, sa mère finit par l'appeler « sa sauvagesse, [mot] un peu plus fort, celui-là, presque bestial : rude, grossier, inculte » (p. 90). Sa mère la confiant alors «à la rivière, à la plaine et à l'orage» (p. 90), Camille entre dans un rapport sensuel avec la prairie, s'enivrant de ses odeurs, «séduite par la terre noire, par la volupté de sa chaleur» (p. 91). Tantôt «les bras étendus sur la face du sol, [elle s']enfonc[e] les doigts dans la terre, [s]'en gorg[e] les ongles, mêl[e aux] cheveux sa paille coriace et son bouquet moisi» (p. 91). Tantôt, afin d'éviter que sa mère la repère dans la prairie, elle y rampe, «épousant d'un mouvement fluide les configurations du terrain» (p. 91). Mais le soir, après son retour à la maison, la fille s'approprie un autre univers, celui, «fabuleux» et «sacré», «fait de peur et de désir, de chimère et de prodige» (p. 92), des contes de sa mère. Le jour donc, sous la tutelle de cette dernière, Camille et la prairie qu'elle habite et qui l'habite se féminisent et s'érotisent, et, le soir, elles intègrent un espace intérieur et culturel, constitué d'images et de mots.

Lorsque la mère en vient à dépérir parce que son mari a abandonné la famille, le grand-père maternel arrive de Belgique pour s'occuper de Camille et de sa sœur. Pendant deux ans, Camille se révolte : le vieillard ne ressemble nullement à la mère disparue. Jusqu'à ce que, pour apprendre à sa petite-fille à l'aimer, Léopold aménage un colombier dans le grenier de la maison pour ensuite encourager la fille à devenir «coulonneux» comme lui, c'est-à-dire, dans le parler belge, éleveur de pigeons voyageurs. Dès lors, le grand-père dresse les oiseaux tendrement, et Camille se familiarise avec le «monde du pigeonnier, un monde sableux et roucoulant, de vie, de mort, de disponibilité» (p. 108). La première fois que le grand-père s'éloigne de la maison, portant dans une cage trois oiseaux qui doivent retrouver leur «nichoir», Camille les attend dans «sa» prairie, angoissée. L'attente réintègre le paradigme maternel et s'avère une première métaphore de l'acte de création. En témoigne ce passage qui décrit l'apparition soudaine des oiseaux :

> apparaissait le premier point noir haut, haut, en haut du ciel ; je me frottais les yeux, clignais des paupières, ne quittais pas du regard la tache sur l'infini qui petit à petit s'étendait, *une goutte d'encre répandue sur la nappe du firmament.* Puis deux autres moucheutures se joignaient à elle, descendaient vers moi et la plaine [...] Tout, alors, se remettait à vivre autour de moi [...] mes bras s'étiraient comme des ailes. Je voyais Gabriel là-bas, à la limite de ma plaine [...] Le prince sauvage, mon chevalier, se contentait de sourire, en attendant que vienne son heure (p. 110 ; nous soulignons).

C'est dire qu'écrire, c'est saisir ce qui, dans la subjectivité, est toujours matière et douleur, et cela exige d'attendre l'«à-venir» incertain du processus qui est toujours un déjà-là[7], une altérité qui est également soi et qui, en resurgissant, transforme le rapport du sujet à son ici-maintenant. Le visage tendu vers le ciel, Camille, être de la terre, aspire vers l'infini, vers la clarté, elle s'allège et devient l'émotion qu'elle accueille.

Mais cet état ne peut durer. Un soir d'hiver, sous l'effet d'une hallucination qui résulte de sa participation à la guerre, le grand-père détruit le colombier et massacre tous les oiseaux, ce qui oblige Camille à transformer ses rapports au monde. Camille quitte alors l'espace familial pour approfondir son identité sauvageonne. Dans la forêt, elle apprend le métier de trappeur auprès d'un Métis, Louis L'Espérance. D'abord horrifiée, paralysée à la vue d'un bel animal qui ne vit plus, elle en vient à voir que, mort, l'animal a une beauté autre, et cette prise de conscience est le signe de son acceptation de la coexistence de la vie, de la mort et de la beauté :

> Cette martre était superbe, elle ne m'en voulait plus, je levai la main pour lui frotter la robe.
>
> Cinq autres martres, ce matin-là, un coyote, un lapin et trois immenses pékans, des fourrures épaisses et riches et belles à vous faire gémir, l'odeur de leur vie et de leur mort, l'odeur nauséabonde de leur revanche, leur tête sauvage, leurs moustaches, le bouton noir de leur museau au creux de ma main, ma fascination, et ma peur terrible et délicieuse, les doigts de Louis dans la neige, sur les dents de ses engins, à rebours dans le poil farouche de ces bêtes fauves (p. 127-128).

Ensuite, auprès de Mariette — la fille de Louis qui, enceinte et solitaire car délaissée par le père de son futur fils, vit de manière rudimentaire dans le bois —, Camille se voit en train de chercher pour la première fois de sa vie, et encore vainement à ce stade-ci de son évolution, «les mots qui sauraient […] dire le rêve que je vivais, l'émotion de mon corps, la réalisation de mes plus ardents souhaits» (p. 129). Elle découvre également une autre manière de vivre un rapport intime avec la nature, car la survie de Mariette dépend de sa connaissance de la flore et de la faune de ses environs immédiats. De plus, présente dans la cabane lorsque Mariette prend un bain, la jeune fille observe le corps de la jeune femme dont les mouvements lui font remarquer qu'«il y avait toute une forêt d'animaux dans son corps et sous le cuir de sa peau» (p. 139). Le corps placé sous le signe de la nature, la jeune fille apprend sans violence aucune ce que sont la sexualité et le désir féminins, découvre que c'est de l'amour qu'elle ressent pour Gabriel. La Métisse raconte son histoire d'amour, dont le langage sauvagement poétique réaffirme le lien à établir entre une certaine violence, la beauté et l'amour sexuel. Le désir à l'état brut, sauvage, se poétise dans l'extrait de texte suivant :

> La première fois qu'y te prend la main, tu penses que tu vas tomber sans connaissance, c'est si fort […] tout ce que t'as dans tête, c'est sa main dans la tienne, nue, qu'elle est, rien là, entre sa peau pis la tienne, pis t'en reviens pas, c'est quasiment scandaleux, c'est péché, certain, parce que c'est si chaud, pis c'est bon, pis tu sens ses doigts entre les tiens, ses longs doigts d'homme qui te fouillent la peau entre les doigts et c'est quasiment trop, ces doigts tout nus qui te serrent la main […] pis rien qu'à y penser […] t'as comme un vertige […] t'as les yeux qui te tournent dans la tête, pis tu sais pus ce que tu racontes, pis que ça fait mal, t'as comme un poids sur le cœur pis la gorge toute en nœuds […] pis quand y te touche comme ça […] tu fonds en dedans, c'est comme de l'eau dans tes tripes pis entre tes jambes, pis dans ta tête, y'a pu rien, juste du ciel bleu, pt'être ben, ou l'image d'une feuille de tremble qui vient de quitter sa branche et qui tombe par terre […] tu tombes, toé aussi, comme en extase… (p. 148-149).

La réception du récit lui révélant une réalité corporelle jusque-là inconnue d'elle, Camille est prête à découvrir d'autres rapports au monde. Aussi s'initie-t-elle alors à la lecture, apprenant à apprivoiser les mots difficiles et les «phrases parfois très longues» (p. 145), s'appliquant à «extirp[er] de tous ces signes morts le goût et l'odeur de la vie» (p. 145). Finalement, avec la naissance de l'enfant de Mariette, Camille s'éveille à l'amour maternel. S'occupant avec patience, constance et affection de l'«enfant de la forêt» destiné à devenir à la fois fils et frère, «le compagnon fidèle de toutes [s]es heures sauvages» (p. 157), elle simule l'attitude de l'artiste vis-à-vis de son œuvre et sait n'être plus enfant elle-même. Trois ans plus tard, le sujet-femme apprenti va à la ville poursuivre son éducation de manière formelle.

Au dénouement du roman, trois autres années se sont écoulées. Au moment où, dans un couvent à la ville, Camille confie au vent la pigeonne voyageuse que lui a donnée un jeune voyou — nous le précisons, car il n'est pas indifférent que les amis et compagnons de la jeune fille proviennent tous des marges de la société, un espace «sauvage» —, quelque chose de significatif arrive à son ancienne demeure. Gabriel, ayant retrouvé la prairie, puis converti le grenier de l'ancienne maison familiale de Camille en atelier d'écriture et rénové le colombier de Léopold, ouvre la lucarne, désormais prête à abriter une pigeonne égarée. C'est ainsi que se complète la métaphore de la création littéraire décrite plus haut: l'écrivain de l'Ouest habité à la fois par des ailleurs et par la prairie qu'il habite, une prairie sauvage, sauvageonne et sauvagesse, c'est-à-dire plurielle, toujours changeante, mais toujours la même, se nourrit de mots de toutes sortes: de poètes, de voyous, mais aussi et surtout, de femmes, qu'elles soient amoureuses, maternelles, conteuses, solitaires, artistes, serveuses, terriennes ou aériennes. Sa subjectivité, présente et absente, altérité et soi, libre, se projette comme forme mouvante dans l'espace et dans le temps, à la fois de mémoire et par hasard, pour finir par prendre corps par la plume.

Chez Chaput, l'espace imaginaire n'est ni uniquement masculin ni uniquement féminin, mais il doit s'épanouir loin du père. À ce sujet, Gail Scott a affirmé le caractère «fou, sauvage et par-dessus tout peut-être, érotique» du trajet dans lequel s'engage le sujet-femme qui, après des millénaires de patriarcat misogyne, cherche à s'inscrire dans l'espace qui s'ouvre devant lui[8]. En effet, la voix narrative extra-diégétique du *Coulonneux* dit ne guère se souvenir de son père, seulement de ce que ses rentrées périodiques signifiaient trêve des explorations de la terre, trêve des chansons de la sœur et trêve des contes de la mère. Les filles envoyées au lit, la mère s'enfermait dans la chambre conjugale avec son mari. La sœur décrivait les «images abominables» (p. 93) de l'acte sexuel, mais Camille, établissant un lien avec la violence qu'elle avait vue dans la nature, dit n'être «répugnée par rien». Nous avons vu en effet que la jeune fille était destinée à comprendre, grâce à Mariette, que l'amour transforme le désir et l'acte sexuel en quelque chose de beau.

Les choses se passent différemment pour l'autre protagoniste narratrice sauvage de l'Ouest, celle du roman *Sauvage-Sauvageon* de Marguerite Primeau (prix Champlain 1986). S'ouvrant sur des vers de Baudelaire adressés à l'«Homme libre» qui contemple en même temps deux «gouffres amers», la mer et son âme, ce roman a pour personnage principal une figure révoltée. Maxine-Sauvageon est la version féminine du poète mystique voué à la recherche de l'idéale Beauté et, comme l'a écrit Marguerite Primeau en 1945[9], incapable par conséquent, d'accepter, d'une part, «l'homme tel qu'il est, moitié ange, moitié démon» et, d'autre part, «le but pratique et terrestre» de la modernité. Comme Baudelaire, Maxine-Sauvageon, bien qu'avide de sensualité et de volupté, associe la jouissance physique à la dégradation. «La femme est naturelle, c'est-à-dire abominable. Aussi est-elle toujours vulgaire», écrivait Baudelaire[10]. Or, s'il est relativement aisé d'accepter cette misogynie chez le poète, qu'en est-il de sa version féminine, celle qui, assimilant cette haine, se hait, mais qui, en même temps, a une autre caractéristique baudelairienne qui complexifie extrêmement son cas : elle se croit un être exceptionnel.

Que l'entreprise semble vouée à l'échec, le début du roman en témoigne : Maxine Lefèbvre, âgée de 38 ans, se prépare au suicide. Assise dans une chaise longue face à l'infini de l'océan Pacifique, elle vide une bouteille de whisky et revit son passé en soulignant ses crimes contre l'humanité, figurée avant tout par son père, mais aussi par une amie et trois amoureux. La mère, morte lorsque Maxine avait huit ans, est perçue par sa fille comme une femme sensible, attentive et affectueuse. Cependant, elle est également associée à la routine de tous les jours et aux larmes silencieuses. C'est elle qui voudrait non seulement que son enfant soit sage, obéissante et «polie envers les adultes, qu'ils soient sympathiques ou non» (p. 22), mais aussi qu'elle ne s'isole pas «dans un coin du jardin ou dans sa chambre pour rêvasser à Dieu sait quoi» (p. 22). De plus, pour la fille, celle qui accepte de devenir enceinte est à plaindre, car elle est un «pauvre être assujetti aux désirs d'un homme» (p. 47). Son corps dès lors difforme répugnant à sa fille, cette mère est considérée comme un pitoyable contre-modèle. C'est le père que la narratrice considère comme crucial. «[Q]u'a été ma vie sinon une quête perpétuelle pour l'homme-magicien de mon enfance?» (p. 56), demande-t-elle.

Âgée de cinq ans, Maxine se savait l'unique compagne de son «père de rêves et des légendes» (p. 41) lorsque, pour s'évader parfois de son cabinet d'avocat, il se rendait à sa ferme située à l'orée du village. Là, celui qui, le soir, nourrissait l'esprit de son rejeton de «phrases magiques» et d'«images belles comme celles du paradis» (p. 20), de poésie, de chansons et de contes de fées, revivait les souvenirs, les espoirs et les rêves de son enfance. Avatar poétique et urbain de Samuel Chapdelaine, ce père, amoureux de la terre, de cette «poussière magique [qui] nourrit et embellit» (p. 33) le monde, amoureux des parfums, des couleurs et des goûts de la prairie, inculque cet amour à Maxine. La seule voix paternelle détourne celle-ci des laideurs et injustices du monde, lui ouvre les portes à un «univers imaginaire» personnel, peuplé de «moments privilégiés» proustiens. La fille est d'autant plus ravie de recevoir ce qu'elle croit être un royaume exclusivement sien que son prince lui semble infaillible. Elle se veut sa semblable : leur mythe personnel consiste à être des «magiciens de la terre et de ses merveilles». Voilà pourquoi c'est un réveil brutal pour elle que d'apprendre certains faits de la vie : que son père veut un fils, qu'elle ne lui suffit pas, que ce terrible changement sera réalisé par l'intermédiaire de sa mère qui, pour ce faire, accepte de s'enlaidir, et que, femme, elle est destinée à répéter elle-même cette sorte d'auto-trahison. Sa vision du monde devient encore plus amère lorsque sa mère meurt en voulant donner au père le fils qu'il voulait[11], et que ce père se remarie «en cachette [... avec] la femme à hommes» (p. 63) du village, responsable, croit-elle, de son bannissement de la maison paternelle, car on l'envoie au couvent. Maxine se voue désormais à la vengeance.

Son père lui avait expliqué que, sauvageon, plante sauvage, elle aurait à se cultiver afin de reproduire sur terre un morceau de paradis terrestre, comme «un chant merveilleux, une magnifique sculpture, un tableau, un poème» (p. 24). Or, nous avons appris chez Chaput que l'œuvre d'art s'accomplit sous le signe de l'amour. Se croyant mal aimée, Maxine n'a pas d'amour à donner. Au contraire, elle s'acharne donc à conserver intact son être sauvage. Comme sa province natale, Maxine-Sauvageon prend pour emblème l'églantine qui, «indifférent[e] à ce qui l'entour[e], continu[e] à pousser et à fleurir pour ell[e]-mêm[e] — c'est-à-dire sans que l'homme ait à faire quoi que ce soit» (p. 60). (Rappelons que le nom anglais de cette fleur, *wild rose*, souligne le caractère sauvage que voudrait conserver la jeune femme.) Sa mère lui avait appris que l'acte sexuel «ne pouvait être laid ni ridicule s'il était accompli en signe de tendresse» (p. 53). Maxine, par conséquent, ne mêle jamais aucune tendresse à l'assouvissement du désir sexuel. Aussi, pendant sa période de vagabondage, refuse-t-elle à Paris l'amour de Marcel, cet homme imprégné d'histoire et de culture françaises, avec qui elle connaît une passion animale. À Nice, elle dépucelle Johnny, autre objet sexuel. Là aussi, elle refuse son amitié à Angela pour qui elle sent n'être qu'un ersatz du fils perdu. Comment pourrait-elle ne pas mépriser une femme qui, n'existant que de manière maternelle, se languit d'un être qui rappelle à Maxine non seulement sa propre «insuffisance» en tant que simple fille de son père mais aussi l'«indésirable» fils qui, tant voulu par le père, avait «sapé la vie de la mère», ses droits l'emportant depuis sa conception «sur celle qui le portait» (p. 48)? Rentrée au Canada, elle s'établit à Vancouver où elle devient la maîtresse de Michael Shaun O'Flagerty. Professeur de littérature anglaise et spécialiste de l'école romantique, ce dernier est marié à une femme avec qui il forme un couple désuni, mais il refuse de divorcer afin de ne pas devoir lui céder le fils qu'ils ont eu ensemble. On aura reconnu dans le rapport de l'homme à son fils un paradigme toujours et d'emblée problématique chez Primeau. Cependant, la situation ne pousse Maxine à agir en furie qu'avec l'arrivée sur scène du père. Après avoir vécu seule pendant dix ans, elle fait venir son père cardiaque, alors délaissé par sa seconde épouse, mais elle se fâche en voyant l'amant et le père devenir amis. Et pourtant il s'agit là des deux personnes qu'elle aime le plus au monde, même si elle se limite à dire au sujet de Shaun que c'est «le seul être que *j'eusse pu* aimer, avec mon père, si les circonstances avaient été autres» (p. 144 ; nous soulignons). Mais lorsqu'elle entend son père dire, en apprenant que Shaun ne sera jamais son beau-fils, «J'aurais tant aimé avoir un petit-fils, mon petit-fils à moi, avant de mourir !» (p. 142), elle décide sur-le-champ de rompre avec son amant. Le père s'était exprimé humblement, sur un ton que Maxine trouve déchirant, mais elle se défend de s'y montrer sensible : pour elle, cela signifierait accepter l'ordre patriarcal qui est incapable de lui faire une place en tant que femme, être autonome[12], singulier et privilégié[13].

Et pourtant Maxine se sait marquée de la poésie de la prairie, domaine pour elle irrémédiablement patriarcal. Tout au long de son récit, elle réitère son identification avec les vagues de l'océan Pacifique, déchaînées, violentes, «séductrice[s] de la terre ennemie» (p. 17). Mais, pour sortir de l'impasse où elle se trouve — ayant adopté le modèle de la femme de pierre guerrière, vouée à la vengeance, elle s'est démunie dans le contexte de l'expérience non seulement quotidienne et sociale mais aussi créatrice —, elle doit renaître à la prairie, se réconcilier avec ses origines. Comment le faire sur un mode qui lui soit propre, en tant que femme «sauvage» ? Comme pour Baudelaire, la solution consiste à réinscrire la mère en tant que présence absente. Ainsi, une nuit orageuse, après que père et fille eurent arrosé le «festin» préparé par son père avec du vin — se retextualise là le paradigme carnavalesque primordial introduit dans le roman lorsque la protagoniste raconte son séjour à Nice, dont nous ne traiterons pas ici — et que la voix chaude paternelle qui rappelle l'enfance eut fait oublier la peur, Maxine se lève, ayant entendu son père gémir dans son sommeil : «Je l'ai bordé *comme un enfant*. J'ai attendu que sa respiration soit redevenue normale. Et... eh oui ! J'avais oublié ce geste inconscient... J'ai posé un instant ma joue contre la sienne comme je l'avais fait si souvent pendant mon enfance» (p. 157-158 ; nous soulignons). La narratrice se demande pourquoi elle a fait cela, ne sait si c'était pour s'assurer que la fièvre avait disparu ou si c'était «un retour soudain et inattendu de la fillette d'autrefois». Nous pensons ceci : ayant accepté que son père n'est ni surhumain ni monstrueux, Maxine le démythifie, se permet ainsi de se remettre à aimer son côté enfantin que, petite fille, elle adorait et que, adulte, elle avait appris à mépriser et à détester, car il était devenu à ses yeux un signe de faiblesse chez celui qui n'avait pas eu le courage de réaliser ses rêves. Pour la fillette d'autrefois, les sorties à la campagne entourant la ferme transfiguraient le père qui, avocat à la ville, y «retrouvait par une étrange alchimie l'agitation *fébrile* du petit garçon d'autrefois» (p. 30 ; nous soulignons). Le soir de l'orage, la fille veille sur un homme malade devenu un avatar du père-garçon adoré, car le voilà transformé à nouveau en enfant «fébrile», au premier sens de fiévreux ; et le geste de Maxine, en rappelant celui d'une fillette, fait penser en même temps et surtout à celui d'une mère.

Maxine découvre en elle-même une attitude qu'il faudrait associer à sa mère, celle qui avait aimé son mari tout en le sachant imparfait et qui avait enseigné à sa fille l'importance capitale de la tendresse. Du coup, le complexe d'Œdipe se résout. L'ordre du récit fait de cette avant-dernière scène du roman la cause dont l'effet est la scène finale : Maxine Sauvage-Sauvageon ne se lève pas pour courir vers l'eau afin de se laisser engloutir. Elle pense se joindre à la mer, le veut, mais « [s]es membres refusent d'obéir à [s]a volonté [...] Recroquevillée dans sa chaise longue, [elle] n'a pas bougé » (p. 159). Si mort il y a, c'est celle, provisoire, de ses souvenirs, remords, paroles et gestes manqués. Maxine, elle, ferme les yeux, épuisée par l'examen du passé auquel elle s'est soumise. C'est le sommeil non pas éternel, mais paradoxal : si ses « paupières s'agitent à peine », elles s'agitent tout de même, et force nous est de conclure, puisque les mouvements oculaires correspondent à des périodes de rêve, que, littéralement, la femme « dort. Et rêve ![14] » (p. 159). La réinscription de la mère par le biais de la tendresse entraîne la réinscription et la retransformation subséquente de la rêverie : jadis mise à mort parce que devenue synonyme d'un père fautif, la rêverie resurgit, legs renouvelé, féminisé, du père-poète, magicien de la terre et de ses merveilles. À huit ans, Maxine s'était métamorphosée une première fois : ayant appris le désir d'un fils chez le père qu'elle voudrait punir, faire souffrir, elle affichait dès lors des « manières garçonnières »(p. 46), portait des marques de la prairie *sur* son corps, rentrait, « les cheveux en broussaille, une traînée de terre sur le visage, et les vêtements en lambeaux » (p. 46). À 38 ans, elle se métamorphose à nouveau : faisant le deuil du père mythique, de l'absolu, elle se permet de ne plus se faire violence et de porter sa prairie *en* elle, déposée dans une mémoire sereine qui ne serait pas oubli. Maxine Sauvage-Sauvageon, écrivain, pourra, pour reprendre l'expression de Chantal Chawaf, « construire, par le langage, quelque chose de nourricier, quelque chose qui soit l'équivalent spirituel de ce qu'on ne peut matériellement pas trouver[15] ».

* * *

Le roman du terroir, en représentant une économie de la nature et particulièrement de la terre, uniquement masculine, avait confiné les femmes à la culture officielle, comme si leur propre nature féconde mais désordonnée représentait une menace pour le projet terroiriste. En jouant les rôles bien définis d'épouse, de mère de famille et de gardienne de la culture, les femmes participaient à l'ordre social en tant qu'êtres apprivoisés, obéissants, ordonnés, simples objets d'échange auxquels se refuse la subjectivité. Dans *Le Coulonneux* et *Sauvage-Sauvageon*, Simone Chaput et Marguerite-A. Primeau, en créant des protagonistes féminines sauvages ayant des rapports intimes, immodérés, voire érotiques à la terre, réinventent la culture franco-canadienne. La terre, autrefois matérielle, devient de l'immatériel qui fait plaisir, permet d'être sur la prairie dans sa tête, dans son cœur et dans son corps. Reconfigurée afin de symboliser le rapport des femmes à leur propre corps, elle n'est plus considérée comme une possession masculine, une chose sauvage à dompter, à dominer, mais ce avec quoi un sujet-femme entre en relation en célébrant une sauvagerie partagée. La nature libre et ludique du rapport favorise la création de nouveaux sens et, désormais, la productivité féminine est comprise au sens artistique, littéraire : la langue, par conséquent, n'exclut pas et ne méconnaît pas non plus les personnages féminins, mais elle s'emploie à révéler leurs besoins, leurs craintes, leurs plaisirs et leurs désirs. Du coup, les femmes ayant pleins pouvoirs pour devenir le sujet de leurs propres récits se découvrent plusieurs voix, se révèlent sous plus d'un angle, s'affirment comme des êtres complexes et dynamiques. Maxine-Sauvageon découvre que ses conquêtes européenne et anglo-canadienne, amenées sur le mode de la vengeance, ne compensent ni l'absence d'un prince charmant ni le désir du paradis terrestre tout fait de son enfance. La seule solution valable consiste à retrouver la prairie, « sa » prairie, celle de son enfance, mais toujours différente, car saisie, remémorée et réinventée de manière subjective, personnelle. Camille doit, elle aussi, renaître à la prairie avant de le faire à sa propre réalité de femme et à celle des mots, et ce, d'une façon complètement sienne, comme le ferait une amoureuse. Pour les deux sujets-femmes, le rapport à la prairie en dit long sur une sensibilité qui est à la fois une esthétique et une éthique au féminin.

NOTES

1. Annette Saint-Pierre, Saint-Boniface, Éditions des Plaines, 1989. Désormais, les références provenant de cette édition seront désignées par la page, indiquée entre parenthèses.

2. « Identité et altérité : écrire au féminin », à paraître.

3. Karen Gould, « Spatial Poetics, Spatial Politics : Quebec Feminists on the City and the Countryside », *American Review of Canadian Studies*, vol. 12, n° 1, 1982, p. 6.

4. Simone Chaput, Saint-Boniface, Éditions du Blé, 1990. Désormais, les références provenant de cette édition seront désignées par la page, indiquée entre parenthèses.

5. Simone Chaput, Saint-Boniface, Éditions du Blé, 1991. Désormais, les références provenant de cette édition seront désignées

par la page, indiquée entre parenthèses.

6. Simone Chaput, Saint-Boniface, Éditions du Blé, 1998. Désormais, les références provenant de cette édition seront désignées par la page, indiquée entre parenthèses.

7. Louise Dupré, « Identité et altérité : écrire au féminin », à paraître.

8. Gail Scott, « Une féministe au carnaval », *La théorie, un dimanche*, Montréal, Éditions du Remueménage, 1988, p. 43.

9. Dans son mémoire de maîtrise, « Quelques aversions de Baudelaire », soutenu à l'Université de l'Alberta.

10. Charles Baudelaire, « Mon cœur mis à nu », XXVII, *Journaux intimes*, Paris, Les Variétés Littéraires, 1919, p. 48, cité par Marguerite Primeau dans « Quelques

aversions de Baudelaire », *op. cit.*, p. 54.

11. On trouve dans le premier roman signé par Primeau, *Dans le muskeg*, une autre figure paternelle frustrée dans son ardent désir d'avoir un fils : celle du protagoniste, qui fonde un village franco-albertain devant imiter le village traditionnel québécois. Mû par le projet nationaliste, Joseph Lormier fait des choix qui rendent son propre bonheur impossible. Amoureux d'une Métisse blonde qui, pour plaire au patriarche, a abandonné ses manières de prostituée pour adopter les mœurs et la culture canadiennes-françaises et ce, sans pour autant perdre de sa sensualité, il prête tout de même foi aux paroles d'une commère méchante, heureuse de discréditer la jeune femme en évoquant ses antécédents sauvages. Pour oublier

la Métisse, le jeune homme épouse une Québécoise qu'il ne saura jamais aimer. Son indifférence s'avère fatale à la Québécoise qui, avant de mourir, perd le futur fils tant voulu parce que le mari, en chassant le médecin anglais, a laissé le village sans secours médical. Dès lors, son sort rappelle que ses «crimes» consistent à avoir nié la spécificité «sauvage» ou «impure» de l'Ouest : la Métisse réintègre l'univers romanesque et le village, une belle femme élégante dont «n'importe qui aurait été fier», mère d'un garçon aux boucles blondes, qui refusera les avances d'un instituteur prématurément vieilli ; et au dénouement du roman, c'est à elle qu'il pense en assistant au mariage de sa propre fille à un anglophone.

12. Un passage en particulier confirme que, pour Maxine, désireuse de s'affirmer en tant que sujet-femme indépendant, la vie s'apparente à une lutte contre des forces insurmontables. Regardant remonter vers son nid un aigle, «les serres enfoncées dans la chair vivante d'un saumon», la narra-trice écrit ceci : «Ma respiration aussi haletante que celle du poisson suspendu dans l'air, j'avais l'impression que je battais, moi aussi, les flancs de l'oiseau [...]» (p. 12). Ainsi, lorsqu'un jour, l'impossible arrive, soit qu'un «énorme saumon argenté [... réussit à] entraîner [...] l'aigle des mers vers les profondeurs ouvertes sous lui», Maxine rit en apercevant «le bec entrouvert de l'aigle happer à son tour un dernier souffle d'air avant de s'enfoncer dans l'écume» (p. 12). La narra-trice qualifie ce réflexe de «peu humain», autrement dit, *sauvage*, mais nous savons qu'au point de vue féministe, telle est la condition *sine qua non* du développement d'une voix au féminin à la recherche de sa propre parole.

13. Observant un colibri, oiseau qui fascinait son père et chez lequel elle croit apercevoir le même air inquisiteur que, enfant, elle dit avoir possédé elle aussi, la narra-trice commente ses mouvements de manière à souligner son propre besoin d'exclusivité vis-à-vis de qui ou ce qui lui nourrit l'esprit : «Sans cesse aux aguets sur son bout de branche, il s'élance illico sur l'étranger qui ose s'approcher de l'appareil contenant le sirop nourricier. Ce sirop rouge comme sa gorge est à lui, rien qu'à lui. Il y a droit de propriété par l'usage sinon par héritage» (p. 13). Peut-on risquer le succès de son projet en mettant au monde celui qui ne saurait faire autrement qu'usurper la place pour laquelle la femme doit se battre, mais à laquelle il accéderait, lui, forcément ?

14. Figurant dans l'ouverture du roman, le suicide appartient au passé. La célébration des paroles, d'un récit de soi raconté dans plusieurs voix, apporte une nouvelle vie, une vision renouvelée, et révèle que la contemplation de la mort ne constitue pas un but à atteindre, à réaliser mais un point de départ à surpasser.

15. Chantal Chawaf, «Reporter de l'intérieur», dans Claudine Bertrand et Josée Bonneville (dir.), *La passion au féminin*, Montréal, XYZ, 1994, p. 59.

LES « LIAISONS DANGEREUSES » DE NANCY HUSTON : EXIL ET IDENTITÉ, LE MOI ET L'AUTRE[1]

Claudine Potvin
Université de l'Alberta

Reprenant les mots de Henry James, Nancy Huston écrit dans *Nord perdu* que « chaque exilé a la conviction, profondément ancrée dans son subconscient tout en étant régulièrement dénoncée comme une aberration par sa conscience, qu'il existe une partie de lui-même, ou pour mieux dire un *autre lui-même*, qui continue de vivre *là-bas* » (p. 109). À partir des positions de l'auteure sur le sujet, cette étude se présente comme un dialogue entre Nancy Huston et moi-même et se propose d'examiner en quoi l'exil contribue à la dé/construction des identités culturelles. Il va de soi que l'exil place l'étranger face à toute une problématique de l'entre-deux (deux langues, deux cultures) et renvoie celui-ci à l'enfance. Huston parle de formes de mutilation et de faux-semblants ou de mascarade. Quelle est alors la mesure du partage et de l'échange dans cette rencontre avec cette culture qui ne nous reconnaît qu'en position d'altérité ? Série de passages, de confluences, ou encore de « liaisons dangereuses » en ce qu'elles menacent l'« authenticité », comme si elle existait, en ce qu'elles occasionnent autant de pertes que de gains.

Dans le cadre d'une réflexion sur la notion de confluence (entre le Québec, la France, l'Alberta et l'Amérique) et sur la problématique du nomadisme, il s'agit, dans un premier temps, de confronter brièvement ce que Huston appelle dans ses essais *Nord Sud* et *Désirs et réalités* la « détresse de l'étranger » à sa fiction du déplacement et de la déterritorialisation que représente son *Cantique des plaines*. L'identité du corps nomade est un inventaire de traces, remarque Rosi Braidotti dans *Nomadic Subjects* (p. 14). Ce corps, essentiellement déloyal ou traître face à la civilisation, traverse sans cesse les frontières du connu, redessinant constamment les cartes qui le définissent. S'il possède un sens aigu du territoire et de la cartographie, le corps nomade ne se pense pas en fonction du pouvoir, car il refuse de se fixer ou de se présenter comme fixe. Dans ce cas, le corps migrant s'explore en même temps qu'il fait le tour de son nouveau monde et, en ce sens, il va bien au-delà de ses limites. Or l'étranger tend bien souvent à rejoindre le familier. C'est pourquoi, en deuxième lieu, il m'apparaît utile de reprendre ce discours sur un mode plus personnel et dialogique. Québécoise d'origine, voilà quatorze ans que j'habite en Alberta, donc en dehors de ma langue et de la pensée ou de l'existence du Québec. J'aimerais ici interroger, à la lumière de mon expérience, cet « ailleurs », ce contexte de contrainte et de liberté, ce retour de l'inné et, surtout, ce concept de l'identité comme leurre auxquels se réfère Nancy Huston. Si «Se désorienter, c'est perdre l'est» comme l'écrit Huston dans *Nord perdu* (p. 12), on est en droit de se demander si nous n'avons pas de fait perdu le nord au cours de nos voyages et si l'est même ne serait pas en train de bouger.

Dans «Les Prairies à Paris», petit essai que l'auteure qualifie de «Genèse de *Plainsong*», Nancy Huston résume son appartenance en termes presque honteux: «Je viens d'un endroit où la souffrance n'est que très modérée, où la détresse et la colère sont plutôt bénignes, un endroit caractérisé par l'harmonie et l'ordre relatifs: en un mot, un endroit sans histoires et sans Histoire. Cet endroit, c'est l'Ouest du Canada» (*Désirs et réalités*, p. 199). D'où sans doute la nécessité de remonter le fleuve, de transformer cet endroit en matière brute d'écriture, de recréer dans *Cantique des plaines* à travers le personnage de Paddon l'histoire de sa province, l'histoire d'une dépossession individuelle et collective.

Dans *Cantique des plaines*, la question identitaire se présente précisément au moyen d'une relecture historique et culturelle du centre (église, école, blanc, homme, Canada, même) et de la marge (immigrant, autochtone, femme, enfant, Alberta, différent) que la métaphore de la plaine résume au niveau discursif dans les dichotomies spatiale et temporelle: vide/plein, dehors/dedans, avant/après, binarismes essentiellement réducteurs. En donnant naissance au projet d'écriture de son grand-père, la narratrice effectue une reconnaissance des lieux, du passé et d'un héritage, triple processus de découverte, d'exploration et de remémoration. Parallèlement, cette dernière déplace en partie le cadre, la frontière et la position faussement centrale de la plaine logée au cœur d'un pays dont les habitants sont toujours en mal de territoire.

Vivre ailleurs est une condition de survie pour les personnages du *Cantique*. Issue d'un clan d'immigrants, de pionniers, d'explorateurs et de colonisateurs, la narratrice elle-même loge ailleurs, en dehors du texte. Elle écrit de Montréal, marquant à son tour la coupure entre l'objet du discours et le sujet de l'énonciation. C'est cette distance que retrace la représentation d'une plaine «lisse et vide», muette en plus, écho du «néant parfait», absolu, dans *Cantique des plaines*, «longue ligne de notes plaintives», «lamentation immobile», «plain-chant, dans toute sa splendeur monocorde» (p. 186). J'ai soutenu ailleurs que la distance physique et idéologique de la narratrice et le vide contre lequel s'acharne Paddon ne permettent guère de remplir un espace creux dès le départ, dénué de toute connotation aux yeux de sa créatrice (Potvin, 1997). La mise en place de la révision historique ne débouche pas sur une véritable relecture géographique et culturelle. *Cantique des plaines* repense la grande Histoire sans déplacer l'ordre du quotidien. N'y aurait-il que de l'insignifiance dans la vie de ces êtres, puisque ces gens-là, comme le prétend Huston, n'ont pas d'envergure, pas d'histoires valables à raconter, malgré les drames qui les habitent, malgré les ravages du temps, malgré les blessures intérieures? Le paysage infini de la plaine se rétrécit de plus en plus, enserrant le personnage et le lecteur dans un cadre qui convient mal à la scène représentée, pendant que la narratrice fait semblant de sauter par-dessus les clôtures.

Dans un article paru dans *La question identitaire au Canada francophone*, Amaryll Chanady soutient que la notion traditionnelle d'identité repose sur le double critère d'homogénéité, d'assimilation au Même ou d'exclusion de tout élément secondaire (p. 167). Régine Robin ajoute à son tour qu'une identité « n'est supportable que lorsqu'elle constitue un espace souple » (p. 217), alors que, dans le même ouvrage, Walter Moser présente la substance identitaire comme un acte de violence (appropriation de l'autre), un geste d'effacement de l'hétérogène. L'identité ne constituant jamais une donnée, Moser propose que la construction des identités s'élabore à partir d'un principe de bricolage (p. 258-259).

Paula, la narratrice dans *Cantique des plaines*, parle justement de son livre comme d'un *patchwork* (p. 243). Morceau par morceau, elle cherche à tisser une nouvelle identité qui tienne compte du désir d'appartenance, mais surtout d'exil de l'étranger, opérant de la sorte une espèce de neutralisation, de hors-lieu permanent. « Nous sommes tous des pseudonymes, des usurpateurs d'identité, mais les exilés le savent mieux que les autres », déclarait Huston dans une entrevue accordée au *Devoir* (Rioux, p. B1). Elle ajoutait également : « Nous sommes tous des anomalies territoriales au Canada. Nous sommes tous venus d'ailleurs. Je suis sûre qu'il n'y a pas d'identité albertaine » (Rioux, p. B1). La pseudo-quête d'identité se transforme donc en constat de « défaite » jusqu'à un certain point ; en aucun cas, elle ne vient confirmer un éclatement heureux du sujet et une multiplicité ou une fréquentation favorable de l'autre identité, puisque le mot, l'histoire, ne semblent révéler que du vide. Rien à représenter, rien à dire, d'un « je » autoritaire qui s'est déjà éloigné de son moi, sinon du déjà dit, sinon une forme d'ailleurs.

Nancy Huston a senti le besoin de reprendre ces questions sous forme autobiographique dans *Nord perdu* : retour sur le vécu et le personnel lié aux déplacements (du Canada aux États-Unis à la France) et à l'installation en France (pays, amours, enfants, écriture) que l'écrivaine interroge. Les deux visages de l'exil circulent dans le souvenir de celle qui entreprendra épisodiquement des voyages imaginaires et réels dans le passé : d'un côté, la richesse identitaire ; de l'autre, la rupture ou la désorientation. « L'exil, c'est ça, écrit-elle dans *Nord perdu*. Mutilation. Censure. Culpabilité » (p. 22). Avec le temps, on ne partage plus les mêmes valeurs, on ne parle plus la même langue (littéralement), on ne mange plus la même nourriture, on ne vit plus dans le même décor, la réalité ne passe plus par des désirs identiques. Parallèlement, remarque l'écrivaine un peu plus loin, « choisir à l'âge adulte, de son propre chef, de façon individuelle pour ne pas dire capricieuse, de quitter son pays et de conduire le reste de son existence dans une culture et une langue jusque-là étrangères, c'est accepter de s'installer à tout jamais dans *l'imitation, le faire-semblant, le théâtre* » (p. 30). C'est assumer ses accents, ses masques et ses manques, c'est ne jamais véritablement appartenir malgré le fait que l'on s'adapte; au contraire, c'est «se choisir libre et autonome» (p. 68), loin de la famille, loin des convictions, loin d'un là-bas qui ne nous représente plus.

Dans cet essai, Nancy Huston raconte son excursion en territoire américain, mais avant son départ, avant sa narration, le lecteur sait d'avance qu'elle n'y trouvera pas son compte. Les anciens amis sont toujours mièvres, les parents quelque peu insipides. Seuls les lieux autorisent une certaine simultanéité, un transfert, un échange qui, dans son cas, justifient toujours l'absence. «Je sais bien que je vis à Paris depuis tout ce temps, mais il est quand même *impossible* que je ne marche pas, en même temps, dans la transparence fraîche et ensoleillée d'une matinée d'octobre à New York» (*Nord perdu*, p. 109-110).

«Albertaine défroquée», «anglophone récalcitrante», «anomalie territoriale», selon les termes de l'écrivaine, Nancy Huston a choisi d'être tout cela (*Désirs et réalités*, p. 232). Ce désir d'une «rassurante étrangeté», pour reprendre le titre de son bref essai sur l'exil inclus dans *Désirs et réalités*, Huston le réaffirme constamment. Étrangère, la romancière s'obstine à le demeurer, afin de maintenir, avoue-t-elle dans son recueil, «cette distance entre moi et le monde qui m'entoure, pour que rien de celui-ci n'aille complètement de soi: ni sa langue, ni ses valeurs, ni son histoire» (p. 180). Si elle définit sa démarche en exil comme une quête d'«intensité» plus que d'«identité» (*Désirs et réalités*, p. 178), c'est peut-être bien qu'elle a perdu le nord et que l'épaisseur du temps rejoint celle des lieux où elle a choisi de vivre.

Perdre le nord, être déboussolé, désorienté, confus: perte de l'essence, perte de son chemin, de l'origine, des repères, des traces, de la carte, donc perte du sens (direction et pensée) et de la raison. Fragmentation. Perdre le nord, installer l'oubli. À moins que perdre le nord ne permette de constater, comme le remarque l'auteure, que «toutes ces années après mon départ de l'Alberta, il y a un moi qui continue de vivre là-bas» (*Nord perdu*, p. 112), une femme qui chante à tue-tête des chansons qu'un autre moi a perdues, un moi qui garantit que l'on dispose de plus d'une vie puisque tous les univers fréquentés continuent de nous habiter, puisque «Tous, nous vivons les différentes époques de notre vie dans la superposition» et que «Nous savons être, tour à tour, mille personnes différentes, et nous appelons tout cela "moi"» (*Nord perdu*, p. 104 et 106).

De prime abord, le discours de Nancy Huston nie la confluence comme si l'exil, une fois choisi, ne pouvait rejoindre l'enfance. Au moment où Huston se demande, avec une certaine arrogance, s'il est possible de «fièrement revendiquer […] une plaine? Une montagne Rocheuse?» (*Désirs et réalités*, p. 215), la tentation est grande de retourner la gifle et de vérifier si la tour Eiffel constitue «cette incertitude qui garantit la permanence de mon (son) exil» (*Désirs et réalités*, p. 181). Et, pour en venir à la teinte de mon exil, essentiellement louche et obscur, il me faut avouer que c'est avant tout l'absence d'ambivalence dans la réflexion de Nancy Huston qui m'a d'abord interpellée. Il va de soi, et les propos antérieurs le montrent, que la position absolue d'où l'auteure parle reste illusoire et tend à se résorber à partir de la mise en place d'une identité, fût-elle construite sur le rejet d'un moi devenu autre. Toutefois, l'attitude de mépris face au corps et à la langue d'origine n'en étonne pas moins cette autre qui a choisi, elle, de s'y installer, remettant en cause, à sa manière, l'intelligence et la valeur de ce choix.

Quant à moi, je suis venue en Alberta en 1986. Nombre de raisons m'y ont amenée : une famille douloureuse, une autre plus chaleureuse, des amours, un travail, une fille, l'envie de recommencer, la route. Mais tout cela n'a aucune importance. Selon Huston, « l'unique signe de civilisation, c'est la route elle-même » *(Désirs et réalités*, p. 223). S'agit-il pour la romancière du fait que la route nous permet de circuler tout simplement, d'en sortir, de s'éloigner, de bouger ? Ou s'agit-il du fait que la route brise l'arrêt, empêche la fixation, installe toujours au centre du territoire et du texte une coupure, une séparation, une fuite, un exil ? Ou est-ce plutôt parce que, dans les prairies, la route se confond avec l'horizon, « courbe infinie » comme l'écrit l'auteure au début de *Cantique des plaines*, « long ruban gris suggérant qu'il serait peut-être possible d'aller quelque part » (p. 9). Pour moi, la route fut aussi tout cela. L'arrivée en lieu étranger ou en dystopie passait par cette route asphyxiante, immobile, droite comme le monde que j'allais rencontrer, inutile, bordée d'un or dont je n'avais que faire, prometteuse d'un vide plein d'angoisse et de mélancolie. Bien sûr, mon cas était différent. Je n'allais pas retrouver la Culture à chaque coin de rue ; Dieu sait que le français me parviendrait écorché et que la langue adoptive, ou la langue d'arrivée, n'avait rien de l'épanchement amoureux. Il suffisait que je dise « *yes* » pour qu'on m'identifie à René Lévesque. C'est dire à quel point cette route inscrivait la distance entre là-bas et ici.

Vivre en Alberta quand on est Québécoise, c'est sans aucun doute vivre en exil, être immigrante dans son « propre pays », comme les autres le nomment. Dans ce cas, le discours migrant ne passe pas par les bureaux de l'immigration, certes, pas plus qu'il ne suppose une condition d'immigrée ou de réfugiée. Parallèlement, le pays demeure accessible : on n'a qu'à prendre l'avion, on ne doit pas renouveler le passeport, on a la même monnaie, on écoute la radio et la télévision en français, on téléphone à ses amis, on rêve, et il est possible d'y retourner. Il s'agit de vouloir. Mais toute personne qui a quitté son pays sait que cette question de volonté demeure bien arbitraire. On « décide » et on « a dû » sont deux affluents qui se déversent dans la même rivière.

Finalement, pas plus que Huston ne voulait retrouver ses racines, je ne souhaitais m'intégrer, m'adapter, m'assimiler à un *Far*-Ouest auquel je ne ressemblais guère quoique sur un mode oppositionnel par rapport à l'écrivaine. Par conséquent, une forte impression de ne pas être comprise, longuement entretenue, voulue, caressée ; une certitude que rien dans le royaume edmontonien ne pouvait m'apporter quoi que ce soit ; un retranchement furieux derrière les volets ; un refus systématique du soi-disant « fait francophone », bref une suite de contradictions permanentes deviennent les marques d'un quotidien stérile. À la limite, cette façon de se penser ailleurs a l'avantage d'exclure la possibilité de se soustraire à un discours identitaire monologique, ce qui, évidemment, ne m'a pas empêchée de me penser d'abord et avant tout Québécoise, femme, forte, fragile, française, indépendantiste, professeure, privilégiée donc, latino-américaine aussi, amoureuse, féministe et bien d'autres choses encore... Autant de références qui me consacrent dilettante de l'exil.

Cependant, on peut toujours récupérer ou recycler le pays d'origine sous forme de nomadisme ou de ce que Rosi Braidotti nomme «*a vision of female feminist subjectivity in a nomadic mode*» (p. 1). Il ne s'agit pas nécessairement d'un acte littéral de déplacement, mais d'un état nomadique, car, comme le précise Braidotti, «*it is* as if *some experiences were reminiscent or evocative of others; this ability to flow from one set of experiences to another is a quality of interconnectedness that I value highly. Drawing a flow of connections need not be an act of appropriation. On the contrary; it marks transitions between communicating states of experiences*» (p. 5). La politique de l'identité ne s'inscrit pas dans une forme de nomadisme pensé comme reproduction ou imitation, mais plutôt sous forme de proximité créative, une interaction entre des expériences et des savoirs. En ce sens, le nomadisme intègre l'exil vu comme progression déconstructrice de l'identité.

Alors, le «je suis québécoise» s'entend dans l'échange linguistique et sémiotique de la nomadicité. Le migrant et l'exilé rejoignent le polyglotte, une personne capable de transiter entre les langues, ni ici ni là, sceptique face à l'identité et à la langue maternelles. Il n'y a donc plus d'identité mère, de mère patrie, qui se superpose aux autres. De façon évidente, Huston déconstruit sa propre identité originelle canadienne qu'elle tend à supplanter par la française : «Souvent, je trouve difficile — déroutant, déstructurant — de ne coïncider vraiment avec aucune identité ; et en même temps je me dis que c'est cette coexistence inconfortable, en moi, de deux langues et de deux façons d'être qui me rend le plus profondément *canadienne*» (*Désirs et réalités*, p. 230).

L'identité est entièrement liée au langage et la fluctuation entre deux langues ne fait qu'accentuer l'ambiguïté identitaire chez le nomade qui survit en fonction de cette ambivalence. C'est dans le frottement des langues que tout être nomade, en migration — intérieure, mentale ou géographique —, intègre la culture de l'autre en même temps qu'il transfère un peu de la sienne, comme on jette du lest pour permettre l'envol de la montgolfière. C'est ce que j'appelle les «liaisons dangereuses», perverses mais combien prometteuses, excitantes, étonnantes, dynamiques, nomades, au sens où celles-ci s'articulent sur le désir, les ajouts et les refus, les gains et les pertes.

Se référant aux deux langues officielles, Huston ajoute : «Elles ne veulent pas se réunir ; elles ne veulent même pas forcément se serrer la main, se parler entre elles ; elles tiennent à se critiquer, à ironiser, à faire des blagues l'une aux dépens de l'autre ; en somme, elles revendiquent toute l'ambiguïté de leur situation» (*Désirs et réalités*, p. 230). Ce jeu de/entre langues qui n'en finissent plus de s'arroger le droit de parole à tour de rôle pour se fondre dans un bilinguisme à l'eau de rose, instaure ce bilinguisme comme «valeur de culture », « idéal à atteindre », comme le souligne Paul Dubé dans « Je est un autre... et l'autre est moi ». Dubé y soutient pertinemment : « Nous qui croyions notre langue réhabilitée dans la nouvelle texture canadienne, nous la découvrons soudainement dissociée de la culture française, refoulée au deuxième rang à celui d'une langue utilitaire, outil de communication » (p. 86). Dans ce contexte (bilinguisme comme valeur et idéal, culture française, langue utilitaire), la langue accuse, refuse la neutralité que la distance entre deux continents semble autoriser dans le cas de Huston.

Pour moi, le plaisir de parler (à) l'autre n'empêche pas le politique de s'insérer dans la phrase. Où que je sois, quelle que soit la langue que je parle, je me souviens que je suis Québécoise. Par ailleurs, vivre hors Québec m'oblige à signifier en position de surmoi, comme si « je » devait devenir un autre. Néanmoins, la posture Québec-Alberta, davantage axée sur la nostalgie par rapport au premier élément, diffère considérablement, du moins en apparence, de l'articulation Alberta-France, le deuxième pôle étant ici privilégié. Or les deux positions pourraient se rejoindre dans le « Rien n'arrive jamais à personne en Alberta » (*Désirs et réalités*, p. 206), sauf que même l'absence et le vide constituent en soi des événements. C'est ainsi que j'ai appris à revendiquer les ciels de Winnipeg, les montagnes Rocheuses, la longue plainte des prairies, les *hoodoos* et les plateaux de Drumheller. Je ne me suis jamais totalement réconciliée toutefois avec le fait que ce n'est que le paysage qui attirait les Québécois dans l'Ouest, et ce, une seule fois. Tout Québécois qui émigre dans cette partie du pays, ou n'importe où au Canada en réalité, devra s'en contenter.

L'exil canadien, tout exil sans doute, se vit dans la solitude. Le masque consiste à faire semblant d'être plusieurs, leurre entretenu par le désir de n'être ni là ni ailleurs, mais bien quelque part où on ne devrait pas toujours épeler son nom et où le prénom ne subirait pas de déformation phonétique inévitable. Et puis, un jour, on finit par trouver ça drôle... Être (dans) l'inconnu(e), apprendre une langue, se promener avec une carte dans la poche, se dire que, chez soi, ils n'ont pas encore tout compris bien qu'ils le pensent, se rappeler l'exil intérieur, l'humidité qui glace les os, la contagion des accolades, et beaucoup plus, pour justifier l'ennui. Et simultanément, chaque soir, se souvenir de l'extraordinaire don de la parole de tout un peuple et se coucher dans le silence anglais. En fin de compte, tout exil, toute partance, contient sa part de joie et de désolement, ce que Gabrielle Roy a si magistralement développé dans *La Détresse et l'Enchantement*.

BIBLIOGRAPHIE

Braidotti, Rosi (1994), *Nomadic Subjects. Embodiment and Sexual Difference in Contemporary Feminist Theory*, New York, Columbia University Press.

Chanady, Amaryll (1994), « L'ouverture à l'Autre. Immigration, interpénétration culturelle et mondialisation des perspectives », dans Jocelyn Létourneau avec la coll. de Roger Bernard (dir.), *La question identitaire au Canada francophone. Récits, parcours, enjeux, hors-lieux*, Sainte-Foy, Presses de l'Université Laval, p. 167-188.

Dubé, Paul (1994), « Je est un autre… et l'autre est moi. Essai sur l'identité franco-albertaine », dans *La question identitaire au Canada francophone. Récits, parcours, enjeux, hors-lieux, op. cit.*, p. 79-99.

Huston, Nancy (1993), *Cantique des plaines*, Montréal, Leméac, et Arles, Actes Sud.

_____ (1995), *Désirs et réalités*, Montréal, Leméac.

_____ (1999), *Nord perdu* suivi de *Douze France*, Montréal, Leméac.

Moser, Walter (1994), « L'anthropophage et le héros sans caractère : deux figures de la critique de l'identité », dans *La question identitaire au Canada francophone.*

Récits, parcours, enjeux, hors-lieux, op. cit., p. 241-264.

Potvin, Claudine (1997), « Inventer l'histoire : la plaine *revisited* », *Francophonies d'Amérique*, nº 7, p. 9-18.

Rioux, Christian (1994), « Qui a peur de Nancy Huston ? », Entrevue, *Le Devoir*, 17 janvier, p. B1.

Robin, Régine (1994), « Défaire les identités fétiches », dans *La question identitaire au Canada francophone. Récits, parcours, enjeux, hors-lieux, op. cit.*, p. 215-239.

NOTE

1. Version modifiée d'une communication présentée (sous le titre de « Les "liaisons dangereuses" ou de la culture migrante ») lors du colloque *Confluence* organisé par l'Université Athabasca et la Faculté Saint-Jean, à Edmonton, en mai 2000.

DIMENSIONS NARRATIVES
ET TEMPORELLES DU JEU MUSICAL
DANS TROIS ROMANS DE NANCY HUSTON

David A. Powell
Hofstra University (Hempstead, New York)

Dans la fiction de Nancy Huston se déploie souvent un large éventail d'images musicales, dans lesquelles s'entrecoupent discours esthétique et commentaire ironique sur le temps. *Les Variations Goldberg* (1981), *Instruments des ténèbres* (1996) et *L'Empreinte de l'ange* (1998) mettent à l'œuvre ce réseau esthético-politique postmoderne dans un contexte non linéaire, l'enveloppant d'une trame musicale complexe et féconde. Dans ces textes, Huston se sert de techniques diverses afin de peindre l'expérience musicale. Elle y fait notamment des références explicites et implicites à la musique dite classique, à la musique folklorique et à la musique pop, des références aux formes, aux styles et aux symboles musicaux ainsi que des commentaires sur l'expérience de l'écoute de la musique. La musique chez Huston sert à faire le portrait des personnages, à développer le récit et à établir un contexte politique et esthétique qui engage à la fois personnages et lecteurs. La façon dont Huston utilise la musique pour traverser le temps et l'espace est particulièrement intéressante. Elle donne à la musique le rôle de pivot de la narration, ce qui risque d'ébranler la cohérence de la structure narrative : tout d'abord en demandant au lecteur de déchiffrer à la fois le code littéraire et le code musical, et, parallèlement, en l'invitant à s'engager dans le rêve et le jeu de mémoire qui caractérisent à la fois la musique et la fiction. Ainsi le lecteur peut-il épouser un récit non linéaire, tout en notant et en comprenant la coexistence polyvalente de la musique, de la fiction, de l'art, ainsi que celle de l'illusion et de la réalité.

L'alliage de la musique et de la mémoire ne surprend guère. On le trouve tout au long des XIXe et XXe siècles, surtout pour établir un cadre nostalgique et psychologique. Je me propose d'étudier ici l'usage de la musique que fait Huston non seulement pour se remémorer des événements révolus, mais aussi pour favoriser la confrontation du lecteur avec la coïncidence du passé et du présent. En confondant le temps et l'espace par l'intermédiaire évocateur de la musique, Huston établit une nouvelle appréciation de la contingence des éléments temporels. La musique se caractérise par le rythme, la mélodie et l'harmonie. Si le temps régule le rythme, la mélodie et l'harmonie s'expriment également à travers lui. Cependant, l'écoute idéale de la musique déplace le locuteur de son milieu spatio-temporel vers celui du rêve, de la mémoire ou, tout simplement, de l'évasion dans la sphère de la musique. Ce paradoxe rassemble musique et temps aux dépens du concept de stabilité que nous associons à celui de temps. Ainsi doit-on examiner le temps musical en relation avec le temps réel et ce que Victor Zuckerkandl appelle le temps physique[1]. La musique offre l'occasion de scruter notre conception du temps, notamment dans sa représentation littéraire.

Dans un premier temps, je présenterai en détail les éléments musicaux qui troublent le sens de la cohérence temporelle, spatiale et épistémologique dans les trois romans de Nancy Huston. J'examinerai ensuite le rôle des narrateurs intradiégétiques[2], des personnages et du lecteur. Je montrerai ainsi que tous naviguent entre le passé et le présent par l'intermédiaire des associations musicales, et ce, avec une conscience décroissante de cette séparation tant soit peu illusoire. Je conclurai par une brève discussion du paradoxe par lequel la musique anéantit le concept du temps même qui la définit.

Au travers de la musique, les pensées des personnages des *Variations Goldberg* associent le présent narratif d'un récital de clavecin à leurs expériences et à leurs relations personnelles dans les dix années qui précèdent. *Les Variations Goldberg* annoncent le temps comme un thème important dès le départ, dans deux épigraphes figurant sur deux pages en vis-à-vis. Sur la première on lit : « Vous avez exactement quatre-vingt-seize minutes » et à la page suivante : « Vous avez tout votre temps ». Le premier se réfère au temps prévu de l'exécution des variations de Bach et le deuxième, lié au premier par sa position en vis-à-vis, offre à l'interprète, et par association au narrateur et au lecteur, une liberté totale. Cette liberté illusoire constituera un motif récurrent dans les trois textes étudiés ici.

Au-delà des nombreuses allusions au temps et aux *tempi* musicaux — et du fait non fortuit que plusieurs amis de la claveciniste présents dans l'assistance travaillent pour *Le Temps* —, les références temporelles dans *Les Variations Goldberg* ont une fonction structurelle et narrative. Il existe toutefois une dialectique entre le passage du temps « réel » et l'apparente atemporalité de la musique. Cette dialectique s'avère d'autant plus ironique quand on considère que la musique s'exprime dans le temps, s'exécute dans le temps et est liée inextricablement au temps. Les premiers mots du roman introduisent cette contradiction, qui apparaît dans les pensées de la narratrice-claveciniste au moment où elle entame les *Variations Goldberg* de Bach :

> Maintenant c'est commencé et ça ne pourra plus s'arrêter, c'est irrémédiable, un temps s'est déclenché, a été déclenché par moi et doit être soutenu par moi pendant sa durée obligée. Je suis à la merci de ce temps désormais, je n'ai plus le choix, il faut que je le parcoure jusqu'au bout. Une heure et demie et des poussières. Ça n'a rien à voir avec une heure et demie de sommeil, ou de conversation, ou de cours magistral. Je n'ai pas le droit de me retourner pour sourire aux gens dans la salle, parmi lesquels se trouvent pourtant des êtres que j'ai aimés et que j'aime ; je ne dois penser qu'à mes doigts, et même

> à eux je ne dois pas vraiment penser. Sinon je sais qu'ils deviendront des bouts de chair, des boudins blancs, petits porcs frétillants, et je risquerai de m'interrompre horrifiée de les voir se rouler ainsi sur les morceaux d'ivoire[3].

La prépondérance du vocabulaire temporel dans ce passage accapare le lecteur. Qu'un morceau de temps musical soit déclenché — ce qui sous-entend un point de départ statique ou atemporel — sous la seule responsabilité de la narratrice s'avère primordial pour la relation au temps et à la musique de cette dernière ainsi que pour sa place dans ce système socio-musical. La charge est lourde et lie inéluctablement l'instrumentiste à la musique et au public. Pourtant, c'est la mécanique de la performance qui s'impose par-dessus tout le reste : seule la musique importe.

La narratrice présente un contraste intrigant entre le temps « réel », d'une part, tel que l'on en fait l'expérience dans la conversation, pendant un cours magistral ou dans le sommeil, et le temps musical, d'autre part. Le temps musical serait-il donc artificiel ? Tout d'abord, la soi-disant réalité du temps est plus que suspecte. Mais tout aussi douteuse est la suggestion qu'il existe un véritable passage du temps dans le sommeil. (Bien qu'il ne soit pas ici question de rêve mais de sommeil, le rêve n'est pas exclu de la problématique musico-temporelle.) Certes, le sommeil est une convention littéraire pour représenter une période (ou un espace) en dehors du temps, pendant laquelle la vie onirique peut dominer. Et les songes ne dépendent aucunement d'un concept conventionnel du temps. La conversation, elle aussi, reste trop vague pour évaluer la nature qu'y prend le passage du temps. La qualité du temps passé dans la conversation avec un voisin au sujet du jardinage, par exemple, ne peut se comparer à celle entre deux amants qui partagent leurs espoirs. Quant au sens de temps pendant un cours magistral, que ce soit de la perspective de l'étudiant ou de celle du professeur, cette « réalité temporelle » peut très bien sembler hors temps ou, au contraire, d'une durée affligeante. Dans chacun des cas, la qualité du temps reste incalculable et dépend de trop nombreux détails particuliers pour être généralisée. Le temps comme moyen de mesure dans la vie n'a par conséquent aucune valeur constante.

Pourquoi donc le temps musical serait-il plus artificiel qu'un autre ? Dans le cadre d'une conversation ou d'une conférence, il y a certains liens détermi-nants au monde « réel » : nous écoutons parler et parlons à une personne réelle en temps réel, ou en *real time* pour emprunter un terme du domaine de l'informatique, où l'antithèse entre le réel et le virtuel tient une place à la fois importante et ambiguë. En revanche, le temps du sommeil se restreint entiè-rement au sujet, sans que ce dernier se soucie d'autrui. Tout comme la musi-que, le sommeil détient une qualité d'isolement qu'on ne saurait négliger[4]. La différence évidente entre la musique et le sommeil se situe dans la ques-tion du contrôle, ce dont la narratrice-interprète est pleinement consciente tout au long du récit. Pendant le sommeil, on ne peut maîtriser le passage du temps ; dans l'exécution musicale, on vacille de façon permanente entre l'illusion du contrôle et la quête de la liberté, c'est l'illusion du temps, de l'espace, du monde, de tout finalement sauf de la musique.

Bergson fait la distinction entre le temps chronologique, dont on peut faire le tracé spatial sur une ligne chronologique, et la «durée réelle», qui se caractérise par une simultanéité de couches qui coulent sans fin[5]. Comme la dualité bergsonienne, la distinction que fait Huston entre temps réel et temps musical réside dans le concept de temps comme continuum par opposition au temps comme rythme. Ce dernier, inspiré de la musique, se réfère à un sens du mouvement dans lequel on côtoie plusieurs expériences en même temps et duquel on sort avec le sentiment d'une compréhension plus profonde. L'effort déployé pour contrôler ces moments les distingue nettement du temps chronologique, puisque nous avons appris — ce qui est à la base du concept bergsonien du temps de l'horloge — que ce phénomène ne peut être ni réglé ni arrêté[6].

Jouer et écouter de la musique suggèrent normalement une expérience de liberté en dehors des limites temporelles. Tout art se caractérise par une convention de contraintes et, dans le cas de la musique, bon nombre de ces contraintes sont liées au temps, comme dans tous les arts du spectacle. La narratrice exprime ici le paradoxe de la liberté musicale, de la liberté dans la musique. Plus loin dans le texte, un journaliste (un ami dans l'assistance) modifie les termes du commentaire de la narratrice comme suit : «Il n'y a que la musique qui me donne une telle permission, dans le sens d'une "permission" militaire. Comme Lili [la narratrice-interprète], je suis aux prises avec le temps, happé par lui» (p. 71). Le spectateur et l'interprète se sentent dévorés par le temps, poursuivis sans relâche et saisis dans un système dont la maîtrise leur échappe largement. Cependant la notion de permission militaire, où un officier accorde provisoirement du «temps libre», permet au soldat d'avoir l'illusion de la liberté : quoiqu'il se sente détaché de toute responsabilité, le soldat sait que sa liberté a un terme. Ainsi comparée à un soldat en permission, l'instrumentiste subit aussi le poids d'une liberté provisoire et illusoire pendant qu'elle joue du Bach. Depuis que le temps musical est déclenché, elle subsiste hors du temps mais pleinement consciente d'une fin. Et c'est cette contradiction qui donne son épanouissement à l'usage que fait notre auteure de la musique.

L'association de la musique à la mémoire, lieu commun chez Huston comme chez tant d'autres avant et après Proust, établit le *modus operandi* narratif du roman : les membres du public ainsi que la narratrice réagissent à la musique par des sauts particuliers et viscéraux vers le passé. Cette délivrance du présent leur donne l'illusion d'une liberté temporelle et spatiale, ce qui mène à une espèce de liberté plus générale. La contrainte imposée par le temps musical — le tempo, le rythme, sans oublier les indications de métronome dans les publications musicales modernes, et les temps d'exécution, tels ceux cités en épigraphe — donne l'illusion du contrôle. Mais cette illusion diffère de celle du temps de l'horloge bergsonien, en ce que le temps musical ne sert pas à régler (lire «contraindre») l'expérience humaine, mais, au contraire, à augmenter la satisfaction qu'on en tire.

D'une façon paradoxale, le sens des responsabilités très élevé de la narratrice a moins d'influence sur la structure narrative que celui qui provient du public et de sa relation avec la claveciniste. Chacun des 30 chapitres, nommés «variations» — ce qui est caractéristique des liens établis par Huston entre structure musicale et narrative —, est raconté du point de vue d'un spectateur-auditeur-participant du récital. Ce dernier utilise l'instance musicale comme tremplin pour ses pensées, elles-mêmes inspirées soit par la musique, soit par l'interprétation, soit par l'interprète, soit par le mélange de tout. Jules, dont la «variation» s'appelle «Insomnie»[7], est compositeur et maestro. Il explique ainsi sa perception de la structure de la musique et du récit :

> [E]lle joue le tout d'une manière un peu banale, un peu trop monocorde. L'important, comme le sait chaque insomniaque, n'est pas de se faire bercer par la réitération d'une thématique, mais au contraire de déclencher l'étincelle qui permettra de court-circuiter le courant de la pensée pour le balancer sur les ondes de l'inconscient. Or, les *Variations Goldberg* sont admirablement conçues pour produire cet effet : chacune d'entre elles constitue un petit univers imaginaire, avec ses propres lois et sa propre cohérence (p. 85-86).

L'essentiel de ce passage se situe dans la similarité entre la musique et le sommeil, dans leur tendance commune à court-circuiter la pensée. Ce faisant, la musique et le sommeil détruisent l'illusion du phallus, ou la volonté d'avoir la maîtrise de la vie à laquelle nous nous accrochons. L'atténuation du processus normal de la pensée ne se produit pas, dit Jules, par simple répétition de motifs musicaux, mais par la production d'une étincelle, d'une variante inattendue dans la musique. Le verbe «déclencher» figurait aussi dans le premier passage du roman, mais sa connotation ici est celle d'un abandon plutôt que celle d'un sentiment de responsabilité. La musique et le sommeil fonctionnent dans des sphères séparées de l'imaginaire, où les lois de la cohérence sont structurées autrement. Notre réalité illusoire, semblable à l'illusion du contrôle, se dégrade en dehors de la structure que nous lui avons imposée nous-mêmes. Paradoxalement les *Variations Goldberg* de Bach, comme beaucoup d'œuvres de ce compositeur, s'imprègnent d'une structure accablante, destinée à régir le temps, l'émotion, l'exécution et l'expérience de l'écoute. Elles se destinent au moins à donner l'illusion de maîtriser ces éléments de notre perception et de notre expérience dans le monde. Cependant l'essence de la musique de la période classique se trouve dans le *empfindsamer Stil* qui souscrit à un amalgame de structure imposée (c'est-à-dire «artificielle») et à un affect immatériel (c'est-à-dire à la fois réel et irréel). Les émotions naturelles ne sont certes pas absentes de cette musique. Au contraire, elles sont «dominées» par une illusion d'ordre et de structure, tout aussi voulue par le compositeur. Le problème de l'insomnie se caractérise par l'impossibilité de tout lâcher, de se délivrer du désir de tout contrôler, d'admettre la dominance d'une autre structure, d'une autre cohérence. C'est cet univers de la musique, du temps et du contrôle que nous présente Huston au moyen de Bach.

La narratrice-interprète dévoile ses pensées au sujet de la fluidité du temps depuis son enfance. Dans la vingt-septième variation, intitulée « Mesure », où elle intervient subrepticement, elle se demande s'il y a 30 ou 31 variations, tout comme elle avait l'habitude de se demander s'il y avait 30 ou 31 jours, ou même 28, dans un mois. Penser au mois, surtout au cycle de 28 jours, l'amène à se rappeler le moment, à l'âge de dix-huit ans, où elle a cessé d'avoir ses règles : « et tout le monde fait comme si c'était très précis et scientifique, réglé comme du papier à musique, alors qu'il n'y a rien de plus flou et de plus contingent » (p. 165). On apprécie la coïncidence entre le papier à musique et la menstruation dans le mot « réglé » : les sens de « régler », « marquer », « réguler », « réglementer » et « règles » fonctionnent en même temps qu'un graphisme conventionnel et abstrait qui soutient toute l'architecture de la musique écrite. La notion du temps, qu'il s'agisse du temps musical ou du temps physique, n'est qu'une imposition humaine, qui finit par écraser l'individualité, d'où le choix des *Variations Goldberg*. Dans la tradition de l'histoire de la musique, cette œuvre représente l'ordre et la précision mêmes. Pourtant Liliane, la claveciniste-narratrice, démontre la liberté qu'a l'interprète de s'exprimer elle-même, ce qui, à son tour, symbolise la fluidité temporelle.

♫ ♫ ♫

Les Variations Goldberg offrent maints exemples de transitions individuelles entre le passé et le présent, inspirées par l'expérience musicale. Ces discours musicaux présentent au lecteur l'incohérence du temps, de l'espace et des émotions qui reflète le paradoxe intrinsèque dans l'aspect spatio-temporel de toute expérience musicale. Dans *Instruments des ténèbres*, Huston se sert de la musique pour signaler des transitions temporelles sur une plus vaste période. La musique dans ce texte enchaîne la narratrice, écrivaine de fiction, à un passé de trois cents ans. L'organisation du roman révèle deux constructions parallèles. Une partie de la narration s'effectue au présent narratif, à New York, au moment où la narratrice fait des recherches pour un texte de fiction qu'elle est en train d'écrire. Cette partie s'appelle « Le Carnet *Scordatura* » et se compose de sortes d'entrées de journal intime, chacune portant la date de composition. La seconde partie raconte les recherches de la narratrice-écrivaine ; c'est une histoire de jumeaux du XVIIe siècle, Barbe et Barnabé, dans le centre de la France. Cette partie s'appelle « Sonate de la Résurrection » et ses composantes évoquent les étapes diverses de la vie, par exemple « la nativité », « les enfances », etc. Les deux parties alternent, un chapitre du « Carnet *Scordatura* » étant suivi d'un chapitre de la « Sonate de la Résurrection ». Dans la table des matières, les chapitres apparaissent sur deux colonnes, celle du « Carnet *Scordatura* » à gauche, celle de la « Sonate de la Résurrection » à droite et à la ligne, la structure reproduisant visuellement l'entrelacement des deux parties. Cet agencement ne fait que souligner la confusion dans le double récit. Au premier abord, l'histoire des jumeaux du XVIIe siècle correspond étroitement et étrangement à la vie de la narratrice, tout au moins sa lecture de cette histoire sert-elle de point de départ pour l'examen de sa propre histoire. Ensuite, le sous-titre de la seconde partie, «Sonate de la Résurrection», sert aussi comme titre du texte que la narratrice est en train de composer. Ainsi la tentative d'incohérence spatio-temporelle est-elle compromise par une étroite cohérence structurelle.

Avant de poursuivre, il est essentiel de comprendre la pratique de la *scordatura* pour apprécier la thématique et l'allusion narrative de Huston. La narratrice l'explique assez tôt dans le récit :

> Au sens propre, *scordatura* veut dire discordance. [...] Beaucoup de compositeurs de la période baroque s'amusaient à tripoter l'accord des violes et des violons, montant d'un ton par-ci, baissant par-là, pour permettre au musicien de jouer des intervalles inhabituels. [...] Mais parfois les intervalles n'étaient pas seulement inhabituels, ils étaient insensés[8].

Elle continue d'expliquer la pratique de l'accord modifié en introduisant l'œuvre de Heinrich Biber, dont la contribution à la littérature baroque pour violon au XVIIe siècle fut considérable. La *scordatura*, telle que l'utilisaient Biber et d'autres compositeurs, était assez commune à l'époque pour permettre des intervalles inhabituels, mais aussi pour en faciliter l'exécution[9]. Biber excellait dans l'art de la *scordatura*, notamment dans une série de sonates dédiées au mystère du rosaire dont la sonate n° 11 s'appelle «La Résurrection». Le dédoublement de ce titre, dans le nom d'une moitié du récit, dans le nom du texte de fiction qu'écrit la narratrice et, enfin, cette référence musicale — qui apporte un symbolisme émotionnel et psychologique en même temps qu'un rappel à l'époque des jumeaux, eux déjà symboliques — assure une structure serrée devant un discours de l'instabilité. Dans le passage cité ci-dessus, Huston emploie le verbe «tripoter» pour suggérer le dédain de la narratrice envers cette pratique insolite, dédain toutefois mitigé par la juxtaposition du verbe «s'amuser». Ainsi la nature polyvalente de la *scordatura* symbolise-t-elle la polyvalence du récit, à la fois cohérent et instable.

Le désarroi de l'écrivaine, de tout écrivain, se voit habilement allié au symbolisme musical, et surtout à l'usage de l'accord inhabituel. Les instruments du titre, comme l'annonce le premier des trois épigraphes, tiré de la traduction en français de *Macbeth*, se réfèrent aux instruments du diable. Banquo s'adresse à Macbeth après avoir entendu les prédictions des sorcières et anticipe le renversement fatal d'autorité qui caractérise la pièce :

> [...] Mais c'est étrange,
> Et souvent, pour nous entraîner à notre perte,
> Les instruments des ténèbres nous disent vrai ;
> Nous gagnent avec d'honnêtes vétilles, pour mieux
> Nous trahir en profondeur[10].

Le lien qui conduit des sorcières au diable, et enfin à la muse, porte à croire que les instruments de l'ombre guident la résurrection de la narratrice par le biais de l'écriture. Et sa résurrection s'avère possible grâce à l'union (j'écrirais volontiers «l'unisson») de la dissonance et de la consonance dans la *scordatura*. La narratrice devise avec un être qu'elle appelle son *daimôn*, sa «muse, [son] beau *daimôn* invisible, la voix désincarnée qui [lui] donne accès à l'au-delà, à l'autre monde, aux régions infernales» (p. 16)[11]. La relation ironique qui lie la narratrice à son démon réunit la mémoire, l'imagination et la musique dans une conception de l'écriture de fiction qui essaie vainement de traverser l'abîme séparant l'illusion de la réalité. À la fin du roman, elle s'adresse directement à son *daimôn*:

> [I]l ne faut pas l'oublier, vous n'êtes ni plus ni moins qu'un de mes personnages. C'est moi qui vous ai donné vie, et je peux me débarrasser de vous à tout moment. Il me semble que vous êtes devenu, comment dire... de trop. Un diable qui joue du violon, ce n'est déjà pas mal, mais pensez-y: un violon se jouant tout seul! Tirant de ses propres profondeurs de fabuleux accords de mémoire et d'imagination! Voilà ce que moi j'appelle de la magie! Le *diabolus in musica* ce n'est rien, comparé à mes nouveaux intervalles! [...] Passant de l'harmonie à la dissonance, de l'accord au désaccord (p. 405-406).

L'allusion au diable joue un rôle polyvalent dans le récit. Historiquement, la référence au diable qui joue du violon rappelle l'histoire de Giuseppe Tartini et de son rêve (raconté ici par la narratrice). Tartini fit un pacte avec le diable. Dans son rêve, Tartini donna son violon à Méphistophélès, dont le talent musical le bouleversa. Tartini s'éveilla et s'empressa d'écrire la mélodie qu'il avait entendu le diable jouer dans son rêve[12]. Tartini ne fut jamais satisfait de sa sonate, puisqu'elle n'approcha pas de la beauté de la musique qu'il avait entendue dans son rêve[13].

Une autre allusion provient de la musique médiévale. La référence au *diabolus in musica* fournit l'exemple du triton, l'intervalle d'une quarte augmentée (faite de trois tons). Il est considéré comme un intervalle instable et difficile à chanter. Au Moyen Âge, il fut interdit, d'où son utilisation dans des compositions musicales pour désigner le diable. Le dicton: «*Mi contra fa diabolus est in musica*» des traités de musique médiévaux fait directement référence à ce phénomène, ce qui dénote un usage plus alléchant qu'effrayant[14]. L'allusion de Huston au triton relie les références musicales du roman à sa propre histoire et à son écriture, tout en soulignant le paradoxe de la cohérence de l'instabilité.

> Oui. Le triton, intervalle de trois tons entiers, fut appelé pendant des siècles *diabolus in musica*, sous prétexte qu'il était instable. Le *do* est innocent, le *fa* dièse est innocent, mais rapprochez le *do* du *fa* dièse et... horreur! damnation! péché! excommunication! L'accord du diable fut classé *discordantia perfecta* au XIIIe siècle, et son utilisation proscrite dans la musique liturgique. [...] Mes parents étaient le *diabolus in musica* fait chair. Et moi, je suis le produit de cette dissonance. *Scordatura*. Sans doute. Sans blague (p. 300-301).

Il est significatif de noter ici la progression de la musique du diable à l'écriture. Huston compare la musique fantastique à l'acte encore plus surnaturel de la créativité, où «de fabuleux accords» surgissent de la mémoire ou de l'imagination du compositeur-écrivain. L'affinité de la mémoire et de l'imagination fait surface dans un contexte musical devenu narratif, ce que Huston appelle «de la magie». Plus loin, elle discourt de la «fantasticité» (pour utiliser le terme de Bellemin-Noël) de sa création comme de ses «nouveaux intervalles! [...] Passant de l'harmonie à la dissonance, de l'accord au désaccord» (p. 406). Ces nouveaux intervalles appartiennent à la narratrice qui habite un monde de la *scordatura*. L'effet de la *scordatura* et la propension à d'autres accords et à une autre musique résultent en un accord modifié ou étrange et s'appliquent également aux possibilités de l'imagination dans l'écriture. Peut-on donc dire que dissonance et consonance sont une seule et même chose?

L'aspect diabolique inséré par Huston dans le concept de l'écriture cible la dialectique entre illusion et réalité, entre fiction et histoire. Son attribution musicale transcende tous les personnages et tous les événements du roman. Le démon dit à la narratrice: «*en raison du fait que la vie réelle existe, et qu'elle n'a pas de sens, il est indispensable que l'Art, qui tourne autour des inexistants, en ait*» (p. 307; en italique dans le texte). L'histoire du frère jumeau mort-né de la narratrice s'entrecoupe avec l'histoire de l'enfant mort-né du personnage du XVIIe siècle. Cela annonce l'investigation de l'histoire intrinsèque du texte, de son histoire à elle, de l'histoire qu'elle écrit et ses recherches, de l'histoire tout court. Pour la narratrice, écrire représente, voire engendre, la découverte des oublis, dans le tourbillon de forces contradictoires qu'est la *scordatura*.

La narratrice fait remarquer qu'en plus de signifier «modifier l'accord» *scordare* peut aussi vouloir dire «oublier» (p. 34 et p. 380). Et c'est ici que la musique s'insère dans l'équation histoire = écriture = découverte. *Scordare* et *accordare*, issus étymologiquement de *ricordare* («se souvenir»), sont normalement contraires; mais l'usage de *scordare* au XVIIIe siècle pour «oublier» indique une autre dimension du glissement sémantique. La relation de la narratrice à ses parents, dit-elle, se caractérise par la discordance et l'oubli. Ainsi l'usage que fait Biber de la *scordatura* offre-t-il une excellente métaphore pour le processus d'oubli et d'accord variable de la narratrice ainsi que pour sa détresse. La «Résurrection» de Biber ne constitue pas seulement une métaphore de discordance, elle symbolise aussi un renouvellement, une renaissance par suite d'une mort symbolique. L'initiation par l'écriture pourrait être représentée comme suit:

«écriture + recherches» $\Rightarrow$ mort $\Rightarrow$ «résurrection $\subset$ écriture».

La *scordatura* qui définit la relation de la narratrice avec ses parents, l'amène à changer son prénom, de Nadia en Nada: «Je voulais que tout mon passé meure. Nada. L'anéantissement. La page blanche. C'est alors que je changeai de nom» (p. 369). L'allusion à l'écriture et à la peur accessoire de la page blanche s'associe de façon nette et étroite au désir d'oublier, de ne rien produire, *nada*.

Son acte délibéré d'oublier son passé, son histoire, se symbolise en laissant tomber de son nom le «i» ou le *I* anglais, le moi, l'*ego*, amenant à Nada, au néant[15]. Et le résultat de l'écriture pour elle, c'est de découvrir, de redécouvrir, de recouvrer son histoire en même temps qu'elle découvre celle de ses personnages du XVIIe siècle par l'intermédiaire de la musique et de l'écriture.

> Enfin, grâce à la *Sonate de la Résurrection*, je pourrai abandonner le fantasme de mon frère jumeau comme Témoin parfait, regarder sa mort en face — oh, ça fait mal! ça fait vraiment mal! quel soulagement de ressentir enfin de la douleur! — et être moi-même. Tantôt seule, tantôt avec d'autres, que ces autres soient réels ou imaginaires, vivants ou morts... (p. 405)

L'écriture représente alors une espèce de résurrection du passé, et peut-être une réincarnation des vies antérieures dans le présent fictif du texte et des recherches de la narratrice. Écriture, musique, mère, enfant, réalité, fiction, tout se soude dans une structure incohérente mais curieusement cohésive, qui se révèle grâce à la *Sonate de la Résurrection*, celle de Biber pour violon ainsi que celle du texte de la narratrice.

Dans *Instruments des ténèbres*, l'équation entre écriture et musique se dégage comme le thème principal, dans lequel la sensualité de ces actes devient vite et facilement un acte sexuel : «Écrire ainsi — presque pareil à l'orgasme — cette impression que quelque chose vous quitte mais sans qu'il s'agisse de perte, de dépérissement — au contraire : plus ça déborde, plus on se sent riche...» (p. 261). Sa réaction à la musique fervente donne des sentiments semblables :

> Les gens croient en général qu'elle est ainsi nommée à cause de sa difficulté technique diabolique. Mais ce n'est pas cela (pour moi, soit dit entre parenthèses, trille du diable est le meilleur équivalent verbal possible de ce qui se passe quand un homme prend entre ses doigts ou entre ses lèvres la menue pointue partie de moi, déclenchant dans mon âme un tremblement, cordes tendues au maximum, cage thoracique arquée formant une chambre à échos où — vives, vibrantes — les vagues rapprochées de sensation suraiguë); non, la vraie raison c'est que Giuseppe Tartini, l'exact contemporain de mes héros Barbe et Barnabé, a fait un rêve (p. 163-164).

La narratrice confond volontiers la musique et l'écriture, à vrai dire le but de l'écriture qui pour elle comprend une jouissance amenant à l'enrichissement, mais non sans souffrance. Elle en dit autant dans une dispute insensible avec son diable : «Pourquoi me faites-vous écrire sur toutes ces existences empêtrées dans la glaise, la glaire et les viscères, sur ces violences aveugles, ces soleils sanguinolents? — *Faites-moi confiance, ma chère. Je sais où je vais*» (p. 280). Rêve, musique, écriture fonctionnent alors tous ensemble dans une déformation similaire du temps, amenant à la découverte de soi par l'intermédiaire de la création artistique.

♫ ♫ ♫

L'intrigue de *L'Empreinte de l'ange* se passe au début des années 1960, au moment de la guerre d'Algérie. Le présent narratif évoque aussi les événements des vingt années précédentes, depuis la guerre de 1939-1945, ce qui invite à une comparaison des deux époques et donc à un glissement dans le temps. Dans toutes les références, la musique se joint aux bruits, à la voix humaine et aux diverses langues (et par extension au concept de nationalité) pour représenter un monde sonore qui contraste avec le silence de Saffie, l'héroïne, et plus loin avec celui de son fils, Émil, avec celui de son amant, András, mais surtout avec le silence général qui nuit à la conscience politique.

Le lecteur est témoin des progrès de Saffie. Étrangère quasi muette au début du roman, elle en devient une protagoniste forte et avertie à la fin. Ce *Bildung* naît en partie de la résonnance réelle et efficace de la musique folklorique et du jazz, à la grande différence de la stagnation apolitique que l'on trouve dans la musique classique de son mari, Raphaël, flûtiste professionnel. Saffie quitte une Allemagne ravagée par la guerre pour venir, orpheline, en France. Elle prend un emploi comme domestique chez Raphaël, de qui elle deviendra l'épouse peu après. Le langage musical de Raphaël comprend Marin Marais, Bach, Debussy, Ibert, Boehm et Jean-Pierre Rampal, tous symboles de la convention bourgeoise. Ce discours continu et sourd enveloppe Raphaël confortablement dans un cocon stagnant où il reste inconscient de ce qui se passe ailleurs dans le monde et même dans ses relations avec sa femme. Les allusions que fait Saffie à la musique folklorique, en revanche, lui font revivre, à elle, les expériences révélatrices et très souvent pénibles de son enfance, et notamment les souvenirs des événements de la guerre qu'elle n'avait pas bien compris à l'époque. Voici comment, pendant l'absence de son mari, sa mémoire, rehaussée par la musique, la transporte dans le passé :

> La mère de Saffie chante. Elle serre dans ses bras le petit Peter âgé de deux mois, l'enfant de la permission de l'an dernier [...]. Peter enfouit sa petite tête entre les seins de sa maman et elle chante, pour lui et pour les autres, *Alle meine Entchen schwimmen auf dem See*, tous mes petits canards nagent dans le lac, nagent dans le lac, ils sont cinq agglutinés autour d'elle, l'agrippant, les doigts grappillant, chacun cherchant juste à la toucher, n'importe où, un pan de sa robe, un bout de son bras, une mèche de ses cheveux, *Köpfchen in das Wasser, Schwänzchen in die Höh...* Elle berce Peter tout en chantant et on n'entend presque rien d'autre, presque rien, les têtes dans l'eau et la queue en l'air, ce ne sont pas les avions qu'on sent réverbérer dans la chair de Mutti, c'est son chant, mais ensuite, plus moyen de le nier, c'est bien le bourdon familier qu'ils entendent derrière le chant, et puis ça y est : long sifflement et le ciel nocturne explose en feux d'artifice, en Tannenbaum aux mille chandelles et Saffie n'est plus là, elle n'est plus que pure panique glaciale[16]...

La désorientation des pensées de Saffie — et il est révélateur de noter que ses pensées sont rendues ici en discours indirect libre — surgit de la musique, ou peut-être grâce à la musique qu'elle se remémore. Les souvenirs musicaux engendrent un *regressus ad passum*, une confusion du passé avec le présent contrebalancée par la confusion de la fantaisie de la chanson avec l'horreur des événements concomitants. Le temps du présent dans cette citation se heurte au passé narratif du récit général, ce qui est souligné par le glissement référentiel des canards à l'action militaire des soldats russes, dont la tête se met métaphoriquement dans l'eau et la queue en l'air. L'effet puissant de ce souvenir refoulé effectue une abstraction de la réalité. Le souvenir est provoqué par la musique ; la musique se trouve ainsi à la fois source et cause de l'abstraction. Pendant que le récit progresse, Saffie devient de plus en plus capable de faire face à son présent : elle récupère les émotions du passé à l'aide de ses souvenirs qui se dénouent aux sons de la musique.

Saffie fait la connaissance d'un luthier, András, un Hongrois qui exerce son métier à Paris depuis trente ans. Il répare les flûtes de Raphaël dans son atelier, rue du Roi-de-Sicile, dans le Marais. Un jour, en route pour lui rendre visite, Saffie est d'autant plus troublée par le bruit, les odeurs de nourriture et la musique d'une foire dans la rue des Rosiers qu'elle ne s'y attendait pas et avait des difficultés à en comprendre l'existence même. Elle s'enquiert auprès d'András, qui lui répond : « "Yom Kippour. Le jour du grand Pardon. — Je ne connais pas. Une fête française ?" Ébahi, András la regarde. Un long moment. "Saffie, dit-il. Tu sais pas ?" » (p. 171). Ce n'est qu'à cet instant qu'elle comprend qu'András est juif et ce que cela peut signifier pour elle, en raison de sa nationalité et de sa relation au passé et au présent. Elle essaie de ne pas tenir compte de ses questions au sujet des activités de son père pendant la guerre, mais la compréhension bouleversante des actes perpétrés par sa famille et au nom de sa patrie s'avère trop difficile pour elle. Son silence — un retour au silence qu'elle avait justement surmonté avec András — n'a aucune force devant l'insistance d'András. En fin de compte, elle avoue que son père a été tué par les Soviétiques, que son frère aîné a été membre du Hitlerjungend, et enfin que tous ces événements ont eu un effet néfaste sur sa mère : « Après les Russes, elle n'est plus pareille. Elle est comme… une femme en pierre. Elle ne chante plus, elle ne parle presque pas, la nuit on l'entend pleurer » (p. 186). Tout comme sa mère s'était dégagée de la réalité des circonstances environnantes dans un silence sans musique, Saffie se retire de toute réalité passée ou présente, jusqu'à ce que les souvenirs musicaux rallument un temps de souffrance. À la fin du passage où Saffie se souvient du chant de sa mère, elle s'en va aussi : « et Saffie n'est plus là ». Le référent du « là » reste ambigu. S'agit-il de la maison de sa famille en Allemagne ? de l'atelier d'András à Paris ? en 1944 ? en 1962 ?

Et ce ne sont pas seulement les événements de la Seconde Guerre mondiale que Saffie commence à voir plus clairement, c'est aussi la crise en Algérie. András fait des comparaisons répétées entre la domination des nazis en Europe et le traitement des Algériens à Paris. Mais Saffie ne peut commencer à mieux comprendre le présent qu'une fois que son passé personnel et collectif s'est dévoilé à elle. Son éveil, qui, on ne s'en étonne guère, relève de la musique, est moins politique et idéologique que personnel. Presque tous les chapitres du roman commencent par des flashes sur les événements d'Algérie. Pendant longtemps, Saffie n'y fait aucune attention et la juxtaposition étanche des flashes avec l'intrigue de Saffie témoigne de son apathie et de son inconscience. Petit à petit, elle déchiffre l'importance de ces événements et se rend compte de leur signification pour son moi politique, présent et passé. Sa conception de la politique fait surface grâce à sa relation avec András, alors qu'elle est entourée de musique dans son lit au fond de l'atelier. Son activisme à lui, non seulement ses commentaires mais aussi le contexte politique et musical dans lequel il évolue, suscite en grande partie sa politisation à elle. Les amis d'András, pour la plupart musiciens et réfugiés hongrois, sont aussi des activistes politiques à Nanterre. Ils viennent de plus en plus souvent dans son atelier avec Saffie, qui s'initie à la politique grâce à leurs discussions. András compare le couvre-feu pour les Arabes dans le Paris de 1962 à celui qui s'appliquait aux Juifs dans l'Allemagne de 1940. On peut noter dans ce passage comment l'éveil de Saffie coïncide avec son acquisition du langage, et comment inversement András se résigne au silence :

> « Tu comprends, András, le mur de Berlin, ça ne change rien. Nous les Allemands, on a tous un mur de Berlin dans la tête. Depuis la guerre… et même avant… Pour moi, depuis toujours. Un mur entre ce qu'on peut dire et ce qu'on ne peut pas dire… Entre les questions qu'on a le droit de poser… et les autres.» András garde le silence. Combien de fois a-t-il gardé le silence, maintenant, avec Saffie ? Combien de fois a-t-il jugé préférable de se mordre la langue pour la protéger, sous prétexte qu'elle était jeune et fragile ? Et là, devant le spectacle navrant de la misère des Algériens, elle ne trouve encore qu'à lui parler de *sa* souffrance… (p. 265-266 ; en italique dans le texte).

La venue à la parole de Saffie représente un triomphe personnel, dont András reste inconscient. Son mur de Berlin à elle se trouvait toujours en elle ; elle s'est toujours sentie impuissante devant l'expression, devant la compréhension du monde autour d'elle. À présent, enfin, elle commence à se débarrasser des limitations sociales et familiales qui l'ont toujours amenée à se taire. L'empreinte de l'ange éponyme réfère certainement à la position subalterne de Saffie dans le patriarcat de l'Europe moderne, dont elle se libère enfin, grâce à la musique. De par son prénom, Raphaël représente la structure patriarcale, sous le signe de l'archange, qui l'avait toujours opprimée. La relation que Saffie entretient avec András la fait beaucoup avancer dans sa libération, dans sa découverte de soi, et ce, en dépit des souffrances que cela implique. Toutefois la supériorité expressive d'András, due à son expérience et à sa mondanité, éclipse l'éveil de Saffie. À la fin, elle doit se dégager de tout.

Plus András s'engage dans la politique, plus il s'extrait de la musique. « Il a la haine. Veut lutter maintenant. Y aller. Être là où ça se passe. Pas coupé, pas accroupi derrière un tas de charbon, dans une cave, pas préférant la facilité, le confort, la musique » (p. 279). La structure paratactique de ce passage exprime le degré de répugnance qu'a András pour l'apathie, associé maintenant avec le contentement et la musique, n'importe quelle musique. Un peu plus loin, Raphaël, qui rentre d'une tournée de concerts, se fait agresser dans le métro et manque de perdre sa flûte. En racontant l'attaque à sa femme, il s'écrit : « Tu comprends, Saffie, la musique c'est ma lutte à moi. Jouer de la flûte, c'est ma façon à moi de rendre le monde meilleur » (p. 285). Le contraste inflexible entre la conscience politique nouvellement découverte et toujours douloureuse de Saffie et la façade élitiste et satisfaite de Raphaël façonne la dialectique entre le soi politique et le soi apolitique, mise en musique. Tandis que la position statique de Raphaël est symbolisée par la musique classique, la position plus moderne et dynamique d'András est symbolisée par le jazz. La position de Saffie cependant se révèle traditionnelle et floue, à la fois individuelle et collective, tout comme la musique folklorique qui la symbolise. Son expérience exemplifie un véritable *Bildung* à travers la musique, tandis que les hommes de sa vie opèrent par l'intermédiaire des conventions apprises et souvent stagnantes. Seule l'épreuve de Saffie, engendrée dans la musique, pourra la transformer d'un être muet en une personne avisée et raisonnante.

Dans *L'Empreinte de l'ange*, à la différence de ce qu'elle fait dans les deux autres romans, Huston place la musique classique dans un contexte qui symbolise nettement une élite en grande partie responsable des horreurs de la guerre. La musique dans ce texte sert non seulement de symbole — la musique classique correspond à l'inégalité sociale ; le jazz correspond à une libération orthodoxe de cette inégalité ; la musique folklorique correspond à un monde innocent et divorcé de toute inégalité —, mais elle sert aussi à extraire un personnage apathique et inconscient d'un monde isolé, afin de lui permettre de se transformer en quelqu'un qui prend pleinement conscience de son état et de sa place dans un monde politique et politisé. Cette fonction narrative de la musique va plus loin dans *L'Empreinte de l'ange* que dans les deux autres romans, en précisant les réponses diverses et souvent contradictoires que peut engendrer la musique. Mais, comme c'était le cas dans les autres romans, la musique communique à Saffie à la fois le bien et le mal, et l'aide en outre à recouvrer son passé et donc à comprendre son présent. Nad(i)a apprend et se comprend au moyen de la musique et de l'écriture et Liliane apprend à apprécier la liberté intrinsèque des formes structurées.

Parce que la musique produit des événements, là où d'autres processus *mesurent* les événements en « temps physique », il est important de comprendre que, pour Huston, la musique et l'expérience de la musique produisent des événements affectifs. Que Liliane soit consciente que son passé représenté par le public au récital crée en partie son présent, que Nada soit consciente de son passé et de celui des jumeaux historiques Barbe et Barnabé et de son effet sur son présent, que Saffie enfin soit consciente de son rôle dans la Seconde Guerre mondiale et de l'impact que cela a sur son présent en sont des exemples clairs. Ainsi la musique transcende-t-elle le temps. Par l'intermédiaire du sens spécifique du temps créé par la musique, le concept de temps physique se transforme en une construction hors du temps. Le temps engendre simultanément la musique et sa propre destruction. La séparation que ressentent les personnages de Huston entre leur passé et leur présent se détruit à travers et à l'aide des expériences musicales.

Si la musique n'existe que dans le temps et grâce au temps, lorsqu'elle finit, le temps physique finit aussi. La séparation temporelle entre passé et présent sur laquelle insiste la structure cartésienne est libre d'infiltrer à nouveau nos perceptions. Seule une nouvelle expérience musicale, ou le souvenir d'une telle expérience, permettra une nouvelle aspiration à la connaissance, nous accordant une perception de la vie que nous pourrons finalement comprendre. C'est ici que l'antithèse entre illusion et réalité refuse de prévaloir. À la fin, la musique détruit le concept de la réalité et de l'illusion.

Autant Huston tente de démolir la convention conservatrice du temps et notre désir de le maîtriser, autant elle y substitue une structure narrative bien définie. La contradiction qui naît de ce paradoxe engendre le sens d'une liberté d'expression qui reste indicible, tout comme la musique dont l'auteure se sert pour la symboliser. D'une confusion apparente — du temps maîtrisé avec le temps qui ne peut l'être, de la concordance avec la discordance, du silence avec la musique — émerge une cohésion conçue dans la musique.

La musique dans les trois romans de Nancy Huston promène le narrateur et le lecteur le long d'un voyage dans le passé, à l'intérieur de leur moi, vers la compréhension. Dans ces récits, l'expression indicible que permet et produit la musique crée un réseau d'associations qui fonctionnent simultanément sur une gamme temporelle et spatiale. Elle donne son cours à l'histoire, entraînant le lecteur vers le dénouement. Pendant que les narrateurs et les personnages de Huston explorent leur passé grâce à une impulsion musicale, les rythmes de la musique les propulsent, et le lecteur avec eux, dans un tourbillon de considérations sans âge. Ils se trouvent aiguillonnés par l'art de la musique, une musique qui est elle-même gérée et empoignée par le temps. L'ironie du temps reste la marque des textes de Huston sur la musique et elle réussit à hanter le lecteur en déstabilisant son sens de l'équilibre. Les textes de Nancy Huston posent ainsi la question fondamentale du but et de la place de la musique, et, par extension, de toutes les formes artistiques dans la société.

NOTES

1. Victor Zuckerkandl, « The Musical Concept of Time », *Sound and Symbol : Music and the External World*, Princeton (N.J.), Princeton University Press, 1973, p. 183-184 et p. 201-247. Zuckerkandl discute ici du concept de temps du point de vue des physiciens, pour qui, dit-il, le temps n'est qu'un élément de vide dont on a besoin pour comprendre la physique tout autant que le concept d'espace. Il ne s'agit pas de détruire ce concept, mais de reconnaître que le temps physique n'est qu'une composante mineure, tandis que le temps musical représente une force considérable qui gère toute la musique et qui se fait sentir jusqu'au fond de l'expérience musicale.

2. Les narrateurs des *Variations Goldberg* et de *Instruments des té- nèbres* sont tous deux intradiégétiques. Nonobstant le fait que le narrateur de *L'Empreinte de l'ange* est extradiégétique, et ne fonctionne donc pas de la même façon, les nuances musicales n'en ont pas pour autant moins de valeur narratologique révélatrice pour cette étude.

3. Nancy Huston, *Les Variations Goldberg*, Paris, Seuil, 1981, p. 11.

Toute référence à ce roman sera dorénavant citée entre parenthèses dans le texte.

4. Je m'occupe ici de l'interprétation du soliste de clavecin. Il va de soi qu'un récital en groupe d'instrumentistes exigerait une nouvelle évaluation du problème.

5. Voir Henri Bergson, *Matière et mémoire*, Paris, Alcan, 1921, et *L'évolution créatrice*, Paris, Alcan, 1918.

6. Notons en passant l'éthos littéraire du temps fuyant, cher à tant de poètes de la Renaissance jusqu'à l'époque romantique: «Cueillez, cueillez la rose…», et puis: «Ô temps! suspends ton vol…», pour n'en citer que deux exemples. Pour une interprétation intéressante de ce topos, voir la discussion de Hanna Charney à propos du sonnet de Ronsard, «Le temps s'en va, le temps s'en va, ma dame, / Las! les temps non, mais nous, nous en allons…», «Narrative Time: The Musical Values of Commonplaces», dans Mary Ann Caws (dir.), *Writing in a Modern Temper: Essays on French Literature and Thought in Honor of Henri Peyre*, Stanford, Stanford French and Italian Studies 33, 1984, p. 24-29.

7. La structure du roman reprend celle des *Variations Goldberg* de Bach, où le thème constitue le premier et le dernier mouvement, appelés «arias», avec 30 variations. Chaque chapitre ou variation porte son propre nom, soit une émotion ou un état physique («perte», «souci», «grâce», «fatigué», «insomnie», «faim»); ou une couleur («écarlate», «vert», «gris»); soit encore un terme musical («syncope» ou «viole», l'assonance homophonique étant évidente dans ce dernier cas). C'est Liliane, la claveciniste, qui narre le premier et le dernier chapitre. C'est elle qui encadre le reste et son interprétation de la musique de Bach déclenche le tout.

8. *Instruments des ténèbres*, Arles, Actes Sud, 1996, p. 33. Toute référence à ce texte sera dorénavant citée entre parenthèses dans le texte.

9. Elias Dann, «Heinrich Biber and the Seventeenth-Century Violin», thèse de doctorat, Columbia University, 1968, chapitre VII, «Scordatura», p. 274-305.

10. «[…] But 'tis strange: / And oftentimes, to win us to our harm, / The instruments of darkness tell us truths, / Win us with honest trifles, to betray's / In deepest consequence», *Macbeth* (I, III).

11. Elle l'appellera aussi «le diable» (p. 29), «un génie» (p. 30), un «meneur de loups […] attirés par le son de sa cornemuse» (p. 117), ce dernier exemple constituant une allusion explicite à George Sand. Il n'est pas sans intérêt que Huston réside une partie de l'année dans le Berry, le pays de Sand.

12. «Le trille du diable» (la sonate en sol mineur) comporte un long trille au quatrième mouvement.

13. Un ballet à ce sujet, *Le Violon du diable*, débuta à Paris en 1849.

14. *Oxford Dictionary of Music*, Michael Kennedy (dir.), New York, Oxford University Press, 1985, *s. v.* «hexacord», p. 330, et «tritone», p. 741. Le système d'hexacordes qui prend le nom des tons d'un cantique latin — ut, re, mi, fa, sol, la, si — est à la source de ce dicton.

15. *Nada* est également un mot slave qui veut dire «l'espoir». Voir *English-Slovene Dictionary*, Ljubljana, Dr avna Zalo ba Slovenkje, 1967. Huston n'est certes pas inconsciente de cette signification, ce qui ajoute une autre dimension au changement de prénom.

16. *L'Empreinte de l'ange*, Arles, Actes Sud, 1998, p. 115-116. Toute référence à ce texte sera dorénavant citée entre parenthèses dans le texte.

À TUE-TÊTE : RÉCIT

de PAUL SAVOIE

(Vanier [Ont.], L'Interligne, « Vertiges », 1999, 180 p.)

J. Roger Léveillé

La tête de l'hydre
crier à tue-tête, écrire à mot tu

Il faut confronter la lecture fort riche (il y a dans la stratégie narrative, microcosme et macrocosme presque à chaque page) du dernier récit de Paul Savoie au tout aussi admirable texte *Mains de père*[1], que le poète publiait aux Éditions du Blé en 1995. Comme *Mains de père*, *à tue-tête* (qui a, cette fois, la mère pour matrice) est une continuation des œuvres plus directement biographiques entreprises avec *À la façon d'un charpentier*[2].

C'est un texte « langue et foi » à son plus haut degré, dont la matrice englobe la généalogie familiale (voir le chapitre intitulé « strates d'être », p. 78), la patrie (Louis Riel, p. 54 et suiv.), la langue maternelle (la loi Laurier-Greenway touchant l'utilisation du français au Manitoba, p. 46, p. 49 et suiv.), et l'Église Mère : « la religion j'en ai fait mon théâtre intime mon drame existentiel » (p. 27).

Voilà la scène où se joue l'écriture de Savoie, et cette écriture passe par le « mot ». C'est, on l'imagine bien, le vocable dont il a besoin de crier à tue-tête dès la première ligne du livre pour « défoncer quelque chose » (p. 9); le « sésame » magique : « l'essentiel c'est que la porte s'ouvre » (p. 18).

Le mot est le minimum d'écriture possible (on aurait presque envie de dire le maximum d'écriture) pour l'articulation de l'œuvre-Savoie : « le mot vient je soulève la main le bras mon corps penche le souffle s'active j'écris » (p. 77). Il permet dans ce « drame existentiel » (et divin, on le verra — mais c'est la même chose) à l'écrivain-Savoie d'être à lui-même (le pour-soi sartrien); car ce premier mot « dépasse les limites de l'histoire qu'on voudrait m'inculquer des frontières entre lesquelles on voudrait m'intercaler » (p. 15). Entendons par « histoire » et « frontières » : la famille, la mère patrie, la langue et la foi.

L'auteur cherche le mot qui lui permettra de dire son histoire, et cela lui vient par morcellement : « je me mets à écrire mon histoire à moi telle qu'elle se présente par bribes en morceaux épars » (p. 170). C'était déjà l'enjeu de l'écriture dans *Mains de père* : « Peu à peu je trouve le fil conducteur. Je raccorde des bouts épars, des fragments… » (p. 97). Le morcellement conditionne toute l'écriture d'*à tue-tête* (c'est peut-être fondamentalement l'écriture de Savoie). Ici, le poète va plus loin sur le plan du style, lequel colle parfaitement à l'approche autobiographique adoptée et à sa psychologie d'écrivain.

En choisissant une présentation tout en minuscules, sans ponctuation, avec espacement ou blanc pour distinguer les segments, Savoie a opté pour une forme qu'il affectionne (sans l'avoir véritablement mise en pratique jusqu'à ce jour) depuis sa découverte de *Comment c'est* de Samuel Beckett au cours de ses années d'université.

Cet espacement est celui d'une désarticulation : « je maîtrise l'art de la dislocation » (p. 106) et impose un certain souffle (le corps-Savoie enfant souffre d'asthme aigu [p. 114] — c'est une maladie d'écrivain). Car c'est bien du souffle qu'il s'agit : « je dis ma voix n'a pas de portée elle répond montre à la voix comment prendre son envol je dis tout se coagule je n'arriverai jamais à ouvrir les soupapes j'ai un besoin fou de m'éclater elle me dit je vais t'apprendre le cri je réponds je connais à peine le souffle » (p. 175).

L'espacement et la minuscule créent une intimité, une espèce de *stream of consciousness*, un rythme qui est « une sorte de respiration » (p. 44), qui permet aux diverses parties du récit qu'est Paul Savoie de s'imbriquer à loisir, de se raccorder selon des points d'équilibre ou de déséquilibre, ou encore de bascule. Car on sait depuis *Mains de père* que la motricité dans l'écriture de Savoie est un élément constitutif :

> Reconnaissant le déséquilibre comme son principe premier de motricité, il se voit obligé, comme son père, d'établir de nouveaux rapports avec l'espace […] La réinvention de son propre centre deviendra aussi, pour le narrateur, le moteur de sa création[3].

« Mains de père. Main de fils » (p. 105, *MDP*). En passant par la réfraction du père en lui, Savoie se fait la main (à l'écriture), comme on dit, et se prend en main : « Je cherche ma propre piste » (p. 47, *MDP*).

J'ai pu noter moi aussi que cette problématique corporelle était centrale à l'écriture de Savoie, en ajoutant qu'il fallait aussi souligner dans la matrice paternelle (si on me permet l'expression) de *Mains de père* :

> l'homonymie avec le nom même de l'auteur : Savoie. Malgré les défectuosités du corps du père, ce qui retenait l'attention de tout le monde, c'était sa voix. […] Et dans cette quête effrénée […] visant la rectification du corps dans son équilibre propre, Savoie découvre enfin, dans tous les sens de l'homonymie, sa voie(x) ; son propre chemin et son souffle. Et il s'agit bien là de toute l'histoire de la littérature : celle du corps d'écrivain[4].

Dans *à tue-tête*, il semble manifeste que le point de départ du corps littéraire Savoie est une espèce d'embolie, à l'exemple des nombreuses maladies du genre qui frappent la famille — l'oncle : « mon oncle Léon succombe victime d'une embolie » (p. 146) ; la mère : « ma mère a été victime d'une grave embolie » (p. 22) ; l'auteur (une embolie psychologique) : « tout me semble obstrué j'ai du mal à respirer » (p. 15) ; « tout se coagule je n'arriverai jamais à ouvrir les soupapes » (p. 175).

L'embolie constitue une espèce de faute d'écrivain originelle, d'où la figure de Cassandre qui apparaît en dernière page du livre, et qui serait l'oracle régnant chez Savoie : « je deviens le cassandre de ma propre durée sur cette terre » (p. 176). Et que serait la pire chose pour un être de parole, comme pour la prophétesse ? Ne pas être entendu ou écouté. Il faut en effet se rappeler que Cassandre a été punie pour s'être refusée à Apollon. C'est une désobéissance sexuelle de proportion biblique, inversée si l'on veut, mais pas si différente de celle qui pesait sur Adam et Ève. Donc faute originelle ou embolie originelle.

Il y a, suivant la définition de l'embolie dans le dictionnaire Robert, « une oblitération brusque (du) vaisseau » qu'est l'écrivain Paul Savoie « par un corps étranger ». Pas si étranger au fond, puisque ce corps « autre », cette histoire « autre » (autre que la singularité de l'écrivain manifestée par son écriture) est la famille, la mère surtout : « j'en ai vraiment marre de me sentir coincé [...] de gros caillots de sang vont se former autour du cœur je vais gonfler péter » (p. 66).

Déjà dans *Mains de père* : « Je me rends compte que je vis dans un corps étranger. Mon corps ne m'appartient pas. [...] je me suis laissé envahir par mon père » (p. 45). N'est-ce pas cela la faute originelle ou « blessure héréditaire » (p. 49) ? La faute des pères qui retombe sur la tête des enfants :

> [...] rôle que je me suis donné comme papa devant une fille qui souffre de problèmes de motricité. Julia manque nettement de coordination. Ce problème, je le connais bien, y ayant goûté très jeune (p. 37-38, *MDP*).

La faute des mères aussi (et pourquoi pas, puisqu'il est évident, par le portrait fait du père et de la mère dans *Mains de père* et *à tue-tête*, que c'est la mère qui possède les attributs « masculins ») :

> mais il y avait la famille tout le monde y croyait mordicus s'y vouait corps et âme tout cela procédait selon des lois bien apprises se proclamait par édit se concrétisait par acte de foi avait une origine avait été déclenché à un moment donné de l'histoire (p. 38).

Se proclamait « par édit ». On me permettra, dans une approximation de nature homographe, de souligner que le nom de la mère de l'auteur est Édith.

La faute des mères :

> au cours des dernières années avant sa mort ma mère subit plusieurs embolies assez graves qui ont surtout comme effet d'affecter sa mémoire elle continue à se souvenir d'un tas de choses mais les séquences d'événements sont sans cesse interverties (p. 146).

> ces jours-ci la mémoire de ma mère subit l'effet de toutes sortes de courts-circuitages (p. 25).

La tête de l'enfant : « j'hésite je ne sais pas quelle direction prendre » (p. 164).

Celle de l'écrivain : « je reprends le fil » (p. 37) ; « les phrases s'enchaînent c'est-à-dire que j'arrive à les juxtaposer plutôt je les étale je les recoupe je les colle une sorte de montage se fait » (p. 43).

L'embolie serait à l'origine de la psychologie du poète : « je me creuse les méninges mais je n'arrive pas à inscrire ce mot sur le parchemin » (p. 15). Alors il faut briser le blocage. C'est, curieusement, pour employer une expression de Savoie, une « zone glissante ». Le blocage de l'embolie, comme un glissement, est un dérapage, fait perdre la mémoire : « il n'y a pas de langage universel seulement des alphabets qui en absorbent d'autres des frontières qui glissent qui se défont se refont ailleurs » (p. 52).

Voilà l'effet continu de la faute originelle. L'écrivain veut rompre les limites contraignantes de l'histoire de la famille. Mais, tout comme la mort dans la famille oblitère un passé : « d'un seul coup ma famille subit la perte de toute une couche de son histoire » (p. 46), le défoncement qu'entreprend Savoie (représenté par le mot crié à tue-tête), le laisse sans mémoire, sans pays, sans identité : « qui me racontera mon histoire […] il me faut à tout prix la raconter mais de quelle histoire s'agit-il au juste l'histoire de qui l'histoire de quoi » (p. 105).

En tranchant les liens mortels de la généalogie ancestrale, Savoie se trouve largué de ses amarres (on songe à Rimbaud : « O que ma quille éclate[5] »), mais qui est-il ? Où se retrouve-t-il ?

Membre de la tribu du Verbe, comme le peuple de Dieu, il erre dans le désert : « je suis le nomade de mon propre lieu […] ne trouvant jamais de centre » (p. 106) ; « ma carte géographique est jonchée d'espaces vides qui ne servent que de lieux de passage » (p. 109).

On sait, depuis les premières lignes de la Genèse, que de « dire », ou de nommer la chose, est un attribut divin. Que fait l'écrivain, face au père et à la mère, pour entrer au paradis de l'être et sortir de l'enfer de la famille (ou du non-être : le père dans *Mains de père* est perçu comme un non-être, ou moins-être, en raison de ses défectuosités physiques) : il profère un mot. Il jure : « j'offre ce juron en guise de redressement des torts » (p. 16).

La symbolique du juron est transparente. Comme s'il fallait, par un foudroyant retournement (un long et immense dérèglement, dirait Rimbaud), prendre en vain le nom du Seigneur pour fracasser le discours généalogique restreignant et réintégrer le paradis, tout en reconnaissant en même temps la Loi (« je veux que ma mère me punisse […] pour ce blasphème », p. 17). Voilà comment boucler la boucle.

Pour retourner aux origines, pour retrouver le Verbe, il faut se défaire de l'enveloppe mortelle. Le chapitre intitulé « boucle » fait justement état des mortalités familiales. La quête du poète devient dès lors une entreprise divine, une incarnation, une aventure prométhéenne : « je veux me respirer moi-même me souffler jusqu'au jet d'encre m'inscrire en pleines lettres sur la page offerte » (p. 77).

L'écriture du corps littéraire Savoie est fatidiquement liée à une dichotomie : tout fracasser, d'une part, et « boucler la boucle » (p. 39), d'autre part. Ingrid Joubert le reconnaissait déjà dans *Mains de père* : « Et l'originalité de ce texte, c'est que cette recherche d'ordre débouche sur la création de ce texte même : la boucle est ainsi bouclée[6]. » Cette autogénération textuelle (qui n'est autre que l'individuation du corps écrivant) a aussi été reconnue par Georges Bélanger :

> Cette démarche s'accompagne pourtant d'une expérience d'écriture essentielle : de fait, elle en constitue le point de départ et la balise continuellement. Le lecteur assiste donc en même temps à la naissance d'un projet d'écriture et à la découverte du père[7] [...]

L'embolie serait le schéma générateur de cette écriture qu'on peut dire écriture par ricochet :

> me force à faire marche arrière à remplacer un mot par un autre à revenir à un impossible point zéro (p. 43).

> j'écris le premier mot le mot suivant tarde à venir j'attends le doigt s'agite la nervure s'en mêle je réapprends la main la force du poignet les arabesques du silence le mot vient je soulève la main le bras mon corps penche le souffle s'active j'écris (p. 77).

Dans *Mains de père* : « J'écris un nouveau texte. Je l'écris par rapport à ce qui existe déjà, selon la continuité qui s'est dessinée, en pistes éclatées » (p. 132). On peut déjà noter ce fonctionnement, au niveau conceptuel, dans un texte que le jeune poète faisait paraître dans le journal des étudiants du Collège de Saint-Boniface :

> Dans ce flux confus s'entrechoquent deux flots contraires
> Qui se brisent en cahots croissants
> [...]
> Le rythme accélère dans ce cliquetis symphonique
> Et la vague s'élance dans une danse désespérée ;
> Perdue dans cette cadence qui va se troubler
> Elle replonge avec une nouvelle vigueur
> Vers chaque nouvelle mélodie[8].

L'espacement dans le texte de Savoie tient donc lieu de vide ou de blocage, mais un vide essentiel, un blocage créateur que Savoie appelle « le désir entre deux énoncés (p. 76) », qui oblige la parole à se trouver une voie, sa voix, savoie : « la continuité vient de ce qui manque entre les deux bouts ce manque existe à tout jamais carence de vision carence de volonté toute parole procède de ce qui manque » (p. 43).

Ainsi, l'auteur commence à découvrir son propre lieu : « mon pays d'origine c'est une feuille d'ardoise » (p. 109).

On peut facilement, à la suite de cette image d'effacement, conclure que, pour Savoie, l'écriture est aussi une entreprise de Sisyphe, à recommencer sans cesse : « un pays intercalé entre toutes sortes de frontières qui arrive mal à se donner une étendue qui ne connaît pas encore les lois de ses propres paysages » (p. 15).

Après les acteurs de la Bible, on se retrouve, en évoquant Cassandre, Sisyphe, Prométhée, dans les grands mythes grecs. Ce sont des figures profondes qui alimentent l'imaginaire de Savoie (« le cri d'Icare[9] ») depuis ses premiers écrits. On n'a qu'à revoir le deuxième texte de *À la façon d'un charpentier* intitulé *Icare* pour retrouver l'auteur aux plumes de cire dans le dédale de son père: «Pour devenir pleinement conscient de mes mains, de ma voix, de mon souffle, je n'ai eu qu'à regarder vivre cet homme à mes côtés» (p. 5).

C'est aussi une scène sacrée fondamentale, comme nous l'avons vu, que le jeune servant de messe devenu brièvement postulant chez les jésuites n'ignore pas: «la religion j'en ai fait mon théâtre» (p. 29). Un théâtre où le nœud humain a trouvé ses archétypes, où l'écriture de Savoie, encore par un immense renversement, tente de trancher le nœud gordien en le nouant:

> c'est ainsi que le monde se présente à moi plusieurs petits bouts séparés qui sans que je m'en aperçoive finissent par former un nœud plusieurs nœuds quelque chose qui se rejoint aux deux bouts» (p. 168).

Plutôt que de trancher ou de crier à tue-tête, l'écriture de Savoie reconnaît qu'elle opte pour le mélange, le métissage: «je préfère de loin le brouillage» (p. 129). Déjà, dans *À la façon d'un charpentier*, il évoquait : « Un nœud de lumière désintégrée autour de la conscience» (p. 9).

Cherchant à retrouver l'«état primitif de fils du Soleil[10]» qu'il a perdu par la faute originelle, le discours reconnaît en bout de ligne que le parcours même est le paradis: «inutile de détourner le regard de chercher ailleurs que dans son propre battement la source de toute parole» (p. 110). C'est là son territoire; le début tout au moins d'une étendue à soi: «un mot se propage ainsi se forge la véritable frontière celle qu'habite l'être» (p. 176).

Dernière ligne: «un pays naît».

Savoie a laissé entendre qu'il a écrit ce récit assez vite[11]. Il faut croire que la célérité le sert bien — et que cette vitesse de croisière (la vitesse est tout dans l'écriture) lui a permis de régler quelques comptes avec la problématique de sa motricité —, car l'auteur, malgré ses nombreuses publications, nous livre peut-être ici son texte le plus remarquable.

NOTES

1. Paul Savoie, *Mains de père*, Saint-Boniface, Éditions du Blé, 1995, 142 p.

2. Paul Savoie, *À la façon d'un charpentier*, Saint-Boniface, Éditions du Blé, 1984, 208 p.

3. Ingrid Joubert, «*Mains de père* de Paul Savoie», Saint-Boniface, *Cahiers franco-canadiens de l'Ouest*, vol. 6, n° 2, automne 1994, p. 354-355.

4. J. R. Léveillé, «Propos informels sur Paul Savoie», dans *Autour de Paul Savoie*, textes réunis et présentés par Mireille Desjarlais-Heynneman, Toronto, Éditions du Gref, 1997, p. 11.

5. Arthur Rimbaud, «Le Bateau ivre», dans *Poésies complètes*, Paris, Le Livre de poche, p. 74.

6. Ingrid Joubert, *op. cit.*, p. 352-353.

7. Georges Bélanger, «L'anneau de la parole: des souvenirs et des figures», *Francophonies d'Amérique*, n° 7, 1997, p. 55.

8. Paul Savoie, «La symphonie et la vague», Saint-Boniface, *Frontières*, vol. V, n° 3, décembre 1964, p. 8.

9. Paul Savoie, *Salamandre*, Saint-Boniface, Éditions du Blé, 1974, p. 83.

10. Arthur Rimbaud, *op. cit.*, p. 148.

11. Entrevue radiophonique, CKSB, Société Radio-Canada, Saint-Boniface, Manitoba, 17 décembre 1999.

VISAGES DE GEORGES BUGNET

de GAMILA MORCOS et GILLES CADRIN
(*Cahiers franco-canadiens de l'Ouest*, numéros 1 et 2,
Saint-Boniface, Presses universitaires de Saint-Boniface, 2000, 340 p.)

Micheline Tremblay
Université Laurentienne

Pour souligner leur dixième anniversaire, les *Cahiers franco-canadiens de l'Ouest* viennent de publier, sous la direction de Gamila Morcos et Gilles Cadrin, un numéro double consacré à l'écrivain et horticulteur Georges Bugnet. Alias Henri Doutremont, ce Français est à la littérature albertaine ce que Maurice Constantin-Weyer représente pour la littérature manitobaine.

Le pluriel du titre, *Visages de Georges Bugnet*, présage de son contenu. Le portrait se dégage non seulement des analyses de son œuvre littéraire — peu connue à l'extérieur de l'Alberta —, mais aussi de nombreux témoignages de gens qui, de près ou de loin, l'ont connu. L'ouvrage se divise en quatre parties d'inégale importance: les deux premières s'intéressent à l'homme et à son œuvre, la troisième présente quelques éléments de sa correspondance personnelle, et la dernière une bibliographie établie par Gamila Morcos. Le tout est agrémenté de photos rappelant des événements importants de sa vie et de planches en couleurs des roses qu'il a créées par son laborieux travail d'horticulteur.

En première partie, des repères chronologiques permettent de suivre l'itinéraire de la vie et de l'œuvre de Bugnet. Suit une imposante généalogie de la famille Bugnet sans grand intérêt pour le lecteur puisqu'elle ne révèle rien ni de l'homme ni de l'œuvre. Puis, des textes de portée inégale, aux informations parfois redondantes, qui rendent hommage à l'homme ou présentent des souvenirs, de courtes lettres personnelles. Cette section se termine par une série d'images en noir et blanc qui permettent, comme les textes précédents d'ailleurs, un contact personnel et direct avec l'homme, sa famille, ses amis et ses relations.

Consacrée à l'œuvre de Bugnet, la partie centrale de l'ouvrage compte sept textes qui situent et analysent son œuvre littéraire et scientifique. Dans «Georges Bugnet, le malentendu de la modernité», Guy Lecomte aborde un aspect moins connu, celui de sa vie professionnelle en France et plus particulièrement son passage en tant que rédacteur en chef au journal national *La Croix de la Haute-Savoie*[1]. Comment le Bugnet canadien s'alimente-t-il à son enracinement en France et comment s'en dissocie-t-il? Se basant sur les recherches de Jean Papen[2] et sur les textes de Bugnet dans ce journal, Lecomte souligne l'esprit conservateur de l'auteur en faisant émerger son combat contre les politiciens anticléricaux qui prônent la séparation de l'Église et de l'État et qui veulent limiter son droit à enseigner. Lecomte explique comment ces écrits annoncent ceux du Canada : il arrive en effet qu'en pleine argumentation son écriture prenne une tonalité lyrique inattendue, comme dans *La Forêt* et *Nipsya* (p. 124), ou encore que certaines pensées moralistes fassent entrevoir les idées philosophiques du futur *Siraf*. Combattant impétueux, c'est avec une forte conviction que Bugnet défend les positions conservatrices catholiques, convictions qui se retrouveront d'ailleurs, bien que plus modérées, dans des propos plus tardifs. Cet article m'apparaît capital non seulement parce qu'il dévoile la jeunesse de l'auteur, souvent ignorée des lecteurs canadiens, mais parce qu'il permet de saisir les origines de ses préoccupations, de ses pensées, de ses croyances.

À la suite de ces observations sur la période précanadienne de Bugnet, deux analyses d'œuvres passablement différentes : *Le Lys de sang* (1923) et *Siraf* (1934). Publié sous le pseudonyme d'Henri Doutremont, la première tient du roman d'aventures à saveur fantastique. Par une analyse entremêlant le concept du carnavalesque de Bakhtine, la théorie freudienne — moins convaincante —, basée sur le postulat des « rapports entre le texte littéraire et son contexte socio-psycho-culturel », Pamela Sing montre comment Bugnet y résout « la contradiction à la base de sa vision du monde » (p. 139). Fort intéressant, cet article a le mérite de faire ressortir, au-delà des péripéties abracadabrantes du récit, la représentation ambivalente de la femme, lys de sang, à la fois source d'amour et de passion, de vie et de mort. Poursuivant l'éclairage livré par l'article précédent, Pamela Sing fait apparaître le parti pris de Bugnet pour une vision du monde axée sur un renouvellement constant, sur l'édification d'une nouvelle société plutôt que sur « un ramassis d'anti-quailleries [*sic*] momifiées » (Bugnet, cité dans Papen, 1985, p. 41), visions qui opposent, selon Bugnet, le Nouveau Monde à l'Ancien, celui de sa France natale. Toutefois, du point de vue littéraire, Sing montre comment l'imaginaire et l'écriture de Bugnet restent rivés à l'influence française.

Œuvre à saveur philosophique, *Siraf* oppose nature et civilisation, œuvre divine et œuvre humaine. Dans un article portant sur la représentation du règne animal, Marie Jack explique comment Bugnet, par les nombreuses descriptions des petits animaux, s'y livre à une critique du genre humain. La comparaison entre l'homme et l'animal mène à la dépréciation du premier au profit du second. Tel un microbe, l'homme, pour se nourrir, abuse des richesses de la nature. C'est ainsi que Marie Jack fait ressortir le discours écologique tenu par Bugnet dans cette œuvre qui date pourtant de 1934.

Si les articles précédents présentaient chacun un aspect d'une œuvre de Bugnet, celui de Jocelyne Verret considère l'ensemble de ses romans pour en dégager la représentation de la femme. Lecomte ayant déjà montré l'importance de la religion et l'allégeance de Bugnet aux idées conservatrices, c'est sans surprise qu'on suit Verret dans sa description d'une femme n'ayant d'autre rôle que d'appuyer l'homme dans la poursuite de son idéal. En conformité avec son époque, Bugnet ne voit la femme noble et pure que dans la mesure où elle se soumet à l'homme; dans le cas contraire, elle n'est qu'une aventurière «source de perdition de l'homme» (p. 177). Ainsi, cet article confirme que l'idéologie de l'auteur, développée au cours de sa jeunesse en France, n'a guère été modifiée au cours de son séjour dans le Nouveau Monde.

L'article suivant, «Georges Bugnet, philosophe?» de Laurent Godbout, aurait eu intérêt à côtoyer celui de Marie Jack qui traite de la même œuvre, *Siraf*. D'entrée de jeu, Godbout répond par la négative à l'interrogation du titre. En effet, la pensée philosophique qui se dégage de l'œuvre de Bugnet est surtout la conséquence d'une formation fondée sur la scholastique de Thomas d'Aquin, visant à la préparation à la prêtrise. Après avoir résumé très succinctement les assises de cette philosophie (complétée par une annexe — très utile aux lecteurs — intitulée «Aperçu de quelques éléments dans la philosophie scholastique»), Godbout s'emploie à en dégager les préceptes dans l'œuvre de Bugnet: opposition monde matériel périssable/monde spirituel impérissable, valorisation de l'âme/infériorisation du corps, supériorité de la Nature divine/infériorité de la civilisation humaine — et on retrouve ici les propos de Marie Jack à propos de *Siraf*. C'est d'ailleurs à cet ouvrage qu'est consacrée la dernière partie de son analyse. Évolution de l'humanité, hiérarchie des êtres, positionnement face à Lénine, absurdité de la démocratie: Godbout fait ressortir la réflexion de Bugnet, chapitre par chapitre, en l'insérant dans le contexte plus global des courants de pensée philosophique. En fait, conclut-il, Bugnet n'a rien énoncé de vraiment original; tout à son thomisme, il ignore la plupart des autres courants de l'époque moderne. Par contre, souligne Godbout, il s'intéresse beaucoup à la philosophie de la science, plus particulièrement aux réflexions portant sur «l'évolution de l'univers et sur la biologie».

Et cette réflexion scientifique introduit bien les deux articles suivants portant sur Bugnet horticulteur et homme de science. Après avoir raconté l'arrivée de Bugnet en terre canadienne, le premier de ces articles, rédigé par Gamila Morcos et Jacqueline Girouard, raconte comment Bugnet réussit à produire une variété de pin en utilisant des graines de divers pays d'Europe et d'Asie. Fier du succès de cette expérience, il étend ses recherches aux fruits à noyau et aux fleurs. C'est ainsi que naissent divers types de roses portant toutes le nom de Bugnet. Quant au second article, il rend compte des chroniques de Bugnet dans le journal *L'Union*. Intitulées «Les problèmes de la culture» et signées sous le pseudonyme de Rural, ces chroniques abordent différents problèmes reliés «à la mutation des plantes et à la théorie de l'évolution» (p. 233) en plus de témoigner de la passion profonde de l'auteur pour tout ce qui touche à la nature.

Répondant sans doute au but de l'ouvrage intitulé *Visages de Georges Bugnet*, ce numéro spécial des *Cahiers* collige ensuite de nombreuses lettres écrites ou reçues par l'auteur. Si certaines ajoutent à la connaissance de l'œuvre ou de l'homme, d'autres relèvent davantage de l'anecdote. Pour plus de cohérence, nous aurions préféré que les lettres à François-Joseph Dauvergne soient présentées dans cette section plutôt que dans les «Voix de la multitude», au tout début.

Finalement, une bibliographie très détaillée établie par Gamila Morcos permet de retracer rapidement les œuvres de Bugnet, les études et thèses portant sur celles-ci de même que la documentation audiovisuelle s'y rapportant. Un outil essentiel à tous ceux qui s'intéressent à cet auteur albertain d'adoption.

Ouvrage polyvalent, *Visages de Georges Bugnet* atteint son but, puisqu'il met bien en évidence les multiples facettes de l'homme : romancier, journaliste, horticulteur, philosophe (?). De plus, il offre divers points de vue (hommages, correspondance, analyses, biographie, bibliographie) sous des formes distinctes (dessin, photographies de famille, de documents, de manuscrits, planches couleurs de ses roses). Un regret cependant : le peu d'importance accordé aux œuvres romanesques qui ont marqué sa carrière de romancier : *Nipsya* et *La Forêt*. Nous aurions aimé voir une analyse originale de ces romans ou, à tout le moins, une synthèse des diverses analyses qui leur ont été consacrées. Et un irritant : les trop nombreuses redondances biographiques, que ce soit dans les hommages, les lettres, les articles. Combien de fois, par exemple, y lit-on son lieu ou sa date de naissance (p. 5, 17, 34, 38, 58, 73, 176), son départ pour le Canada, etc. ? En dernier lieu, soulignons l'excellent travail de révision, puisque nous n'avons repéré que quelques coquilles mineures, de même que la qualité de la présentation visuelle (papier glacé, page couverture, photographies) de ce numéro spécial des *Cahiers franco-canadiens de l'Ouest*.

NOTES

1. Hebdomadaire militant catholique pour lequel Bugnet a travaillé, avant son départ pour le Canada, du début de 1904 à la fin octobre de la même année.

2. Jean Papen, *Georges Bugnet, homme de lettres canadien*, Saint-Boniface, Éditions des Plaines, 1985, 230 p.

THE FRENCH ENIGMA :
SURVIVAL AND DEVELOPMENT
IN CANADA'S FRANCOPHONE SOCIETIES
de ROBERT A. STEBBINS
(Calgary, Detselig Enterprises, 2000, 254 p.)

Yves Frenette
Collège universitaire Glendon, Université York

Lorsque le président Kennedy reçut à son bureau deux envoyés spéciaux qui revenaient du Vietnam avec des rapports contradictoires, il leur demanda s'ils étaient certains d'avoir visité le même pays. Je me suis posé la même question en refermant le livre de Robert Stebbins : « Traite-t-il des mêmes réalités que je connais ? » Pourtant, comme lui, je vis dans une métropole canadienne qui compte une importante minorité francophone ; comme lui aussi, j'ai beaucoup lu sur les francophonies majoritaires et minoritaires ; et, enfin, j'ai comme lui traversé le Canada dans tous les sens et observé la vie quotidienne dans les communautés franco-canadiennes de l'Atlantique au Pacifique.

Stebbins est conscient de la controverse que va susciter la publication de son ouvrage, en particulier ses conclusions optimistes quant à l'avenir du fait français au Canada. Dans son optique, les francophones canadiens ne doivent pas craindre pour l'avenir. À l'extérieur du Québec et du Nouveau-Brunswick, l'assimilation linguistique est partout en hausse, mais, à la suite de Michael O'Keefe, Stebbins croit que la vitalité ethnolinguistique des communautés se mesure à d'autres aunes. Certes, l'usage du français à la maison diminue, mais on le parle ailleurs, notamment dans les organisations et clubs ; en fait, le développement des francophonies canadiennes repose en grande partie sur les épaules de bénévoles courageux et assidus. « *Any discussion of assimilation*, écrit Stebbins, *must also take account of the spirit, determination, and sense of identity found in such places* » (p. 193). Je le veux bien. Mais, au train où vont les choses, les bénévoles et militants de la survie du fait français ne risquent-ils pas de prêcher dans le désert ? « C'est l'intention qui compte », disait-on dans ma jeunesse, mais est-ce que la détermination d'un petit nombre peut compenser la perte d'un grand nombre ?

À la suite de Monica Heller et d'autres spécialistes, Stebbins a raison d'affirmer que les francophones du Canada vivent présentement une mutation identitaire où le rôle de la langue française n'est plus le même. À l'extérieur du Québec, celle-ci prend de plus en plus une valeur utilitaire, une « valeur ajoutée». Ce faisant, elle se dissocie de la conscience historique des franco-phones; sa valeur devient individuelle, puisqu'elle est perçue désormais comme un outil de promotion sociale. Y a-t-il là matière à réjouir les optimistes ou les pessimistes? Et, comme les anciennes identités, la nouvelle identité franco-canadienne en construction est liée aux divisions sociales à l'intérieur des communautés et aux conflits des générations, deux phénomènes plus ou moins ignorés par Stebbins.

Cela dit, *The French Enigma* contient de nombreuses informations qui seront utiles à ceux qui ne connaissent à peu près rien des francophonies canadiennes, y compris le Québec. Après avoir effectué un survol de la situation présente et de l'histoire des francophones canadiens, Stebbins s'attache aux groupes «majoritaires» du Québec et de l'Acadie. Puis il aborde les francophonies minoritaires de Terre-Neuve et de l'Ontario, ainsi que des quatre provinces de l'Ouest. Il passe presque complètement sous silence les francophonies des trois territoires, même si elles seraient davantage susceptibles de corroborer sa thèse que celles des dix provinces. L'avant-dernier chapitre porte sur la francophonie internationale et son impact sur la francophonie canadienne. Le livre se termine par une profession de foi sur l'avenir prometteur de ces dernières et par une exhortation aux chercheurs de se montrer eux aussi optimistes.

Stebbins consacre deux chapitres à chaque région francophone du Canada (Québec, Acadie, Ontario/Terre-Neuve, Ouest), décrivant successivement leurs sociétés et leurs défis. Toutefois, dans chaque section régionale, plusieurs informations pourraient «se promener» entre les deux chapitres. En outre, Stebbins fait de longues digressions. Ainsi, dans les chapitres sur l'Acadie, l'analyse des mariages exogames s'appuie exclusivement sur les recherches de l'auteur à Calgary! La décision de traiter ensemble des Franco-Terre-Neuviens et des Franco-Ontariens est aussi problématique, même à des fins de comparaison. Puisque les francophones de Terre-Neuve sont en partie d'origine acadienne (ce que semble ignorer Stebbins), qu'ils partagent avec les Acadiens un environnement maritime et qu'ils appartiennent au même réseau institutionnel, il aurait été préférable de les intégrer aux chapitres sur l'Acadie. Ou encore Stebbins aurait pu suivre l'exemple de Gratien Allaire qui, dans un livre récent (*La francophonie canadienne. Portraits*, Québec, AFI-CIDEF, et Sudbury, Prise de parole, 1999, 222 p.), a créé le concept de «communautés francophones du pourtour»: Colombie-Britannique, Yukon, Territoires du Nord-Ouest et Nunavut, Terre-Neuve et Labrador.

L'essai de Robert Stebbins fera donc parler. Le lecteur peu familier avec les francophonies canadiennes devrait le lire en conjonction avec l'ouvrage d'Allaire et avec ma propre synthèse (*Brève histoire des Canadiens français*, Montréal, Boréal, 1998, 209 p.).

MOI E(S)T L'AUTRE : QUELQUES REPRÉSENTATIONS DE MUTATION IDENTITAIRE EN LITTÉRATURE FRANCO-ONTARIENNE

Robert Dickson
Université Laurentienne

La notion de l'Autre est lourde, chargée. Le racisme scientifique du XIXᵉ siècle, avec son idée de « race pure », a troublé l'imaginaire européen avec des fantasmes de monstruosité et de dégénérescence. Il fallait, selon cette idée, garder la race blanche pure pour sa propre protection, de crainte qu'elle ne devienne « dégénérée »[1]. L'Autre est, au premier titre, un Autre racial. Mais plus près de nous, dans le contexte canadien, on a longtemps parlé de race d'une manière bien moins restrictive : la race française et la race anglaise. Terminologie du XIXᵉ siècle, certes. Deux « races » opposées, formées de Blancs. Protestants contre catholiques, tous deux chrétiens. L'anglais opposé au français, la langue anglaise devenue à quelque 50 % latine en conséquence des siècles de pouvoir normand en Angleterre. Et cet antagonisme historique entre deux grandes nations européennes, transposé par les affres de l'histoire au Nouveau Monde, se poursuit au XXᵉ siècle, et encore de nos jours, sous des formes variées.

On peut lire, ou relire, Gaston Miron ou Jean Bouthillette[2] sur l'altérité vue d'une perspective québécoise. Pour les deux, la situation se résume, en pratique, à celle de « hors du Québec, point de salut »[3]. Curieusement peut-être, certains textes de Miron, notamment « Aliénation délirante » et « Notes sur le non-poème et le poème »[4], écrits il y a une quarantaine d'années, semblent avoir beaucoup plus de pertinence aujourd'hui dans le contexte minoritaire canadien-français qu'au Québec. Les linguistes étudient de plus en plus les phénomènes de diglossie et de *code switching*, parmi d'autres, et certains critiques[5] y voient, surtout en ce qui concerne les littératures minoritaires, une nouveauté créatrice.

La notion de métissage, de son côté, offre un terrain fertile de réflexion. Le mot désigne une catégorie raciale distincte mais instable, variable selon des données géographiques. Au Canada, il s'agit d'un sang-mêlé d'ascendance française et amérindienne seulement, alors qu'au XVIIIe siècle, au Sénégal, le terme désignait les descendants de parents d'origine française et africaine; dans les colonies des Antilles et de l'océan Indien, les métis s'appellent aussi créoles, mulâtres, cafres et cafrines, qui sont tantôt d'apparence blanche (les créoles) ou noire (les cafres)[6]. Le concept de métissage est donc culturellement spécifique. Dans la langue anglaise, toutefois, la question se corse. Le mot « métis » n'existe pas comme tel en anglais, même si on l'emploie pour désigner le peuple métis canadien; on pourrait le traduire par *half-breed* ou *mixed blood*, mais ces expressions recèlent toujours une connotation négative, précisément parce qu'elles sous-entendent une anomalie biologique qui réduit la reproduction humaine au *pedigree* animal. Même le mot « mulatto » enferme des connotations négatives, évoquant la mule stérile. Il n'y aurait donc pas d'équivalent pour métis en anglais; on serait porté à conclure que la notion de race chez les anglophones est différente de ce qu'elle est chez les parlants français, espagnol ou portugais. Même un *octoroon* — en anglais — est techniquement un non-Blanc[7].

La notion de métissage n'est pas sans complexité. Elle donne lieu tout naturellement, de nos jours, à des réflexions tout aussi complexes si on l'applique, par extension, aux champs littéraire et culturel. À titre d'exemple, celle-ci de Pierre Nepveu :

> Toute réflexion sur le métissage et la transculture se doit, me semble-t-il, de prendre acte de cette ambiguïté qui traverse la conscience contemporaine elle-même : d'un côté, cette peur de la pollution, souvent paroxystique ; de l'autre, ce culte de l'hybride et de l'impureté (Scarpetta) qui traverse les productions culturelles. Ce sont là, vraisemblablement, les deux faces d'une même réalité psychique, d'un même imaginaire que toutes les écritures « migrantes », transculturelles, métissées, métèques, postmodernes, etc., investissent, travaillent et déplacent à des degrés divers. Écologie de l'ici : aménagement, gestion des ressources, gestion du mot, vision systématique et environnementale, rituels de séparation et de reconfiguration, rituels de l'impureté à la fois menaçante et créatrice, jeux de forme, conscience des énergies. Dans ce contexte, le réel apparaît bel et bien comme « catastrophique », non pas tant au sens de « désastreux », que selon une acception topologique et énergétique : réel des intermittences, des mutations, des tensions créatrices et destructrices. Réel où ne cesse de se revivre, répétitivement, le drame de l'égarement, de l'altérité dépaysante, de la confusion babélienne des signes et aussi le plaisir fou des croisements, des surgissements, des sensations « vraies », c'est-à-dire toujours aussi imaginaires, fictives, irréelles[8].

Si Pierre Nepveu aborde la notion à partir d'un contexte québécois, l'essayiste franco-ontarien François Paré, de son côté, fouille depuis longtemps certaines composantes de cette question, d'une importance capitale selon lui dans le contexte des petites littératures :

> Car l'exiguïté signifie une ouverture et une intervention sur le monde; elle n'est pas — ne devrait jamais être, quoiqu'elle l'ait été longtemps au Québec — un repli sur soi et une fermeture devant la diversité de l'Autre. Seul l'éclatement du repli identitaire peut permettre aux petites cultures, en dépit de définitions trop floues, d'accéder à l'universalité du savoir[9].

Ailleurs dans son essai marquant, Paré cite l'écrivain belge Ralph Heyndels qui, réfléchissant sur son identité, éprouve «ce sentiment lancinant d'être belge comme on dirait : laissé pour compte[10]». Quand l'Histoire appartient à l'autre, avance Paré, «on a l'impression d'être dépossédé de l'Histoire qui, seule, aurait pu conférer à l'espace sa cohésion et sa continuité dans le sens. D'où, pour toutes les cultures de l'exiguïté, la douloureuse nécessité de l'autre[11].»

En évoquant le repli sur soi, Paré fait sûrement allusion, entre autres, au roman à thèse *L'Appel de la race*[12] du chanoine Lionel Groulx. Dans son élan pour venir en aide à la collectivité franco-ontarienne, dont l'avenir était en définitive menacé par le Règlement XVII du gouvernement de l'Ontario qui visait à éliminer l'enseignement du français dans cette province, Groulx démontre qu'un mariage exogame produit des enfants qui héritent les principaux traits de l'un ou l'autre parent. Dans sa démarche de refrancisation, le protagoniste Jules de Lantagnac découvre chez deux de ses quatre enfants

> il ne savait trop quelle imprécision maladive, quel désordre de la pensée, quelle incohérence de la personnalité intellectuelle : une sorte d'impuissance à suivre jusqu'au bout un raisonnement, à concentrer des impressions diverses, des idées légèrement complexes autour d'un point central. Il y avait en eux comme deux âmes, deux esprits en lutte et qui dominaient tour à tour. Fait étrange, ce dualisme mental se manifestait surtout en William et en Nellie, les deux en qui s'affichait dominant le type bien caractérisé de la race des Fletcher. Tandis que Wolfred et Virginia accusaient presque exclusivement des traits de race française : les traits fins et bronzés des Lantagnac, l'équilibre de la conformation physique, en revanche l'aînée des filles et le cadet des fils, tous deux de chevelure et de teint blonds, plutôt élancés, quelque peu filiformes, reproduisaient une ressemblance frappante avec leur mère[13].

La survivance de la «race», selon la thèse de Groulx, ne pouvait se permettre la dégénérescence causée par le métissage, en l'occurrence les conséquences d'un mariage exogame entre un Canadien français et une Canadienne anglaise.

Dans les pages qui suivent, je me propose de dépister et d'analyser des exemples de contact avec l'Autre donnant lieu à diverses formes de métissage culturel dans certaines œuvres littéraires franco-ontariennes de la période récente. À la lumière de la remarque de François Paré, citée plus haut, sur l'ouverture à la diversité de l'autre, j'avancerai qu'on pourrait parler de mutation : «Changement, évolution. La mutation d'une espèce, d'un gène[14].» En somme, et cela n'étonnera sans doute pas, il sera question de mutation, voire de transformation, de métamorphose, de métissage sur le plan culturel plutôt que racial, que ce dernier terme soit compris dans son acception scientifique ou non.

Le premier tome des *Chroniques du Nouvel-Ontario, La Quête d'Alexandre*[15] d'Hélène Brodeur est certes un des romans franco-ontariens les plus connus, les plus lus. Le jeune séminariste Alexandre Sellier quittera son village des Cantons-de-l'Est au Québec à la recherche de son frère aîné, parti faire sa fortune au Nouvel-Ontario et dont la famille est sans nouvelles depuis le feu de forêt de 1911. Le séjour sera pour le protagoniste essentiellement un long rite initiatique, un passage de l'innocence à l'expérience, y compris celle de l'amour charnel. On peut lire ce trajet sous le signe de la mutation ou du métissage culturel, car il sera surtout question de la nécessité pour lui, comme pour tous les personnages issus de cultures, de provinces et de pays différents, d'adopter de nouvelles valeurs dans cette société en formation.

Amené à l'hôtel Matabanick à Cobalt pour y boire un verre le samedi soir, Alexandre participera, bien malgré lui, à une bataille entre Anglais et Canadiens français. La bataille finie, son cousin Arthur précise : « c'était pas parce que c'étaient des Anglais. Des maudits boullés, y en a dans toutes les races… Y en a d'autres, c'est des vrais gentlemen, justes, droits, comme mon futur beau-père[16]. » Alexandre est d'abord scandalisé quand il apprend qu'Arthur va épouser une « Anglaise », protestante il va sans dire. Arthur fait l'éloge du « père Harmond » — et dans ce nom on devine facilement le sens de *harmony* — de la manière suivante :

> Art, qu'y me dit le père Harmond, les protestants, les catholiques, ils enseignent tous la même chose : il faut être juste, y faut pas voler, y faut pas coucher avec la femme des autres, il faut pas faire aux autres qu'os' qu'on voudrait pas qu'y nous fassent. Je laisse le bon Dieu se débrouiller avec tout ça[17].

La notion symbolique d'harmonie se voit ailleurs dans le roman. Quand le jeune garçon canadien-français Bernard se joint au défilé orangiste pour accompagner de son violon la clarinette de son ami Pete, fils d'orangiste, la bagarre générale éclate. Tout en soignant les blessures, le docteur O'Grady, au comble de la colère, crie : « Le désastre est dans vos sales têtes de crétins… Idiots ! Imbéciles ! Vous émigrez de pays lointains et vous apportez dans vos bagages les mêmes querelles qui vous rendaient la vie impossible là-bas[18]. » Dans le personnage du médecin, on peut facilement voir un porte-parole de l'auteure. Et pour que la signification soit on ne peut plus claire, la séquence se termine sur la description suivante : « Dans la poussière du chemin, parmi les oriflammes déchirées et les débris du combat, gisaient un violon éventré et une clarinette brisée[19]. » Il semblerait que rien de moins qu'une mutation profonde des mœurs des nouveaux citoyens du Nouvel-Ontario ne suffira pour bâtir une société nouvelle.

Une autre séquence, cependant, peut laisser planer le doute là-dessus. Faut-il, en effet, se délester de toutes ses valeurs ? Toujours à la recherche de son frère, Alexandre Sellier accompagne un prospecteur américain, Tom Clegson, « un homme qui aime ses aises[20] », selon le père Paradis. Clegson est aidé par des guides indiens et couche régulièrement avec une Indienne. Face à Alexandre, scandalisé bien sûr, il se justifie en disant qu'il a besoin d'une femme pendant qu'il prospecte dans le Nord de l'Ontario, la sienne demeurant dans son ranch au Colorado, que d'autres le font et que c'est comme ça depuis que les premiers Européens ont exploré le continent. Il faut vivre et laisser vivre, selon le bon Tom, qui accuse Alexandre d'être un fanatique de la religion.

Cependant, rien n'indique que le «besoin» de Tom se compare à celui des premiers explorateurs; rien n'indique non plus qu'Alexandre soit un fanatique religieux. Peut-être dans le fond est-il facile pour le riche, comme pour le majoritaire, de faire des appels à la «tolérance». Alexandre finira par s'engager dans la lutte contre le Règlement XVII, en enseignant en français dans une école qui, privée d'un enseignant francophone, perdrait le «privilège» de cet enseignement. Doit-on conclure que, pour réussir en Ontario, les francophones doivent aller jusqu'à se fondre dans la majorité linguistique? Ce n'est sûrement pas là l'intention de la romancière dans le cadre de ce roman historique.

Pasteur dans les forêts du Nord, le père Paradis mentionné ci-dessus ne ressemble guère à l'autoritaire professeur de droit canon du séminaire qui avait éveillé chez Alexandre Sellier un profond sentiment d'injustice. Cependant le bon père, tout aussi large d'esprit que Monsieur Harmond, apprend à ses dépens de ne se mêler que de ce qui le regarde. Le père Paradis tient mordicus à aider sa communauté dans son bien-être matériel aussi bien que spirituel: il rêve de trouver de l'or, puis de construire, en grand: «Une église convenable pour les mineurs que cette découverte ne manquerait pas d'attirer. Des collèges, des couvents pour instruire nos enfants. Un hôpital[21]...» Mais quand, par mégarde, il fait sauter toute une paroi rocheuse, ce qui a comme conséquence l'assèchement complet d'un lac, il finira dans un état d'abattement profond, cible de toutes les accusations, et ce, après vingt-cinq ans de missionnariat exemplaire. Excellent missionnaire envers tous, catholiques ou non, le père Paradis s'est-il aventuré trop loin dans le domaine temporel? Hélène Brodeur laisse-t-elle entendre qu'il y a des limites au métissage culturel qu'une communauté peut subir?

Dans *L'Obomsawin* de Daniel Poliquin, un narrateur anonyme livre la troisième biographie du peintre amérindien de renommée Thomas Obomsawin. Du moins, c'est ce qui nous est présenté: un roman qui prétend être une biographie. Mais d'entrée de jeu, la narration se corrige à mesure, mettant au jour, dès les premiers paragraphes, une des techniques — et un des principaux éléments de signification — de ce faux roman ou «vraie» biographie. La séquence d'ouverture nous présente le protagoniste, seul, qui somnole sur le «seul banc public de Sioux Junction, sa ville natale, où il subit son procès pour incendie criminel». Mais, lit-on au paragraphe suivant: «Banc public, c'est vite dit [...] Ville, façon de parler[22]...» Lorsque le narrateur fait allusion à l'Hôtel des Draveurs de cette ville, il corrige aussi, cette fois en poussant plus loin: «[q]uand on dit "hôtel", il faut faire attention; d'ailleurs, autant le dire tout de suite, les mots à Sioux Junction n'ont jamais le même sens qu'ailleurs[23].» Sans doute est-ce pour cela qu'en ce qui concerne la culpabilité du peintre, les avis des quelques habitants de la ville étant partagés à ce sujet, il n'y a «[p]as moyen de savoir la vérité[24]».

Ainsi certains points de repère sont posés: la construction de ce roman propose un jeu de miroirs où ce qui est tenu pour acquis est sans cesse revu et corrigé. Qu'il s'agisse des origines héroïques de Sioux Junction, de l'ethnicité du personnage titre, de la paternité de certaines toiles de l'Obom, du véritable auteur de l'incendie — ou de cette biographie/ce roman —, la vérité première généralement acceptée se révèle fausse. La réalité des coulisses ne correspond pas à l'illusion présentée sur scène. Bref, le peintre amérindien n'est pas amérindien, il est métis, et encore « il faut dire vite », car finalement il n'y a pas moyen de savoir s'il est métis dans le sens canadien du terme, ou encore s'il est un « sang-mêlé » ukrainien-amérindien. Si toute vérité n'est pas bonne à dire, comme le veut le proverbe, dans *L'Obomsawin*, toute vérité n'est tout simplement pas décelable. Mais plusieurs vérités le sont. Les différentes périodes de l'histoire de Sioux Junction pastichent le conflit entre l'Institut canadien et l'Église au XIXe siècle au Québec. Si la question de l'identité est au cœur des préoccupations thématiques de ce roman, la question de la langue l'est tout autant. On l'apprend vers la fin du roman, le « troisième biographe » du peintre a également écrit les deux premiers livres à son sujet, tout d'abord en français, mais en « la langue des autres, des bien-parlants[25] » ; ensuite en anglais, en un geste de révolte contre son père, maître d'école, pour qui le français sert « à dominer », avant d'écrire toute la vérité, et ce, pour être linguistiquement honnête aussi, « dans la seule langue que toi et moi connaissons bien : le français parfois cajun d'un Ontarois en train de retrouver sa langue[26] ».

Si, effectivement, le personnage du narrateur Louis Yelle, dont l'identité est révélée vers la fin du roman, ne peut retrouver sa véritable identité qu'en disant la vérité dans une langue métissée, on peut tout aussi bien affirmer que le romancier livre cette vérité, ces vérités, dans un récit également métissé. Le roman nous est présenté sous le couvert d'une biographie d'artiste où « l'auteur » nous fait découvrir plusieurs facettes de l'histoire sociale de la ville — métaphore pour l'Ontario français, comme c'est le cas, par exemple, de *Lavalléville* d'André Paiement — dans le désordre chronologique. Cette anachronie, mutation du récit classique, lui est nécessaire pour rétablir des vérités : l'image publique, les discours publics étant faux, il faut dire « la vraie vérité » autrement.

De plus, les nombreux glissements de niveau de langue dans la narration même jurent avec les règles classiques du genre, tout en semant des indices sur l'identité du narrateur et la résolution éventuelle des conflits au cœur du roman. Quelques brefs extraits serviront d'illustration : « "Pense pas qu'on a l'air fin, toé deux", disait Madame Constant, en beau maudit![27] » ; « La Cécile l'appelle Monsieur le Maire, gros comme le bras, pour l'écœurer, quand elle est en maudit après lui[28] ». Tout comme les tableaux de l'Obom, qui sont « porteurs de signes qui indiquent nettement [l]es vérités[29] », la narration propose un jeu de miroirs qui indique la manière de lire les significations du roman.

Dans son plus récent roman, *L'Homme de paille*[30], Poliquin met en scène une drôle de troupe de théâtre qui mène une dure existence en Nouvelle-France à la veille de la Conquête, pendant celle-ci, puis dans les années qui suivent. Faisant parfois écho aux *Anciens Canadiens* de Philippe Aubert de Gaspé, quoique sur un tout autre ton, le romancier représente ainsi le contact douloureux entre deux peuples. Les protagonistes du roman deviennent «autres» par suite de la prise de la Nouvelle-France par les Anglais ; chacune et chacun changent de rôle, de nom, de métier, et ce, à plusieurs reprises, participant ainsi à la constitution d'une nouvelle société. Le personnage titre du roman, blessé sur le champ de bataille, sera amnésique. Si on peut lire sa quête comme l'expression d'un désir de se purifier de son comportement meurtrier au cours de la guerre, on peut tout aussi bien être tenté d'y voir, au-delà du strict contexte spatio-temporel du roman, une allusion à la société franco-ontarienne. Les Franco-Ontariens originaires du Québec ont eu à apprendre à vivre en contact intime avec l'Autre, avec d'autres venus de plusieurs pays ; plusieurs seraient allés jusqu'à changer leur nom, des Cuillerier devenus Spooner, des Boisvert et des Boileau devenus Greenwood et Drinkwater, et j'en passe. Dans cette perspective, il n'est pas difficile d'entendre des échos de certaines considérations thématiques développées dans *L'Obomsawin*.

Dans l'œuvre du poète Patrice Desbiens, et chez Lola Lemire Tostevin dans son roman *Kaki*[31], les rapports avec l'autre révèlent une relation plus complexe que la traditionnelle relation binaire telle que proposée dans *L'Appel de la race*. Le pouvoir d'attraction de l'autre, à savoir le monde anglophone, est des plus forts chez Desbiens et Tostevin, au point où le narrateur de l'œuvre subit la tentation de devenir lui-même autre, de se fondre dans l'Autre. *Poèmes anglais* de Desbiens, recueil écrit en français comme l'indiquent les mots du titre, s'ouvre sur cette citation en exergue :

> «I am French, but
> I don't speak it…
> Do you want more
> coffee ?[32]»

La citation est attribuée à une certaine Debbie Courville. Prénom anglais, nom de famille français, comme les autres Chad Bouffard, Steven Pitre, Ashley Lapensée qu'on retrouve en Ontario français… Une séquence du recueil revient sur le personnage :

> Est-ce que Debbie Courville
> est mariée ?
>
> Est-ce que je danse
> un slow avec sa mère
> au sous-sol du
> Mine Mill Union, local 598 ?
>
> «I thought you were
> a priest…»
> «No, I'm French…»
>
> «Oh !… Speak French
> to me !…»
> «Sorry, I'm
> off duty…»[33]

On reconnaît l'humour empreint de dérision si typique de Desbiens. Si, d'un côté, on ne peut être certain que la mère de Debbie Courville soit franco-ontarienne, de l'autre, son attitude reflète néanmoins une certaine attitude romantisée envers le français. Mais le passage de «priest» à «French» et de «French» à «duty» évoque chez le narrateur une attitude et une réaction négatives face à la culture «canadienne-française», face au «devoir» de parler français, face à «la cause» imposée au minoritaire. On peut comprendre la réaction de François Paré quand il indique que l'œuvre de Desbiens, «malgré son terrible désespoir, a été ma première source de questionnement. À partir d'elle, je ne pouvais plus voir la littérature, dans ses miroitements hégémoniques, comme je l'avais toujours vue : solide, belle et consolante à l'extrême. Tout avait changé[34]. »

Par ailleurs, le récit *L'Homme invisible/The Invisible Man* va plus loin encore dans une évocation de la coexistence de deux réalités linguistiques et culturelles chez un personnage. Déjà, dans son recueil de poèmes *L'Espace qui reste*, Desbiens en faisait état dans des images aussi saisissantes que dérisoires :

> je suis le franco-ontarien
> cherchant une sortie
> d'urgence
> dans le woolworth démoli
> de ses rêves[35]

Rappelons que, dans ce récit, les deux codes linguistiques sont inscrits dans l'œuvre, que le récit ne se déroule pas de la même manière dans les deux langues, que certaines images existent uniquement dans un seul code linguistique. La publication en fait clairement écho d'ailleurs : coédition entre une maison d'édition franco-ontarienne et anglo-ontarienne[36], inscription de deux introductions. Même si ce récit est conduit par un narrateur omniscient, les niveaux de conscience et les prises de conscience du personnage éponyme — et anonyme à souhait — sont différents dans les deux codes linguistiques. Dès le départ, lit-on :

> L'homme invisible est né à Timmins, Ontario.
> Il est Franco-Ontarien.
>
> The invisible man was born in Timmins, Ontario.
> He is French-Canadian.[37]

La critique Élisabeth Lasserre, évoquant l'«insécurité linguistique[38]» dans la situation de minorisation, démontre chez Desbiens de nombreux exemples de la langue en péril, notamment par la présence de mots de la langue anglaise inscrits à même les textes. L'auteur n'a-t-il pas dit, dans un film documentaire qui lui était consacré, qu'il a déménagé à Québec parce que, à Sudbury, les deux langues étaient constamment en chicane dans sa tête ?[39] Il y dit aussi que, dans sa famille, on parlait français à la maison, mais que l'anglais s'imposait dans la rue, situation assez répandue dans plusieurs communautés de l'Ontario français[40].

Dans un éditorial de la revue acadienne *Ven'd'est*, qui présente un dossier sur «La révolution acadienne, 25 ans après», Euclide Chiasson rappelle le climat qui régnait à l'époque du maire Jones de Moncton, bigot de triste mémoire. Il conclut son texte avec la réflexion suivante : « Voilà le sort de presque toutes les minorités. Nous pouvons faire notre bout de chemin mais, trop souvent, ce sont d'autres qui détiennent le pouvoir et qui décident pour nous[41]. » Bien sûr, l'éditorialiste faisait spécifiquement référence à la situation politique, passée et présente, au Nouveau-Brunswick. Mais pour se convaincre de la pertinence de la remarque en ce qui concerne l'Ontario français, nous n'avons qu'à évoquer la récente crise de l'Hôpital Montfort, ou la lutte pour les écoles secondaires publiques françaises, depuis trente ans, voire, bien sûr, le Règlement XVII lui-même, une mesure de déportation intellectuelle et de génocide culturel instaurée par le groupe majoritaire. Faut-il s'étonner de retrouver une dialectique similaire dans certaines œuvres de la littérature franco-ontarienne ? Patrice Desbiens, à nouveau, dans *L'Homme invisible/The Invisible Man* :

> L'homme invisible joue aux cowboys et aux indiens dans les rues de Timmins Ontario.
> Tout le monde sait que les cowboys ne parlent pas français.
> Audie Murphy ne parle pas français. L'homme invisible est Audie Murphy.
> Il sait comment mourir.
> « Hey, you sure know how to die !... » lui dit un de ses amis.
> L'homme invisible, immédiatement flatté, se fait tirer et meurt souvent.
> Ce n'est que le commencement[42].

Au cours du périple du protagoniste, qui le mène de Timmins à Toronto puis à Québec, sa réalité devient celle du bien-être social, appuyé de toute une imagerie scatologique. Ses rêves, par contre, s'appuient sur le cinéma américain, le domaine de la fantaisie (irréalisable) par excellence, de l'Autre par excellence. Cela est encore plus fortement marqué dans l'œuvre qu'il en est question uniquement dans le texte anglais. Et même, dans ce contexte, la mutation/le métissage, du moins métaphorique, ne cesse de se faire imposer au personnage :

> The invisible man's tongue is twisted into knots.
> The French dialogue is in English subtitles and the English
> dialogue is in French subtitles.
> But it's still a bad movie.
> The movie ends when all the actors are dead.
>
> * * *
>
> « I thought you said this was going to be a comedy », says the
> invisible man to the director of the bad movie.
> « So now it's a comedy-drama », says the director, « get out there, suffer,
> and make it look funny[43]... »

Même à Québec, le personnage ne peut se réaliser, ne peut se défaire de ses deux cerveaux en chicane. Dans son monde double, désynchronisé, l'anglais est en avance, le monde francophone est invivable, saisissante illustration de ce que François Paré appelle, d'après Roger Bernard, «la culture soustractive[44]».

J'ai commenté ailleurs la technique de désynchronisation des deux textes de *L'Homme invisible/The Invisible Man*[45]. Dans un texte mis en exergue à un recueil de poèmes, Lola Lemire Tostevin attribue à un certain Peter, son fils, paraît-il, le propos suivant :

> but mom
> speaking both
> french and english
> is like having two watches
>
> you're never sure
> what time it is[46]

Franco-Ontarienne née à Timmins, tout comme Patrice Desbiens, Lola Lemire Tostevin fait carrière de poète, d'essayiste et de critique anglophone. Dans sa poésie, on retrouve la présence de mots, de vers, de poèmes entiers en français[47]; elle réfléchit ailleurs sur son passage du français à l'anglais dans son écriture[48]. Son roman *Kaki*, par sa construction postmoderne, fait superposer/juxtaposer les thèmes de l'assimilation, de l'importance créatrice des traditions, de la conscience féministe. Se déroule, également, le processus douloureux qui aboutit à la création. Bref, nous retrouvons dans ce roman des exemples de l'altérité et du métissage, et ce, à plusieurs titres.

L'anglais, «la langue de l'autre», devient pour la jeune couventine Laure un code secret et un rempart contre le regard envahissant des sœurs. Ce regard est d'ailleurs renforcé par les images de l'Œil menaçant du Sacré-Cœur et de l'Oreille menaçante du prêtre au confessionnal. C'est en anglais, que les sœurs comprennent mal, que Laure pourra communiquer secrètement avec sa mère. L'anglais est aussi sa langue d'évasion, le moyen par lequel elle prend connaissance des histoires de chevalerie et autres histoires pour enfants. L'Autre a un fort pouvoir d'attraction pour la jeune narratrice, qu'il s'agisse du personnage de Madame Wickersham, enseignante d'anglais au couvent, protestante et seule femme mariée dans ce monde fermé, ou de Geoffrey, ingénieur, joueur de hockey pour les «Abitibi Eskimos», celui qui deviendra plus tard son mari. L'Autre est exotique, doté d'un fort pouvoir d'attraction.

Mais ailleurs dans le roman, cet attrait est animé par le dépit, comme en témoignent des histoires racontées par la mère de la narratrice. La légende de Rose Latulippe, contée par la mère de Laure, montre la jeune Rose punie pour sa mauvaise conduite, même si c'est le diable lui-même qui l'avait bernée. Légende bien connue, certes, mais qui prend une tout autre allure lorsque la mère exprime son mécontentement face à la «morale» traditionnelle[49]. Une autre histoire, celle-ci vécue par la mère elle-même et contée par elle, va dans le même sens; sa fille en a d'ailleurs été témoin alors qu'elle avait sept ans. Le curé de Saint-Bruno, du côté québécois de l'Outaouais, avait traité la mère de

«Jézébel» en chaire, parce que celle-ci, légèrement maquillée, portait une robe sans manche à la messe, ce qui avait précipité la sortie en trombe de l'église de la mère, puis le retour en Ontario de la famille, sur la seule initiative de la mère[50]. Dans cet épisode, le même code binaire joue, mais ici c'est la femme, aux yeux du curé, qui est autre : si elle n'est pas vierge, ou perçue comme une bonne mère, elle ne pourra être que putain. Une autre version de l'altérité, pourrait-on dire, règne dans la tradition patriarcale et il ne faudrait pas l'occulter dans le cadre de cette discussion.

La couventine Laure deviendra Laura pour son mari ingénieur anglophone. Changer de nom, se faire appeler par un nom autre, dans l'autre langue, constitue une expression frappante de l'altérité culturelle. Son fils ne veut pas parler français devant les grands-parents descendus chez eux à Toronto pour Noël ; sa fille se frustre parce qu'elle comprend mal ses grands-parents, son français de la «Toronto French School» étant autre, loin de leur réalité. Le parallèle avec l'expérience de sa mère est on ne peut plus clair. Les quatre chapitres intitulés «Babel Noël», qui mettent en scène les trois générations réunies pour le temps des Fêtes, focalisent pour tous les membres de la famille, de manière angoissante et déchirante, la question centrale de la langue et de l'identité : c'est ici que le mal est mis au grand jour. Laure évoque la période du référendum québécois de 1980, alors qu'elle et sa famille avaient séjourné à Montréal. Elle a éprouvé alors un sentiment de fierté et d'appartenance : «Je me sentais joyeuse à la pensée de retrouver une lignée, une langue maternelle[51].» Elle enchaîne avec la réflexion suivante :

> Puis, pendant une longue période après le référendum, j'avais éprouvé un sentiment de non-appartenance, mais si je me demandais à quoi je n'appartenais pas, il n'y avait pas de réponse claire. Est-ce que tout se réduit à une question de langue ? De toute façon, la langue ne dit presque jamais ce qu'on voudrait qu'elle dise. Peu importe la langue que je parlais, elle a toujours cloché. Au couvent, on m'avait obligé à parler autrement que mes parents ; le français sur lequel les sœurs insistaient était pour moi presque une langue seconde. À Paris, c'était encore une fois un français différent. Peu importe la manière dont on le parlait, le français canadien n'était jamais à la hauteur. Jusqu'à ce que j'aie maîtrisé l'anglais, ma langue, peu importe le niveau, n'était jamais adéquate. Pour me protéger mais aussi pour plaire, j'ai appris à harmoniser mes couleurs à mon milieu, avec Geoffrey, à l'université, au travail[52].

Ce passage, assurément, touchera les cordes sensibles de bien des lectrices et lecteurs, surtout en milieu minoritaire. Et si Laure/Laura réussira à résoudre, du moins partiellement, ce conflit fondamental, à apprivoiser sa profonde culpabilité d'avoir passé à l'autre culture, c'est bien par le biais de la création. À l'origine de celle-ci, l'importance et la richesse des histoires, celles venues de la tradition ainsi que de ses parents. «Mon tout premier souvenir est celui de ma mère qui raconte des histoires[53]», dira la narratrice, pour ensuite répéter la phrase en remplaçant «ma mère» par «mon père»[54]. Mais, pour elle, les histoires découvertes dans les livres pour enfants, en anglais, seront tout aussi importantes. En tête-à-tête avec son père après la discussion parfois acerbe lors du souper de Noël, Laure insiste pour qu'il raconte son histoire à lui, celle d'une vie dure dans le Nord, celle d'une autre époque. La fille écrit pour essayer de ne rien en perdre ; la réflexion qu'en livre la narratrice est capitale pour saisir un des enjeux clefs du roman. C'est pourquoi nous la citerons *in extenso* :

> Ce que je prends en note pendant que mon père parle, ce ne sont pas précisément ses mots à lui ni un résumé de ce qu'il me raconte. Il y a plusieurs éléments qui distinguent son histoire des faits, le principal étant la langue. La seule langue qui aurait pu raconter les récits de mes parents est celle que j'ai perdue, à toutes fins pratiques, une langue diminuée au point où c'est comme si elle s'était simplement flétrie dans ma bouche, coupée de sa source un matin d'hiver. Coupée de ma mémoire, du sommeil de mon enfance, j'ai cultivé ma langue seconde jusqu'à ce qu'elle remplace ma langue maternelle. Au fur et à mesure que mon père me parle en français je transcris ses mots, mais ceux-ci se transforment en mots anglais. Non seulement je traduis sa parole en écriture, son histoire personnelle en fiction, mais je traduis aussi sa langue en une autre langue. Du point de vue de mon père sa version par rapport au passé est plus juste, alors que de mon point de vue, la mienne anticipe l'avenir.
>
> Voilà peut-être la fonction de l'écrivain ou encore le rôle de la fille. Renoncer à une histoire familiale en tant que simple reconstruction, chaque traduction ouvrant de nouvelles possibilités d'une histoire ou d'une vie ; chaque interprétation, l'une des nombreuses directions qu'un membre d'une famille pourrait prendre. L'écrivain, un alchimiste qui pratique l'art ésotérique de transmuer les éléments de la réalité en cet élément, brillant et durable, qu'est la fiction. La fille, qui pratique l'art magique de la transfiguration[55].

La réflexion de la narratrice / écrivaine sur les histoires du père, et sur l'Histoire, est formulée dans une perspective postmoderne[56]. On peut y saisir l'idée de métamorphose, à laquelle font écho des références aux *Métamorphoses* d'Ovide, livre que la couventine avait reçu en cadeau de sa maîtresse d'anglais au couvent, et à *La Métamorphose* de Kafka, que l'écrivaine en herbe verra dans une version théâtrale à Paris.

Altérité, métissage, mutation, métamorphose : voilà autant de notions, de concepts susceptibles de faire du sens d'un certain nombre d'œuvres littéraires franco-ontariennes de la période récente. Dans *L'Obomsawin*, un « déprimé » se guérit en retrouvant sa langue « parfois cajun » à lui — métissée donc — et en écrivant « la vérité » sur l'histoire d'un peintre métis et de sa propre communauté. Rappelons que cette « vérité » biographique est en réalité un roman, une fiction. Chez Hélène Brodeur, dans un roman historique où, mis à part des personnages imaginaires et quelques villages fictifs, « [t]out le reste est vrai[57] », la transformation de valeurs se voit comme nécessaire, quoique problématique, pour créer des rapports harmonieux dans le Nouvel-Ontario naissant, peuplé de gens de souches et de traditions différentes. Cette transformation ne s'accomplit pas sans heurts, et la communauté franco-ontarienne n'en doit pas moins lutter pour ses droits, son droit à la différence. De son côté, Patrice Desbiens n'hésite aucunement, dans certains de ses poèmes, à inscrire la langue anglaise dans le texte, soulevant ainsi de manière on ne peut plus directe des questions d'assimilation en puissance, c'est-à-dire d'altérité linguistique. Dans l'œuvre en prose écrite dans les deux langues, le dédoublement désynchronisé fait état de la condition douloureuse du narrateur : le double réseau textuel a un effet soustractif sur le personnage principal.

Si *L'Homme invisible/The Invisible Man* a « fait des petits », notamment avec la notion de « minorité invisible » et la série de films documentaires franco-ontariens « À la recherche de l'homme invisible », le roman de Lola Lemire Tostevin de son côté, certes traduit beaucoup plus récemment, a suscité bien peu de commentaires, même s'il est à ma connaissance un des seuls à aborder de front la question de l'assimilation linguistique, entre tant d'autres propos. L'hétérogénéité y est vécue autrement, car c'est dans son projet d'écriture que Laure, désormais Laura, accomplira la rupture, tout en intégrant la richesse de sa culture d'origine à sa démarche créatrice et, finalement, libératrice.

Je n'avance pas toutefois que des questions de métissage occupent l'avant-scène de la création récente en Ontario français. Mais à partir de cette enquête, aussi limitée soit-elle, il semblerait que le métissage n'est pas uniquement une notion dévalorisante, et qu'on est désormais loin, très loin même, de la traditionnelle opposition binaire de « moi » et « l'autre », même si celle-ci perdure sous d'autres cieux.

BIBLIOGRAPHIE

Arnopoulos, Sheila McLeod (1980), *Hors du Québec, point de salut ?*, Montréal, Libre Expression.

Bouthillette, Jean (1973), *Le Canadien français et son double*, Montréal, Éditions de l'Hexagone.

Brodeur, Hélène (1981/1985), *La Quête d'Alexandre*, Montréal, Quinze, et Sudbury, Prise de parole.

Chamberland, François (1999), *L'Ontario se raconte de A à X*, Toronto, Éditions du Gref.

Desbiens, Patrice (1988), *Poèmes anglais*, Sudbury, Prise de parole.

_____ (1981), *L'Homme invisible/ The Invisible Man*, Sudbury, Prise de parole, et Moonbeam, Penumbra Press.

Dickson, Robert, Annette Ribordy et Micheline Tremblay (dir.) (1998), *Toutes les photos finissent-elles par se ressembler ? Actes du Forum sur la situation des arts au Ca-*
nada français, Sudbury, Institut franco-ontarien/Prise de parole.

Groulx, Lionel (1956), *L'Appel de la race*, Fides, « Collection du Nénuphar ». L'édition originale a paru sous le pseudonyme Alonié de Lestres, en 1922.

Hotte, Lucie et François Ouellette (dir.) (1996), *La littérature franco-ontarienne : enjeux esthétiques*, Ottawa, Le Nordir.

Lionnet, Françoise (1989), *Autobiographical Voices. Race, Gender, Self-Portraiture*, Ithaca, Cornell University Press.

Miron, Gaston (1970), *L'Homme rapaillé*, Montréal, Presses de l'Université de Montréal.

Nepveu, Pierre (1988), *L'écologie du réel*, Montréal, Boréal.

Paré, François (1992), *Les littératures de l'exiguïté*, Ottawa, Le Nordir.

Poliquin, Daniel (1987), *L'Obomsawin*, Sudbury, Prise de parole.

_____ (1998), *L'Homme de paille*, Montréal, Boréal.

Stepan, Nancy (1989), « Biological Degeneration : Races and Proper Places », cité dans Françoise Lionnet, *Autobiographical Voices. Race, Gender, Self-Portraiture*, Ithaca, Cornell University Press, p. 9.

Tessier, Jules et Pierre-Louis Vaillancourt (dir.) (1987), *Les autres littératures d'expression française en Amérique du Nord*, Ottawa, Éditions de l'Université d'Ottawa.

Tostevin, Lola Lemire (1997), *Kaki*, Sudbury, Prise de parole, traduction française de Robert Dickson. La version originale a été publiée sous le titre de *Frog Moon*, Dunvegan (Ontario), Cormorant Books, 1994.

_____ (1982), *Color of Her Speech*, Toronto, The Coach House Press.

_____ (1995), *Subject to Criticism*, Stratford (Ontario), Mercury Press.

NOTES

1. Nancy Stepan, «Biological Degeneration: Races and Proper Places», cité dans Françoise Lionnet, *Autobiographical Voices. Race, Gender, Self-Portraiture*, Ithaca, Cornell University Press, 1989, p. 9.

2. *Le Canadien français et son double*, Montréal, Éditions de l'Hexagone, 1973. Le texte de présentation à la quatrième de couverture est de Miron, qui endosse chaleureusement l'analyse de «la relation intime du colonisateur et du colonisé».

3. Sheila McLeod Arnopoulos, dans son ouvrage *Hors du Québec, point de salut?*, Montréal, Libre Expression, 1980, étudie la nouvelle génération d'artistes et d'entrepreneurs du Nouvel-Ontario. Le point d'interrogation du titre est significatif, questionnant effectivement l'idée reçue de certains nationalistes québécois.

4. Dans *L'Homme rapaillé*, Montréal, Presses de l'Université de Montréal, 1970.

5. Voir notamment James de Finney «"Comme un boxeur dans une cathédrale" ou la recherche universitaire face aux arts en milieu minoritaire», dans Robert Dickson, Annette Ribordy et Micheline Tremblay (dir.), *Toutes les photos finissent-elles par se ressembler? Actes du Forum sur la situation des arts au Canada français*, Sudbury, Institut franco-ontarien/Prise de parole, 1998.

6. Françoise Lionnet, *Autobiographical Voices. Race, Gender, Self-Portraiture*, Ithaca, Cornell University Press, 1989, p. 13.

7. Ce qui précède résume les arguments de Lionnet, *ibid.*, p. 12-14.

8. Pierre Nepveu, *L'écologie du réel*, Montréal, Boréal, 1988, p. 210.

9. François Paré, *Les littératures de l'exiguïté*, Ottawa, Le Nordir, 1992, p. 48.

10. Cité dans Paré, p. 69.

11. *Ibid.*, p. 69.

12. Lionel Groulx, *L'Appel de la race*, Fides, «Collection du Nénuphar», 1956. L'édition originale a paru sous le pseudonyme Alonié de Lestres, en 1922.

13. *Ibid.*, p. 130.

14. Marie-Éva de Villiers, *Multidictionnaire de la langue française*, Montréal, Québec Amérique, 1997.

15. Sudbury, Prise de parole, 1985.

16. Hélène Brodeur, p. 48.

17. *Ibid.*, p. 50.

18. *Ibid.*, p. 114.

19. *Ibid.*, p. 114.

20. *Ibid.*, p. 58.

21. *Ibid.*, p. 87.

22. Daniel Poliquin, *L'Obomsawin*, Sudbury, Prise de parole, 1987, p. 5.

23. *Ibid.*, p. 7.

24. *Ibid.*, p. 7.

25. *Ibid.*, p. 145.

26. *Ibid.*, p. 146.

27. *Ibid.*, p. 15.

28. *Ibid.*, p. 27.

29. *Ibid.*, p. 24.

30. Montréal, Éditions du Boréal, 1998.

31. Sudbury, Prise de parole, 1997, traduction française de Robert Dickson. La version originale a été publiée sous le titre de *Frog Moon*, Dunvegan (Ontario), Cormorant Books, 1994.

32. Sudbury, Prise de parole, 1988.

33. *Ibid.*, p. 25-26.

34. François Paré, *op. cit.*, p. 136.

35. Sudbury, Prise de parole, 1979, p. 39.

36. Penumbra Press, Moonbeam (Ontario).

37. À la page 1, pour les deux citations. Le texte français se trouve aux pages de gauche, le texte anglais aux pages de droite, à l'exception de la page «FIN 40» qui se trouve à une page de droite, à la suite de «40 SUITE» [*sic*].

38. «Un poète au seuil de l'écriture: l'exiguïté selon Patrice Desbiens», dans Lucie Hotte et François Ouellette (dir.), *La littérature franco-ontarienne: enjeux esthétiques*, Ottawa, Le Nordir, 1996, notamment p. 57.

39. *Mon pays*, court métrage documentaire dans le cadre de la série «À la recherche de l'homme invisible», 1990. Réalisation: Valmont Jobin.

40. Voir, par exemple, le témoignage de la critique Mariel O'Neill

Karch dans François Chamberland, *L'Ontario se raconte de A à X*, Toronto, Éditions du Gref, 1999, p. 565-572.

41. Moncton (N.-B.), nᵒ 56, hiver 1993-1994, p. 5.

42. Patrice Desbiens, *L'Homme invisible/The Invisible Man*, p. 6.

43. *Ibid.*, p. 40.

44. François Paré, *Les littératures de l'exiguïté*, p. 143.

45. «Autre, ailleurs et dépossédé. L'œuvre poétique de Patrice Desbiens», dans Jules Tessier et Pierre-Louis Vaillancourt (dir.), *Les autres littératures d'expression française en Amérique du Nord*, Ottawa, Éditions de l'Université d'Ottawa, 1987, p. 19-34.

46. Lola Lemire Tostevin, *Color of Her Speech*, Toronto, The Coach House Press, 1982, n.p.

47. Notamment dans *Color of Her Speech* (*op. cit.*), 'Sophie (Toronto, The Coach House Press, 1988), et *Cartouches* (Vancouver, Talonbooks, 1995).

48. Voir, par exemple, «Criticism as Self-Reflection», dans Lola Lemire Tostevin, *Subject to Criticism*, Stratford, Mercury Press, 1995, p. 17-18.

49. Lola Lemire Tostevin, *Kaki*, Sudbury, Prise de parole, 1997, traduction française de Robert Dickson. La version originale a été publiée sous le titre de *Frog Moon*, Dunvegan (Ontario), Cormorant Books, 1994, p. 57.

50. Voir le chapitre intitulé «Le cheval de fer», p. 43-60.

51. *Ibid.*, p. 159.

52. *Ibid.*, p. 159-160.

53. *Ibid.*, p. 35.

54. *Ibid.*, p. 36.

55. *Ibid.*, p. 175-176.

56. «One of the most important of the postmodern concepts for me is that of reinventing or revisiting the past from a present point of view, the awareness that it is a construct» (Lola Lemire Tostevin, dans *Subject to Criticism*, Stratford, Mercury Press, 1995, p. 156).

57. Hélène Brodeur, *La Quête d'Alexandre*, Avant-propos, p. 9.

ANDRÉE LACELLE ET LA CRITIQUE[1]

Jules Tessier
Université d'Ottawa

La problématique particulière aux «petites littératures[2]» a suscité ces dernières années un regain d'intérêt, les marges ayant attiré l'attention des chercheurs, les schèmes manichéens traditionnels ayant été graduellement délaissés au profit de l'altérité et du métissage. Il est certes approprié d'analyser la production littéraire accomplie en milieux minoritaires dans ses rapports avec l'institution, cette dernière étant différente par la taille et aussi par le rôle qu'elle est appelée à jouer, comparativement aux tâches qu'on lui assigne dans les milieux homogènes sur le plan linguistique.

L'écrivaine franco-ontarienne Andrée Lacelle «a déjà séduit le cœur de l'Institution[3]», pour reprendre la formule utilisée par Annie-Lise Clément dans sa recension de deux de ses œuvres majeures, soit *Tant de vie s'égare* (1994) et *La Voyageuse* (1995). En effet, en plus des textes parus dans des périodiques ou dans des ouvrages collectifs, Andrée Lacelle a à son compte une demi-douzaine de recueils de poésie publiés avec régularité depuis 1979 chez deux éditeurs franco-ontariens et dont la qualité a valu à son auteur des recensions toutes élogieuses. Elle a été finaliste et lauréate de prix littéraires, dont le prestigieux prix Trillium, qui lui a été décerné en 1995 pour *Tant de vie s'égare*. Nullement casanière, d'un abord agréable, elle a multiplié les apparitions en public, les lectures d'œuvres, non seulement au pays, mais aussi à l'étranger, notamment en France, en Belgique et en Suisse. L'«adoption» par l'institution universitaire a été rendue officielle lorsque le Département des lettres françaises de l'Université d'Ottawa lui offrit le poste d'écrivaine en résidence au cours du trimestre de l'automne 1996, après les Hélène Brodeur (1991), Daniel Poliquin (1993), Jean Marc Dalpé (1986, 1995), et avant Paul Savoie (1997) et Michel Ouellette (1999).

Étant donné les limites imposées à notre recherche, nous avons choisi de nous en tenir à la critique, qui est, avec l'enseignement, l'une des deux pôles incontournables de l'institution littéraire[4]. Nous nous intéresserons non seulement à la critique dont Andrée Lacelle a bénéficié, mais aussi à celle qu'elle a produite elle-même, les conditions étant telles dans ces milieux minoritaires que les écrivains sont fréquemment appelés à évaluer les œuvres de leurs pairs, une situation qui suscite certaines interrogations, ainsi que nous le verrons plus loin.

Andrée Lacelle face à la critique

Le cas d'Andrée Lacelle est particulièrement intéressant, car nulle part dans son œuvre il n'est fait mention de l'Ontario français. Dans son tout premier titre, *Au soleil du souffle*, publié chez Prise de parole, en 1979, dans la collection «Les Perce-Neige», «réservée aux auteurs qui, malgré leurs talents, n'ont jamais eu l'occasion d'être publiés par un éditeur[5]», l'écrivaine utilise des mots qui évoquent un environnement géopolitique, mais en les assujettissant à des actants ou déterminants qui les «déterritorialisent»:

> au versant de ma peau j'anime des frontières [...]
> à la province de mon geste, je poursuis vos tambours (p. 41)

Auparavant, dans le même recueil, elle avait délimité l'emplacement de la patrie qui alimente son inspiration:

> la Terre au-dedans de moi [...]
> j'obéis à la Terre [...]
> lacs rivières fleuves mers
> font de mon sang histoire ancienne (p. 17)

Nous voilà situés quant à l'espace géolittéraire propre à l'écrivaine et, il est important de le préciser, elle y a été fidèle jusqu'à maintenant. Dans son œuvre, les rares vocables qui, dans leur sens premier, renvoient à l'identité ou à l'appartenance fondées sur l'origine ethnique — tel ce vers du dernier poème de *Au soleil du souffle*: «je suis fidèle à ma race» (p. 42) — doivent être évalués dans une perspective polysémique, car ils renvoient presque invariablement à l'univers intérieur de l'écrivain, le seul qui l'intéresse vraiment: «On cherche toujours un lieu qui est fixe. On veut pouvoir dire c'est ma maison, c'est mon territoire, c'est mon pays. Mais ce qui restera toujours, c'est soi, peu importe ce qui arrive[6].» En exergue à cette entrevue, Chantal Turcotte a reproduit, en caractères cursifs, le passage suivant tiré de son œuvre: «nos corps sans fuite / enfantent un éclat d'île / avant le pays / il y a nous[7]».

Les critiques n'auront d'autre choix que de mettre au rancart la grille d'analyse réservée aux textes engagés ou à la fonction identitaire obvie, fréquemment associés aux «petites littératures», et d'évaluer la poésie d'Andrée Lacelle pour ses qualités esthétiques, sous l'angle formel. En l'absence de la donne régionaliste, tant sur le plan du fond que de la forme — mis à part les idiolectismes et quelques licences syntaxiques, le français utilisé par l'auteure est rigoureusement standardisé — et compte tenu du caractère quelque peu hermétique de cette poésie dépourvue de linéarité narrative, on sent chez ces derniers une empathie admirative parfois difficile à traduire en une évaluation structurée, donnant plutôt lieu à des commentaires impressionnistes non exempts de répétitions.

Étant donné l'affranchissement syntaxique du vers, on se rabattra sur le mot auquel on fera jouer différents rôles, énoncés sous forme de déterminant, en insistant sur le «triomphe du mot[8]», sur «la clairvoyance des mots[9]», en lui assignant une fonction sujet ou objet, soit que le mot «découvre la pensée» de l'auteure, soit que sa poésie «se nourri[sse] du mot», ou encore en les situant, spatialement, au cœur même de l'effet poétique comparé à un «murmure au cœur des mots[10]».

Quant au caractère intime de sa poésie qui «nous tourne le regard vers l'intérieur[11]», il fera l'objet d'un commentaire ambivalent de la part d'Hédi Bouraoui qui qualifie les poèmes parus sous le titre de *Coïncidences secrètes* (1985) de «repliés sur eux-mêmes[12]», une formule sans doute jugée heureuse puisqu'il la reprendra mot à mot en l'appliquant à *Tant de vie s'égare*, publié presque une décennie plus tard (1994): «Ce sont toujours des poèmes courts, sans titre, repliés sur eux-mêmes[13] [...]»

Anna Gural-Migdal qui a produit sur *La Vie rouge* (1998) une des recensions les plus réussies parmi celles qu'on a consacrées à l'œuvre d'Andrée Lacelle, selon le témoignage même de l'écrivaine[14], a structuré son analyse en ayant recours au vocabulaire traditionnellement associé aux textes reflétant une réalité socio-politique, en soulignant son absence ou sa non-pertinence dans ce recueil, par exemple «la langue d'avant les mots, d'avant le pays», «ce temple dont parle Lacelle n'est enraciné nulle part», «l'auteure suggère que nous sommes des apatrides du monde intérieur», «L'Incarnation du désir est un visage sans nom et sans patrie», «l'accession au Vide sacré où l'âme brûle comme un pays[15]». À noter que nulle part dans ce titre on ne trouve les mots «pays» ou «patrie». Il est symptomatique que l'universitaire ait étoffé son compte rendu en évoquant de façon récurrente la stérilité de la matrice identitaire, tellement on associe d'instinct la production littéraire accomplie en situation d'isolat à des textes inspirés par une réalité socio-culturelle dont ils deviennent le reflet.

Andrée Lacelle de l'Ontario, tout comme Roger Léveillé de l'Ouest canadien dans presque toute son œuvre, ou Serge-Patrice Thibodeau de l'Acadie dans ses titres les plus récents, n'a nullement besoin de justifier son option littéraire, bien au contraire, car il est rassurant en quelque sorte de constater que certains écrivains de la diaspora française d'Amérique produisent autre chose qu'une littérature-miroir d'une collectivité en s'orientant vers une œuvre dérégionalisée, intemporelle, avec un objectif de perfection formelle. Les deux courants peuvent très bien cohabiter, se métisser; il y va d'une question de variété, de polyvalence et, tout compte fait, de maturité et de richesse.

Cependant, aux yeux de certains, il y a une telle association que j'oserais qualifier de symbiotique entre les «petites littératures» et leur fonction dite identitaire pour ne pas dire utilitaire — la littérature qui aide à se définir, à se comprendre, à prendre conscience de son appartenance à un groupement, et, ultimement, à prouver à soi-même et aux autres qu'on a réussi à tenir en échec le grand silence irréversible, la hantise de toute minorité — qu'Andrée Lacelle, dans sa correspondance avec Herménégilde Chiasson publiée dans le numéro 8 de *Francophonies d'Amérique* (1998), dès la première lettre, pose la question : «Qu'en est-il de l'engagement et de l'appartenance?» pour suggérer d'abolir ces «cloisonnements qui ne riment à rien» entre la «littérature d'action» et la «littérature d'imagination»[16]. En filigrane, dans son «écriture avant tout pulsionnelle et elliptique», le lecteur attentif découvrira «une quête identitaire aux strates d'interprétations multiples : physique, psychique, cosmique, existentielle, spirituelle, nationaliste, et alouette![17]». Et il y a encore «l'histoire qui se déroule autour de soi» et «l'histoire qui se déroule à l'intérieur de soi». «Pourquoi faudrait-il que l'une exclue l'autre?[18]» Dans sa deuxième lettre, la poète pose à nouveau la question soumise à l'éclairage de la modernité qualifiée de «flux diffus, pluriel, fragmenté et instable» : «Dans un tel mouvement des choses et de nos vies, le rapport avec nos origines s'avère désormais une invention perpétuelle : c'est ce que j'appelle le parcours oscillant de l'appartenance[19].» À la lecture de ces passages, on se défend mal contre une impression de dédouanement superflu résultant d'une culpabilité non justifiée, mais qu'importe, puisque la démonstration a échappé à la visée de l'auteur en suivant une trajectoire non planifiée pour atteindre finalement un objectif autre : celui de montrer comment le langage poétique, appliqué à l'essai, s'il ne convainc qu'à demi par la rigueur de la démonstration, en revanche, emporte l'adhésion par la qualité et la dynamique suggestive de la formulation. Les trois lettres d'Andrée Lacelle dont on vient d'extraire de courts passages sont *ejusdem farinae*, inspirées par une réflexion fine et en profondeur, habillées dans une prose somptueuse empruntée à ses textes poétiques.

Andrée Lacelle, elle-même critique

L'écrivain qui met sa prose poétique au service de l'essai nous emmène à aborder un autre aspect du décloisonnement, ou plutôt de la communalité résultant de l'exiguïté des milieux littéraires en situation d'isolat. Comme les effectifs y sont peu nombreux, les critiques à temps plein n'y sont pas légion, voire inexistants, et en conséquence on fait alors appel aux écrivains eux-mêmes pour évaluer la production de leurs pairs. Cette façon de faire existe aussi dans les «grandes littératures», mais dans les milieux minoritaires, à cause de l'exiguïté des lieux justement, le phénomène revêt un caractère particulier. En effet, les auteurs qui s'évaluent entre eux, non seulement se connaissent très bien, mais sont même entraînés dans des chassés-croisés dont la fréquence est accrue en raison des effectifs réduits, une conjoncture qui rend l'évaluation objective de l'œuvre encore plus problématique.

Précisons tout de suite que nous n'abordons pas ici le cas inverse, fréquent et universel, du professeur de littérature qui met provisoirement entre parenthèses son appartenance à l'institution pour s'adonner aux rimes ou tâter du roman.

Andrée Lacelle, entre 1992 et 1997, a signé une vingtaine de comptes rendus, soit quatre par année en moyenne, presque exclusivement consacrés à la poésie. Depuis, elle a mis un terme à ce genre d'activité.

Il y aurait certes lieu d'analyser les silences dans l'œuvre de cette écrivaine. Elle-même a eu des réflexions comme celle-ci : « il n'y a peut-être que le silence pour exprimer le manque qui consume nos vies[20]. » Il est bien évident que le non-dit prend ici une importance exceptionnelle eu égard au contexte particulier où ces évaluations sont accomplies, à la limite, l'œuvre proposée, jugée médiocre, ayant été carrément écartée pour éviter de blesser une connaissance, un confrère, une amie. Si la recension est publiée, il faudra savoir lire entre les lignes, être à l'affût du moindre indice qui permette de détecter les réserves, les réticences, car il y a de fortes chances que les aspects négatifs aient été édulcorés, sinon carrément gommés.

L'écrivain qui navigue dans les eaux de la critique, qu'on l'y ait poussé ou qu'il ait décidé d'y plonger de son plein gré, doit non seulement ménager les susceptibilités d'auteurs, mais doit encore se comporter en sujet féal, en personne lige de son éditeur et de son écurie au risque de se voir taxer de félonie par ce dernier qui, en retour, lui infligera le douloureux supplice du manuscrit refusé, à moins qu'il ait atteint une notoriété qui le mette à l'abri de telles représailles, comme c'est le cas pour Andrée Lacelle. Et il y a d'autres intervenants, comme les organisatrices de salons du livre, qu'il ne faut pas malmener, si, d'aventure, elles se mettent, elles aussi, à écrire. Sans parler des retours d'ascenseurs devenus incontournables s'il faut évaluer la plus récente publication d'un auteur qui vient de vous offrir l'hommage d'un compte rendu élogieux.

Par exemple, en comparant la liste des recensions dont l'œuvre d'Andrée Lacelle a été l'objet et les comptes rendus qu'elle a à son actif, on repère ce genre de chassé-croisé inévitable quand on s'évalue avec une certaine fréquence entre écrivains d'une région donnée. Voici quelques références qui attestent de ce genre de critiques réciproques :

André Lacelle, *La Cosse blanche du temps* d'Evelyne Voldeng (1992), *Liaison*, n° 73, septembre 1993, p. 42-43.

« Dans ce recueil, il y a déploiement d'une écriture au travail mesuré, accueillant le mot rare et l'invention pure, et au-delà, de l'image, telle une force ondulante, on croit entendre le bruit du gong et la musique des moines tibétains » (p. 43).

Evelyne Voldeng, *La Voyageuse* d'Andrée Lacelle (1995), *Liaison*, n° 83, septembre 1995, p. 42.

« La voyageuse-phare d'Andrée Lacelle s'exprime en une voix épurée et sensuelle […] où se répondent des échos symboliques et mystiques, et qui s'offre à une lecture plurielle… »

* * *   * * *

Andrée Lacelle, *Ancres d'encre* de Cécile Cloutier-Wojciechowska (1993), *Liaison*, n° 75, janvier 1994, p. 39.

«Cécile Cloutier, esthète et poète, manie avec grâce l'art de capter l'existant, de représenter le prodige, de lui donner densité et beauté.»

***

Jocelyne Felx, *La Voyageuse* d'Andrée Lacelle (1995), *Lettres québécoises*, n° 79, 1995, p. 37.

«Andrée Lacelle spécule sur le pouvoir des mots, pare l'anodin de rêves de voyage, [...] À la faveur de mots abstraits, les métaphores lèvent le poids des choses et des actes...»

Cécile Cloutier-Wojciechowska, *Tant de vie s'égare* d'André Lacelle (1994), *University of Toronto Quarterly*, vol. 65, n° 1, hiver 1995-1996, p. 92-93.

«Ces poèmes approfondissent le réel en passant par l'imaginaire. Ils sont à l'écoute de tout l'écouté du monde. Et l'on peut parler à leur sujet d'alchimie du verbe car les mots vont "de l'autre côté de la lumière".»

***

Andrée Lacelle, *La Pierre et les Heures* de Jocelyne Felx (1995), *Envol*, vol. IV, n° 1, 1996, p. 42-43.

«Soixante poèmes, soixante actes d'amour. Sous le sceau de la ferveur, ce recueil trace la venue et l'en-aller d'un visage, celui d'une femme, une grand-mère, dans ce coin de la Mauricie» (p. 42).

Dans ces six recensions on cherche en vain un commentaire négatif; on trouve tout au plus des degrés variables d'enthousiasme. La dernière citée, celle qui est consacrée à Jocelyne Felx, est la plus sobre à ce chapitre, Andrée Lacelle faisant porter l'essentiel de son texte sur les thèmes abordés et leur répartition dans l'œuvre, pour terminer avec une référence à Gilles Deleuze, un procédé auquel elle a fréquemment recours, nous y reviendrons. On trouve le même contenu uniment louangeur et même chaleureux dans deux recensions consacrées à autant de recueils de poésie dont nous a gratifiés la fondatrice et âme dirigeante du Salon du livre de Toronto, Christine Dumitriu van Saanen[21].

Dans la plupart de ses recensions, Andrée Lacelle a recours à l'axe diachronique en prenant soin de faire des rapprochements avec les titres publiés antérieurement par l'auteur évalué. Voilà qui témoigne d'un souci de perfection qu'on aimerait voir généralisé. Par ailleurs, on y trouve évoqués, sinon cités, nombre d'écrivains, essayistes et critiques, un procédé qui présente le double avantage d'étayer sa crédibilité vis-à-vis du lecteur et d'établir une distance avec le sujet traité, le commentaire étant acheminé par réverbération plutôt que directement[22].

Il ne faut pas conclure pour autant que les comptes rendus effectués par Andrée Lacelle soient toujours de facture hagiographique, tant s'en faut, et une telle liberté de pensée est révélatrice de la stature de l'écrivaine et de son statut exceptionnel dans le monde littéraire. Qui plus est, elle ne craint pas de se montrer critique à l'endroit d'auteurs qui figurent aux catalogues de ses propres éditeurs, tel Georges Tissot qui a fait paraître *Le jour est seul ici* chez Prise de parole[23]. On la sent quelque peu hésitante lorsqu'elle amorce le paragraphe contenant le commentaire négatif par un « Comment dire ? » révélateur. Après le recours à la métaphore de la « patine » répartie de façon inégale dans l'ouvrage, vient le reproche exprimé au premier degré : « l'emploi apoétique, voulu ou non, de vocables et d'images de faible résonance crée ici et là un effet de décalage décevant qui laisse d'autant perplexe en raison du fond tragique qui domine. Mais passons, puisque par ailleurs, ce texte nous réserve des moments émouvants [...][24]. » On le voit, la période nuageuse a été de courte durée et l'embellie survient peu après, ponctuée, on dirait, par un soupir de soulagement...

Les reproches, le cas échéant, sont presque toujours coussinés par une image, par une métaphore, de manière à en atténuer l'impact, tel ce passage extrait de la recension de *On entend toujours la mer* d'Odette Parisien[25], une publication, là encore, de la maison Prise de parole : « *On entend toujours la mer* livre en gisements raréfiés, des états de vie invitant au recueillement. [...] dans une forme ciselée à l'excès, si l'on peut dire[26]. » La note de métalangue, « si l'on peut dire », trahit une fois de plus l'embarras de la critique.

Le procédé de l'image devient parfois omniprésent à un point tel que la stylistique poétique supplante le discours rationnel de l'évaluation, quitte à brouiller le message, à rendre le contenu évaluatif moins précis, encore là pour camoufler certaines réserves croirait-on, puisqu'on discerne souvent un discret bémol à la clef. Ainsi, dans son compte rendu de *Envers le jour* de Margaret Michèle Cook[27], elle a recours à des formules comme celles-ci : « Et le geste créateur prend forme fugace dans le tarissement improbable de sa source. [...] Beaucoup de dissonances dans cette écriture émaillée de trouvailles pleines d'absence [...] Solitude solaire, moments d'aube et paix floconneuses[28]. »

Cela dit, la métaphore étant une arme à double tranchant, il peut arriver qu'elle serve à rendre encore plus percutant le commentaire négatif, tel ce passage extrait du compte rendu de *Machines imaginaires* de Marcel Labine, publié aux Herbes rouges[29] : « un long texte avec quelques moments poétiques, un flot énumératif aux images souvent prévisibles [...] Un texte qui suscite une lecture compulsive et donne envie de déglinguer la manivelle qui saurait arrêter ce débordement à certains égards excédant[30]. »

Andrée Lacelle prend soin de mentionner à la fin de son compte rendu que Marcel Labine avait été lauréat du prix du Gouverneur général en 1988. À preuve que les prix et distinctions ne constituent pas toujours une garantie de recension élogieuse, et le cas n'est pas unique[31].

Soit dit en passant, il est de bonne guerre que les éditeurs se servent des prix et distinctions accordés à un auteur pour mousser leurs ventes de livres. La façon la plus courante consiste à faire imprimer un bandeau destiné à agrémenter le bas de la première de couverture, généralement avec caractères blancs sur fond rouge, façon Gallimard, de manière à attirer l'attention du client sur le titre primé. La tactique a cependant un impact autre lorsque l'éditeur fait paraître un placard publicitaire au beau milieu d'une critique consacrée à l'ouvrage couronné, avec la liste des prix obtenus et de courts extraits d'évaluation forcément dithyrambiques, comme ce fut le cas pour le compte rendu consacré à *Tant de vie s'égare* paru dans *Zone Outaouais* du mois de juin 1995[32]. Ce faisant, l'éditeur, par cette astuce, ravale le texte d'Annie-Lise Clément au niveau d'un publi-reportage, quelle qu'en soit la teneur. Il y a de ces distances qu'il faut savoir garder.

Finalement, on peut se demander si les écrivains qui s'adonnent à la critique de leurs pairs ne vont pas parfois au-delà de cette empathie qui leur fait instrospecter l'œuvre de l'intérieur, forts de cette vision pénétrante octroyée par l'acte de la création littéraire, contrairement aux critiques à temps plein qui se contentent d'examiner et d'évaluer de l'extérieur. Ainsi, on observe chez Andrée Lacelle une tendance à la réappropriation des schèmes analytiques utilisés par les critiques pour sa production personnelle, lorsqu'elle les applique à l'œuvre évaluée.

Par exemple, on retrouve dans ses analyses des relents de cette thématique axée sur le mot ainsi que le concept de l'univers intérieur plutôt que spatiotemporel. À propos d'Odette Parisien, elle souligne sa «vigie constante quant à la valeur du mot[33]», alors que, chez Margaret Cook, «le mot est site et paysage[34]», pendant qu'Evelyne Voldeng, dans *La Cosse blanche du temps*[35], «cultive à l'occasion le mot rare[36]» et que Serge Ouaknine, dans ses *Poèmes désorientés*[37], provoque la «migration des mots en exil d'un sens plein[38]».

Par ailleurs, dans *Échographie du Nord* de Mario Thériault[39], auteur présenté comme un «poète migrateur» — la métonymie de la migration du mot est abolie —, Andrée Lacelle croit déceler une «démarche où le rêve absent et l'évidence vécue du transitoire modulent la connaissance de soi[40]». Connaissance de soi, de son monde intérieur qui deviendra le lieu d'appréciation des poèmes de Cécile Cloutier publiés dans le recueil *Ancres d'encre*[41]. Soit dit en passant, pour illustrer son propos, Andrée Lacelle croit citer le poème éponyme publié presque trente ans auparavant, en 1964, dans *Cuivre et soie*, mais, distraction de la critique, elle cite une strophe du poème intitulé «Cathédrale» (p. 12), alors que celui qui porte le titre de «Ancres d'encre», à la page précédente, se lit comme suit:

ANCRES D'ENCRE
Blanc
Le galop
Des chevaux
Blonds
Aux dunes de paroles
Bleue
L'Écriture
Des chevaux
Blés
Sur le papier du sable
Je vous immole mes chevaux d'encre[42] (p. 11)

Et la critique d'enchaîner: «Pour séjourner en ces poèmes-îlots, il faut d'abord, pour les repérer, savoir voler, et ensuite, dans une calme lucidité, y atterrir au centre de soi-même[43].» Il est plus facile d'accueillir dans son moi profond ce genre de poème quand l'exploration de l'univers intérieur est la caractéristique première de sa propre poésie, car il n'est pas sûr que, pour le commun des mortels, ce soit le lieu privilégié pour apprécier et goûter ces miniatures finement travaillées avec une remarquable économie de moyens et dont Cécile Cloutier a le secret. On aurait pu poursuivre dans cette même voie avec le thème du silence.

Conclusion

L'institution littéraire doit être adaptée aux conditions particulières où sont élaborées ces littératures régionales. Édition, diffusion, enseignement et critique y sont généralement déficients, et une façon de suppléer à ces carences consiste à promouvoir des opérations de désenclavement et de maillage[44].

Intensifier l'enseignement et la critique dans sa région, il faut commencer par là. Exporter sa production littéraire hors Landerneau et la soumettre à un regard autre, c'est l'étape suivante. L'approche comparatiste découlera tout naturellement d'une telle opération et ce sont les études littéraires qui s'en trouveront renouvelées et dynamisées. Se regarder, s'intéresser; s'exporter, se comparer.

L'Amérique française, pour reprendre cette belle appellation auréolée du mythe fondateur, constitue un immense laboratoire où se pratiquent tous les genres littéraires, avec des préoccupations identitaires qui vont de la quasi-obsession jusqu'à l'indifférence avoisinant le degré zéro, l'écriture elle-même oscillant entre le français parfaitement normalisé et le métissage plus ou moins prononcé avec les régionalismes et l'anglais omniprésent. Pour prendre la mesure du phénomène, il faut s'intéresser à la production des autres régions de cette vaste francophonie, à la périphérie effrangée, pour ne pas dire effilochée, avec des zones parfois carrément trouées, mais globalement d'une incroyable richesse fondée sur la diversité et le polymorphe, avec de nombreux points de convergence qui assurent la cohésion de l'ensemble.

Andrée Lacelle, au cours de l'année 1997, a correspondu avec Herménégilde Chiasson sur des questions de littérature, une correspondance reproduite au complet dans la revue *Francophonies d'Amérique*[45] l'année suivante. Il en est résulté des pages inspirées et éclairantes pour qui s'intéresse à l'élaboration des petites littératures. Autant une trop grande proximité par rapport à l'œuvre évaluée nous a fait nous interroger sur le rôle de critique joué par certains écrivains, autant l'éloignement géographique et jusqu'à un certain point idéologique a permis à ces deux auteurs d'engager un dialogue fructueux et éclairant. Le geste accompli par Andrée Lacelle et Herménégilde Chiasson prend ainsi une valeur emblématique et constitue pour nous un signe des temps.

Recueils de poésie publiés par Andrée Lacelle et utilisés dans le cadre de cet article

Au soleil du souffle, Sudbury, Éditions Prise de parole, 1978, 42 p.

Coïncidences secrètes, Ottawa, Éditions du Vermillon, 1985, 20 feuillets, incluant quatre dessins pleine page de Denise Bloomfield.

Tant de vie s'égare, Ottawa, Éditions du Vermillon, 1994, 91 p.

La Voyageuse, Sudbury, Éditions Prise de parole, 1995, 78 p., incluant une suite photographique de Marie-Jeanne Musiol.

La Vie rouge, Ottawa, Éditions du Vermillon, 1998, 83 p., incluant sept huiles sur papier de Cyrill Bonnes.

NOTES

1. Pour l'essentiel, cet article reprend le thème d'une communication présentée dans le cadre du Congrès de l'ACFAS, à l'Université d'Ottawa, le 14 mai 1999.

2. L'expression a été popularisée par François Paré dans son ouvrage *Les littératures de l'exiguïté* (Hearst et Ottawa, Le Nordir, 1992, 175 p.).

3. Annie-Lise Clément, «La finesse d'un cri cristallin», *Zone outaouais*, juin 1995, p. 19.

4. Voir François Paré, *op. cit.*, p. 43-44.

5. Notes liminaires, p. 4.

6. Chantal Turcotte, «En quête d'une parole vraie», *Zone outaouais*, octobre 1998, p. 1.

7. *Ibid.*

8. Paul Gay, sur *Au soleil du souffle*, *Le Droit*, 24 août 1979, p. 21.

9. Annie-Lise Clément, sur *Tant de vie s'égare*, «Des poèmes à lire comme on aime la vie», *La Rotonde*, 20-26 mars 1995, p. 12.

10. Anna Gural-Migdal, sur *La Vie rouge*, *Francophonies d'Amérique*, n° 9, p. 217-221, *passim*.

11. Chantal Turcotte, à propos de *La Vie rouge*, *loc. cit.*

12. Hédi Bouraoui, sur *Coïncidences secrètes*, *Liaison*, printemps 1986, p. 61.

13. Hédi Bouraoui, sur *Tant de vie s'égare*, *Envol*, n° 1 et 2, 1995, p. 86.

14. Andrée Lacelle, ayant apprécié la justesse et la pertinence de la critique, a communiqué avec la revue afin d'obtenir les coordonnées d'Anna Gural-Migdal pour lui écrire et lui faire part de son appréciation.

15. Anna Gural-Migdal, *loc. cit.*, *passim*.

16. «Portraits d'auteurs : Andrée Lacelle de l'Ontario et Herménégilde Chiasson de l'Acadie», *Francophonies d'Amérique*, n° 8, 1998, p. 167.

17. *Ibid.*

18. *Ibid.*, p. 166.

19. *Ibid.*, p. 175.

20. *Ibid.*, p. 174.

21. Voir Andrée Lacelle, sur *Poèmes pour l'univers* de Christine Dumitriu van Saanen (1993), *Liaison*, mars 1994, p. 37 ; sur *Sablier* (1996), *Envol*, vol. V, n°s 1-2, 1997, p. 98-99.

22. Rares sont les recensions faites par Andrée Lacelle où il ne se trouve pas au moins une citation d'un auteur connu, toutes disciplines confondues, tels Baudrillard, Camus, Deleuze, Eliade, Heidegger, Michaux, Nietzsche, Ponge, Reeves, Rilke, Virilio, etc.

23. Georges Tissot, *Le jour est seul ici*, Sudbury, Prise de parole, 1993, 48 p.

24. Andrée Lacelle, sur *Le jour est seul ici* de Georges Tissot (1993), *Liaison*, septembre 1993, p. 43.

25. Odette Parisien, *On entend toujours la mer*, Sudbury, Prise de parole, 1993, 111 p.

26. Andrée Lacelle, sur *On entend toujours la mer* d'Odette Parisien (1993), «Lieux d'érosion et solitude», *Liaison*, mai 1994, p. 42-43.

27. Margaret Michèle Cook, *Envers le jour*, Hearst et Ottawa, Le Nordir, 1993, 78 p.

28. Andrée Lacelle, sur *Envers le jour* de Margaret Michèle Cook (1993), «Une écriture émaillée de trouvailles», *Liaison*, mai 1994, p. 43.

29. Marcel Labine, *Machines imaginaires*, Montréal, Éditions Les Herbes rouges, 1993, 62 p.

30. Andrée Lacelle, sur *Machines imaginaires* de Marcel Labine (1993), *Envol*, été 1994, p. 46-47.

31. C'est à Pierre Karch que revient le titre d'iconoclaste par excellence d'un prix littéraire depuis sa critique vitriolique de la pièce *French Town* (1994), qui a valu à Michel Ouellet le prix du Gouverneur général l'année même de sa publication, recension parue dans *Francophonies d'Amérique*, n° 5, 1995, p. 91-92.

32. La critique d'Annie-Lise Clément, p. 19, porte sur deux titres d'Andrée Lacelle, *La Voyageuse* et

Tant de vie s'égare publiés respectivement par les Éditions Prise de parole et les Éditions du Vermillon. Seule cette dernière maison a profité de l'occasion pour mousser la publicité de son recueil de poésie malencontreusement attribué à Prise de parole dans la référence bibliographique du début de l'article.

33. Andrée Lacelle, sur *On entend toujours la mer, loc cit.*

34. Andrée Lacelle, sur *Envers le jour, loc. cit.*

35. Evelyne Voldeng, *La Cosse blanche du temps*, Mortemart, Éditions Rougerie, 1992, 33 p.

36. Andrée Lacelle, sur *La Cosse blanche du temps* d'Evelyne Voldeng (1992), *Liaison,* septembre 1993, p. 43.

37. Serge Ouaknine, *Poèmes désorientés*, Montréal, Éditions du Noroît, 1993, 94 p.

38. Andrée Lacelle, sur *Poèmes désorientés* de Serge Ouaknine (1993), *Envol*, hiver 1994, p. 64.

39. Mario Thériault, *Échographie du Nord*, Moncton, Éditions Perce-Neige, 1992, 48 p.

40. Andrée Lacelle, sur *Échographie du Nord* de Mario Thériault (1992), *Liaison*, septembre 1993, p. 42.

41. Cécile Cloutier-Wojciechowska, *Ancres d'encre*, Ottawa, Éditions du Vermillon, 1993, 136 p.

42. L'extrait cité par Andrée Lacelle s'intitule en fait « Cathédrale » et ce titre, à lui seul, explique la teneur du passage reproduit : Être / L'horizon / Rond / Du premier matin / Et en tirer l'arc roman /, Premier (*Cuivre et soies*, Montréal, Éditions du Jour, 1964, p. 12).

43. Andrée Lacelle, sur *Ancres d'encre* (1993), *Liaison*, janvier 1994, p. 39.

44. Ces deux mots reviennent à la façon d'un leitmotiv dans le texte de présentation du numéro 8 de *Francophonies d'Amérique* (1988) auquel on a donné une orientation nettement comparatiste. Voir Jules Tessier, « Se comparer pour se désenclaver », p. 1-4.

45. Voir note 15.

PORTRAIT D'AUTEUR
@ PAUL SAVOIE

J. Roger Léveillé

Le nom de Paul Savoie sera pour toujours lié au début de la littérature franco-manitobaine moderne. Son premier recueil de poésie, *Salamandre*, inaugure en 1974 les publications des Éditions du Blé, première véritable maison d'édition de langue française dans l'Ouest canadien. Il a publié à ce jour seize recueils en français et en anglais, au Manitoba, en Ontario et au Québec. Et bien qu'il se revendique comme Manitobain, ses œuvres figurent dans des anthologies de la poésie franco-manitobaine, de la poésie franco-ontarienne et de la poésie québécoise, témoignage du grand humanisme de son écriture. Dans sa préface aux *Poèmes choisis*[1] de Paul Savoie, François Paré résume admirablement cette entreprise littéraire née au 456, rue Langevin à Saint-Boniface :

> Plus de vingt années d'écriture; une œuvre abondante, exemplaire, tout à fait sous-estimée, écrite en deux langues et en de multiples formes. En même temps, les recueils se sont succédé avec une constance acharnée au cours des ans, à l'affût toujours de la même réalité minimale et de la même rencontre privilégiée avec l'Autre dans l'amour. […] En fait, ce qui caractérise sans doute le plus la poésie de Paul Savoie, c'est la conscience de l'origine toujours recommencée du spectacle dans la parole universelle…

Paul Savoie est né en 1946. Il fait ses études classiques au Collège de Saint-Boniface, des études de maîtrise en littérature française à l'Université Laval et à l'Université du Manitoba, puis des études de maîtrise en littérature anglaise à l'Université Carleton; littératures qu'il enseigne au Collège universitaire de Saint-Boniface de 1969 à 1975. Il se déplace ensuite vers l'est du pays, notamment au Québec puis à Toronto où il habite maintenant depuis bon nombre d'années. Au cours des années 1980 et 1990, il occupe divers postes au Conseil des arts du Canada et au Conseil des arts de l'Ontario.

Les activités littéraires de l'auteur sont multiples. Il participe à toutes sortes de salons du livre et de festivals de poésie au Canada et en France, et il est très actif au sein de la League of Canadian Poets et dans la communauté littéraire francophone de Toronto, collaborant au Salon du livre de Toronto, au comité de rédaction de la revue *Liaison*, puis de *Virages*. Il est auteur en résidence à la Bibliothèque de Toronto en 1988, au Collège Glendon en 1992 et à l'Université d'Ottawa en 1997. Il entreprend aussi de la traduction litté-raire, dont *The Selected Poetry of Louis Riel*[2]. Compositeur de musique, il réa-lise des bandes sonores pour des films et collabore à la création de divers spectacles de chants et de musique. Paul Savoie a reçu en 1996 le prix du Consulat général de France à Toronto pour l'ensemble de son œuvre poétique.

Nous sommes heureux à *Francophonies d'Amérique* qu'il ait accepté cette interview par courriel.

FA — Vous êtes avant tout perçu comme poète. Vous avez fait paraître une quinzaine de recueils en français et en anglais, mais aussi quelques livres de fiction, des nouvelles et des textes plus autobiographiques. Est-ce que cette étiquette de «poète» vous convient, ou vous voyez-vous davantage comme «écrivain», comme auteur qui travaille la langue et l'écriture en tous genres, au-delà des soi-disant genres?

PS — En réalité, le fait de passer comme poète est une arme à double tran-chant. D'un côté, cette désignation colle assez bien à ma personnalité, à ma façon poétisante de percevoir les choses, de les vivre. De l'autre, cela me limite un peu. J'ai l'impression, parfois, de me retrouver dans une espèce de carcan, d'être défini une fois pour toutes comme poète et d'avoir à toujours correspondre à l'image, aux attentes que cela véhicule dans l'esprit des gens. Chose certaine, tout, chez moi, procède d'une sensibilité, d'une conscience poétique. Par conséquent, même lorsque je m'adonne à la prose, une sorte de texture poétique s'impose à mes propos, comme une sorte de strate lyrique sous-jacente. J'ai toute la difficulté au monde à m'en défaire.

FA — Vous avez fait des études universitaires, vous avez enseigné et, à part quelques articles de revue, vous n'avez jamais versé dans l'essai. Cette approche ne vous plaît pas? L'aspect recherche et critique vous est-il devenu rébarbatif depuis votre formation universitaire?

PS — J'ai songé, à quelques reprises, à me lancer dans l'essai. Par exemple, j'avais un projet de livre qui s'intitulait «L'art de la dislocation», dans lequel je m'étais proposé de faire l'analyse d'un certain goût, ou peut-être s'agit-il plutôt de besoin, de dépaysement chez les minoritaires francophones. Mais, lorsque je me mets à réfléchir à ce genre de question, je me lance aussitôt dans une œuvre de création. C'est plus fort que moi. J'ai l'impression que j'agis ainsi pour me protéger contre ma propre tendance à l'abstraction. Dans un texte de création, je dois trouver une façon d'humaniser mes théories, de les rendre tangibles, concrètes, alors que dans un texte de réflexion, je laisse-rais sans doute libre cours à mon propre processus d'intellectualisation. C'est comme si je ne me donnais pas la permission d'aller dans cette direction-là, par crainte d'aller trop loin et de ne pas savoir rebrousser chemin.

FA — Il y a, il me semble, pour tout écrivain issu du Manitoba français deux grandes figures emblématiques: Louis Riel et Gabrielle Roy. Louis Riel qui n'était pas «minoritaire», mais fondateur d'un Manitoba bilingue (bien que la province ait longtemps bifurqué dans une illégalité mono-linguistique anglaise), question sur laquelle vous revenez dans vos textes plus autobiographiques. Riel qui de surcroît était un poète dont vous avez traduit certaines œuvres en anglais. Par-delà Riel, il y a aussi le fait métis qui a donné le titre à votre recueil : *Bois brûlé*. Puis il y a l'incontournable Gabrielle Roy qui peut être considérée comme la figure de proue sinon la fondatrice de la littérature franco-manitobaine, tout simplement en vertu de l'étendue et de la thématique de l'œuvre qu'elle a rédigée. Que représentent pour vous ces figures ? Et n'avez-vous jamais eu le sentiment d'écrire « contre » Gabrielle Roy, si je puis dire ?

PS — Ces deux écrivains représentent, en quelque sorte, les pôles de la parole franco-manitobaine. Riel, le lyrique, l'excessif, l'impulsif, le dionysiaque. Avec lui, on a toujours l'impression que tout va basculer. Chez Roy, on se retrouve plutôt dans un univers contrôlé, un monde ordonné, même si les émotions qui y sont explorées finissent par bien passer, étant si bien incarnées par des personnages dessinés majestueusement bien. Au départ, je me sens plus à l'aise dans l'univers de Riel, dans le côté éclaté de ses propos. Ses grands emportements me touchent au plus profond. Par contre, j'apprécie la grande technique de Gabrielle Roy. Comme elle, je sens le besoin d'encadrer mon univers, tant par un travail assidu sur la langue que par la délimitation constante des polarités de l'imaginaire. J'aime le manque de discipline chez Riel, mais j'en vois l'inconvénient. Et j'aime chez Roy sa capacité de tout ancrer dans le vécu, dans la réalité quotidienne, qualité qui fait souvent défaut chez moi.

FA — J'aimerais revenir sur Riel, au-delà de ce dynamisme inspirant que vous avez défini. Car Riel et sa lutte représentent un certain état d'être francophone. C'est une question politico-culturelle sur laquelle vous vous êtes clairement penché plusieurs fois, dans *À la façon d'un charpentier*, entre autres, et récemment, dans *à tue-tête*. Riel n'est-il pas le symbole pour vous d'un corps vivant le fait français au Manitoba ? Ça s'est passé comment pour vous ? Quel était le vécu justement de Paul Savoie à Saint-Boniface ? J'entends votre réalité comme corps franco-manitobain, ce corps dont vous dites dans *Bois brûlé* qu'il est un « champ ouvert », prenant racine à Saint-Boniface, de ce côté-là de la rivière Rouge qui est caractérisée comme une blessure profonde dans le même recueil.

PS — Ce fut un vécu assez particulier. Je crois que je n'étais pas fait, de prime abord, pour les batailles qu'engendre nécessairement la vie en milieu minoritaire. C'est-à-dire que tout le côté revendication, lutte, que suscite la prise de conscience d'un état foncier de marginalisation exige un certain engagement, un esprit de révolte, beaucoup de détermination et de persévérance. Or je souffrais d'un certain repli sur moi-même, d'une crainte de la confrontation. Je croyais au bien-fondé des revendications de mon peuple, mais j'étais loin de savoir comment m'y prendre pour endosser les vêtements, l'armure de guerrier. Ce qui me venait plus naturellement, c'était la réflexion, la contemplation. Ces atouts m'ont cependant permis de transformer peu à peu mon outil à moi, l'écriture, en arme. En réalité, c'est avec le livre *À la façon d'un charpentier* que cette transformation s'est véritablement opérée.

FA — *À la façon d'un charpentier* est en effet un livre important à cet égard ; il apparaît comme la matrice des textes plus autobiographiques qui ont suivi, *Mains de père* et *à tue tête*. En quoi *À la façon d'un charpentier* a-t-il marqué un point tournant ?

PS — Ce livre a été, pour moi, une façon de rattacher le côté abstrait, ou peut-être même intellectuel, de l'écriture à son côté plus physique. Car, en écrivant ce livre, j'ai sauté à pieds joints dans ce qu'avait constitué, jusque-là, ma propre vie, j'ai constaté ou tout simplement accepté qu'il existait un lien étroit entre mon vécu et le geste d'écrire. Jusque-là, j'avais réussi à dissocier les deux réalités. Mais j'ai enfin décidé de me servir de mon intériorité ainsi que de mon passé historique et culturel comme point de départ, comme matériau principal de création. Ce fut donc la découverte du corps et des émotions comme transmetteur d'idées et d'images. Ce processus m'a ouvert à toutes les possibilités qui existaient déjà au fond de moi, mais que je ne savais pas approfondir.

FA — Et quelle a été justement l'expérience de devenir « écrivain » à Saint-Boniface ?

PS — Dans un premier temps, dans mon adolescence, cela m'a servi de refuge, une façon de me donner une autre marginalité que celle dont j'étais héritier, c'est-à-dire le fait d'être Franco-Manitobain, legs que j'avais pas mal de difficulté à assumer, surtout que j'étais de nature plutôt peureux, assez peu revendicateur. Puis, à mesure que j'ai su apprivoiser le métier d'écrivain, j'ai pu me servir de cette marginalité comme lieu de rencontre. Je veux dire par là que le dialogue qui s'entamait lorsque je me consacrais à l'écriture, ce qui prenait forme entre moi et quelque lectrice ou lecteur, m'a servi à dépasser toutes sortes de limites, m'a donné la permission d'aller aussi loin que possible dans l'exploitation du moi, dans son rapport avec l'autre.

FA — Votre premier recueil, *Salamandre*, qui a coïncidé avec la fondation en 1974 des Éditions du Blé, la première maison d'édition de langue française de l'Ouest canadien, a inauguré pour tout dire son programme de publications. Étiez-vous conscient de l'ampleur de ce geste à l'époque ? Comment cela s'est-il passé ?

PS — J'avoue qu'à ce moment-là je n'étais conscient de rien d'autre que de voir aboutir un projet personnel. Je n'avais aucune conscience de la portée sociale de ce geste, ni du moment historique que représentait la création d'une maison d'édition francophone dans l'Ouest canadien. D'ailleurs tout cela s'est produit si vite que je n'ai même pas eu le temps d'y penser. Je commençais tout juste à songer à faire publier les manuscrits que j'accumulais depuis plusieurs années. Annette Saint-Pierre m'avait présenté à Paul Wyczynski, un anthologiste, auteur et critique littéraire bien connu, qui m'avait aidé à faire un premier tri dans mes textes. Puis j'ai reçu un appel téléphonique où on m'annonçait la fondation prochaine des Éditions du Blé. Je me suis embarqué sans hésiter dans ce beau projet. Ce n'est que beaucoup plus tard, après la parution de *Salamandre*, puis ensuite de *Nahanni*, que je me suis interrogé sur ce qui venait de se passer.

FA — Croyez-vous qu'on puisse parler de littérature franco-manitobaine ? En faites-vous partie ?

PS — Oui, absolument. C'est l'histoire d'un peuple qui se raconte. Un peuple qui a joué et qui continue à jouer un rôle important dans l'évolution de ce pays. Et je me suis rendu compte de la richesse de cette littérature au moment où a paru la merveilleuse *Anthologie de la poésie franco-manitobaine*. À ce moment-là, j'ai senti une forte appartenance à cette terre, à ce peuple, qui est le mien, ce long cheminement. Et je ne cesse de le ressentir.

FA — François Paré voit dans votre écriture un élément qui le conduit à intituler un article qu'il vous consacre dans *Théories de la fragilité* « Le peuple des rôdeurs » et qu'il termine en qualifiant vos écrits de « l'une des œuvres les plus importantes […] de la littérature franco-ontarienne actuelle ». Le fait d'être issu d'une région minoritaire, le Manitoba, d'avoir surtout œuvré dans une autre, l'Ontario, d'avoir publié plusieurs recueils au Québec, a-t-il été un facteur dans ce sentiment de poète errant ? Je ne cherche pas à vous faire dire au-delà de la qualité « universelle » de votre poésie que vous êtes un écrivain franco-manitobain ou franco-ontarien, mais êtes-vous perçu et reçu comme tel au Manitoba, en Ontario, en Acadie, à Trois-Rivières ?

PS — Oui, je crois qu'on reconnaît toujours mon lieu d'origine ainsi que mon lieu de résidence. Et d'ailleurs je suis le premier à rappeler aux gens que je suis originaire de Saint-Boniface. Cela fait partie de qui je suis, de qui je suis devenu. Me soustraire à cette vérité serait, en quelque sorte, m'arracher à moi-même.

FA — Récemment, on écrivait dans *Nuit blanche* à l'occasion de la publication de vos *Poèmes choisis* que c'était l'occasion idéale « pour découvrir […] l'une des voix majeures de la *francophonie canadienne* (je souligne) ». Sentez-vous que les écrivains des minorités franco-canadiennes sont marginalisés par l'industrie littéraire du Québec, que la réception de vos œuvres ne répond pas à sa diffusion même si vous êtes souvent publié par Le Noroît ? Que vous n'avez peut-être pas eu la presse que vous méritez et la réputation nationale qui vous revient ? Que votre lectorat pourrait être plus large ?

PS — Je souhaiterais évidemment que mon public soit plus large. Parfois, dans mes moments creux, je me mets à pleurer sur mon sort, sur celui des minoritaires marginalisés. Car il est vrai, et il sera toujours vrai, que toutes les littératures de l'exiguïté (selon le terme de François Paré) sont vouées à cette marginalisation et qu'il faudra toujours lutter pour se faire reconnaître. Mais d'autres facteurs entrent en ligne de compte. Par exemple, le fait d'écrire surtout de la poésie, qui n'est pas une forme littéraire très en demande. Mais aussi le fait de vivre à Toronto qui, même si cette ville possède un nombre surprenant d'auteurs francophones chevronnés, se trouve assez loin (psychologiquement du moins) des grands centres de rayonnement francophones : Montréal et Paris. Malgré cela, je sens qu'on a tout de même fait preuve, au

Québec, d'une grande ouverture à mon égard, surtout au Noroît, cette belle maison de publication qui a bien voulu me recevoir parmi les siens.

FA — À cet égard, quelle a été pour vous la rencontre avec le poète Michel Beaulieu ?

PS — Je l'ai rencontré en 1976 alors que lui et moi participions au Solstice de la poésie québécoise, une soirée littéraire organisée dans le cadre des Jeux olympiques de Montréal. Nous nous sommes tout de suite liés d'amitié. C'était un type très chaleureux, un érudit, avec qui j'aimais beaucoup parler. Il lisait tout ce qui se publiait en poésie ; il avait tout lu. Je le rencontrais dans un café ou dans son restaurant préféré, un restaurant belge de la rue Saint-Denis. Parfois, nous allions chez lui regarder un match de hockey ou de base-ball. C'est grâce à lui que j'ai pu publier au Noroît, où il était un des auteurs. Il a accepté de présenter un de mes manuscrits à son éditeur.

FA — Loin de Paris, disiez-vous. Mais en 1998 s'organisait en France une tournée, dont vous étiez le principal instigateur, de quelques poètes des francophonies minoritaires canadiennes, le Gang des Cinq comme ils se sont appelés. Ce n'était pas votre première présence comme auteur à Paris, et vous y êtes aussi allé comme poète de langue anglaise. Que pouvait représenter pour vous cette tournée sur la scène française ?

PS — D'abord, je trouvais très bizarre de me retrouver à Paris en tant que poète anglophone (j'ai été choisi parce que j'étais membre de la League of Canadian Poets ; le poète franco-canadien était choisi par l'UNEQ). C'était dans le cadre du Festival franco-anglais de poésie, qui regroupait douze auteurs venus du monde entier. Six de ces auteurs étaient soi-disant spécialistes dans la langue française, les six autres dans la langue anglaise. Les membres du premier groupe avaient à traduire les textes de l'autre groupe. Puis suivait une discussion sur les différentes traductions. Il y avait aussi une collaboration d'artistes et de musiciens, qui devaient « interpréter » les textes. On m'avait également demandé d'interpréter quelques-uns des textes musicalement. Ce fut une expérience inoubliable, d'abord sur le plan de la richesse des interventions, de la qualité et de l'intelligence des échanges, mais aussi parce que j'ai pu rencontrer des gens superbes. Puis il y avait le charme de pouvoir participer à une telle rencontre dans cette ville magnifique. Comme auteur, je ne pouvais demander plus ! Il y a eu, quelques années plus tard, une merveilleuse tournée en France et en Belgique, avec Gérald Leblanc, France Daigle, Roger Léveillé et Andrée Lacelle, qui a débuté à Paris, à la Maison de la poésie, et s'est poursuivie dans plusieurs coins de la France. Ce fut une expérience de partage et de rayonnement qui demeure une des expériences les plus enrichissantes dans ma vie d'écrivain. Cela revêtait une importance particulière parce que c'était la première fois qu'une tournée d'auteurs francophones canadiens non québécois s'organisait. Comme groupe, partout où on allait, on voulait propager le message qu'il existe une littérature francophone au Canada à la fois riche, complexe et variée, qui ne se limite pas au Québec. Et partout ce message était bien reçu. Les questions venant de la foule abondaient. Les gens semblaient vraiment apprécier notre présence, la chaleur et l'ouverture de nos propos, la variété et l'originalité de nos textes. En tout, nous nous sommes rendus dans six ou sept villes et il était bien évident que ce genre de tournée s'organiserait facilement à l'échelle de la France et la Belgique.

FA — Vous avez parlé de moments creux. Dans une trilogie autobiographique qui commence avec *À la façon d'un charpentier*, que vous avez désigné un peu plus tôt comme un texte pivot, en passant par *Mains de père* pour aboutir au remarquable *à tue-tête*, vous avez beaucoup révélé de votre histoire personnelle. On songe au titre de Baudelaire, «Mon cœur mis à nu», qui pourrait se doubler en votre cas d'un «Mon corps mis à nu», tant l'aspect physique est déterminant. A-t-il été difficile pour vous de concevoir ces textes si riches en données biographiques, psychologiques, etc., de vous révéler ainsi? Mais surtout d'accomplir le tour de force qu'est la transformation de ces aveux en texte littéraire?

PS — J'avoue que je me suis saigné à blanc en écrivant *à tue-tête*, d'abord parce que j'avais l'impression d'aller le plus loin possible dans ce qui constituait mon for intérieur, mais surtout parce que je me suis littéralement laissé tomber en bas d'un précipice. Je me suis tout simplement fermé les yeux et je me suis dit: je saute, peu importe les écorchures, les dégâts que cela allait entraîner. J'ai souvent hésité en cours de route et je me suis demandé pourquoi j'agissais ainsi. Mais chaque fois, je décidais de poursuivre. L'essentiel, pour moi, ce n'était pas de penser à ce que j'allais dire, mais de le dire sans penser. À la fin, quand tout était terminé et que je devais tout ramasser, faire le tri, en faire une œuvre littéraire, c'était presque au-delà de mes forces. J'étais devenu en quelque sorte le chirurgien de mon propre être, ayant à reconstituer le tout à partir de morceaux épars. Un être écartelé ayant à retrouver son ossature, sa nervure, ses jointures, sa peau. Plus tard, lorsque l'éditeur m'a demandé de faire une dernière lecture d'épreuves, je n'ai pas pu. J'étais trop à fleur de peau. Me replonger dans cette matière sanglante me paraissait une tâche impossible. Après coup, lorsque le livre a paru, je me suis demandé: pourquoi j'ai fait ça? J'aurais mieux fait de me la boucler. Puis ensuite j'ai eu la certitude d'avoir agi comme il fallait, à un moment dans ma vie et dans mon cheminement d'écrivain où cela devait se faire. De toute façon, je n'avais pas vraiment de choix. Il fallait que ce livre s'écrive. C'était plus fort que moi.

FA — Il y a, il me semble, dans votre poésie une grande qualité physique, non pas comme la musculature de 13 que Roland Barthes a relevé chez Jean Ristat, mais quelque chose d'organique dans l'âme, comme le frisson de l'hiver, une tension où le corps est toujours conscient de l'élément où il s'aventure, tendu comme sous la pluie, une nervure en quête de repos. Dans l'affectif, cela donne une écriture existentielle, humaniste, on y retrouve la soif d'amour, la quête du rapport avec l'autre; dans l'effectif, j'ai toujours vu un côté moléculaire à vos poésies, comme si, dans le circuit de l'écriture, on était aussi dans le circuit de la matière organique, dans le sang des veines, comme si tout cela (de l'immensité des Prairies à l'émotion du cœur) se racontait tout à fait de l'intérieur, de façon très viscérale. Paré, dans *Théories de la fragilité*, disait que «l'horreur» était pour vous «le fondement de l'Histoire»; diriez-vous que votre écriture est inquiète?

PS — Je crois que l'inquiétude dégouline sans cesse dans mes écrits, dans mes images, une sorte d'angoisse devant ce qui peut s'échapper, nous glisser entre les doigts, devenir intangible ou introuvable. J'ai toujours ressenti cette espèce d'angoisse devant ce qui m'entoure, mais ne me circonscrit jamais. Si, dans mes écrits, je m'attache avec autant d'acharnement à la découverte du corps, au côté physique, tangible de l'existence, c'est sans doute parce que j'ai toujours eu l'impression de ne pas être suffisamment ancré dans les choses. Aussi, si je cherche tant à cerner la matière, le geste, le mouvement, c'est sans doute parce que, tout jeune, dans la façon dont on m'inculquait des valeurs chrétiennes, il n'y avait pas énormément de place pour le physique, le sensuel. Alors, on dirait que, par la suite, je me suis voué entièrement à la recherche de ce qui se sent, se goûte, se mesure.

FA — Depuis que vous avez fait l'aveu dans vos textes plus autobiographiques de problèmes psychomoteurs et par contre de la «qualité de la voix» qui s'associent au «père», puis de l'embolie, de ses avatars — le tâtonnement, le morcellement, la fragmentation — qui sont liés à la «mère», cela ajoute à la lecture physique ou à l'interprétation corporelle de l'ensemble de vos textes, particulièrement de vos poésies. Est-il juste de les lire sous l'angle de ce que j'appellerais très consciemment cette lutte rythmique?

PS — Oui. Je crois qu'il existe, dans mes écrits, une façon particulière d'agencer les phrases, de créer des réseaux de sons et de rythmes qui s'apparentent à la respiration, à la difficulté de respirer ou de dire. J'en suis devenu plus conscient au cours des dernières années, sans doute parce que j'ai réussi mieux qu'auparavant à donner une forme à cet aspect de l'acte d'écrire. Je veux dire par là que cette difficulté donne naissance au besoin d'écrire. Puis, après coup, cela fait partie de la forme même de l'écriture. Dans *à tue-tête*, j'étais plus conscient que jamais de la concordance de la dimension physique de mon besoin d'appartenance à cette terre, et j'ai tâché d'écrire dans la forme littéraire qui reflète le mieux cet univers intérieur. Je crois avoir réussi.

FA — Vous avez longtemps composé, outre des vers, de la musique. Vous avez pris des cours de chant et entrepris de jouer en public. Quelle est, d'une part, la signification de ce côté musical dans votre pratique de poète; et, d'autre part, faut-il y voir un aspect de performance, une sorte de «paraître», qu'il faut interpréter depuis l'aveu, comme le perfectionnement des défauts ou lacunes perçues; ou encore, faut-il croire, comme le disait Jean Marc Dalpé, que «tout poète, au fond, veut être un chanteur de rock 'n' roll»?

PS — Au début, lorsque je me suis adonné à l'écriture, je crois que le côté abstrait de mon être prédominait. C'est la pratique de la musique qui me permettait alors d'exprimer plus directement mon côté émotionnel, physique.

Au cours des années, j'ai pu jumeler les deux, de telle sorte que la musique a fini par dicter une façon de ressentir les mots, d'agencer les images.

FA — Vous écrivez aussi en anglais et on retrouve cette même intensité d'écriture assez noire dans votre poésie de langue anglaise, mais moins lyrique qu'en français, plus *hard edge*. Pouvez-vous expliquer ces différences, et dire ce qui vous attire à composer dans ces deux langues? Que vous apporte l'anglais? Et quelle réception avez-vous sur cette autre scène linguistique?

PS — Je crois que j'écris dans les deux langues tout simplement par fidélité à mes racines. Du coté de mon père et de mon grand-père maternel, j'hérite la notion de l'attachement à la langue, à l'héritage francophone, alors que, de ma mère et de ma grand-mère, qui étaient franco-américaines d'origine, je reçois plutôt la dimension affective. L'ordre et l'exigence, l'attachement à la terre, me viennent du côté masculin; et je puise tout ce qu'il y a de colère, de désir, de tristesse et de joie dans ce que les femmes de ma famille m'ont légué. Cette division s'opère dans mes écrits, pas de façon nettement tranchée, mais à différents niveaux. Pour ce qui est de la réception de mon écriture en anglais, je crois qu'on me prend au sérieux et, en général, les critiques sont pas mal positives. Mais j'ai l'impression qu'on continue à me percevoir comme un auteur francophone qui s'adonne à l'écriture en anglais, ce qui me marginalise un peu.

FA — Vos origines manitobaines sont sans doute pour quelque chose dans cette grande flexibilité que vous possédez dans les deux langues. On ne dénote chez vous aucune schizophrénie à cet égard.

PS — Je ne saurais me défaire d'un seul des aspects de ce que m'apporte une ou l'autre réalité. De toute façon, pour moi il ne s'agit aucunement d'un choix. J'ai été tellement marqué par ces deux réalités, elles m'habitent depuis toujours et, en écrivant dans les deux langues, je ne fais que suivre un chemin longtemps tracé pour moi. Cela dit, j'avoue que je me sens, je me vis, d'abord et avant tout, comme un auteur francophone. C'est là mon point de départ.

FA — J'ai fait allusion à l'immensité des Prairies. Vous êtes un gars de la ville, mais les vastes espaces ont certainement été un facteur dans le développement de votre écriture, dans le fondement de votre corps d'écrivain. Et je ne sais si vous avez réfléchi à la chose, mais oseriez-vous interpréter la littérature franco-manitobaine sous le signe de cet espace quasi infini?

PS — Je ne saurais parler pour les autres auteures et auteurs franco-manitobains. Je ne sais pas jusqu'à quel point le territoire les marque, marque leur vocabulaire, leur sens de l'espace. J'ai l'impression, en lisant Léveillé, Chaput, Leblanc, Fiset, que tout ce que représente, pour moi, la prairie, se conjugue aussi, d'une façon ou d'une autre, dans leur œuvre: quelque chose de cerné (un lieu assez précis) dans une immensité (quelque chose de flou). Et, entre les deux, l'éternel déplacement, un déracinement constant. Cela se fait aussi sur le plan de la langue, surtout chez Leblanc et Fiset, où le français et l'anglais agissent sans cesse en contrepoint. Chez Léveillé aussi, où la culture américaine joue un rôle important et, dans ses collages, où des textes anglais sont souvent juxtaposés à des textes français. Chez Chaput, il n'y a presque jamais ce genre de compénétration, sauf qu'il y a un mouvement incessant, la tentation de la rupture, une sorte de déracinement sous-jacent. Donc, je crois que la plaine agit d'une façon ou d'une autre sur l'écriture de chacun de ces écrivains, tout comme le passé historique, la tension omniprésente qu'engendre la cohabitation avec les Canadiens anglais et la proximité de la frontière américaine.

FA — On a parlé du côté angoissé de votre écriture, vous avez utilisé l'expression «saigné à blanc» pour décrire le travail de *à tue-tête*. Mais vous avez aussi laissé entendre, si je ne m'abuse, dans une entrevue radiophonique que c'est un texte que vous avez écrit assez rapidement. L'écriture vous vient-elle facilement, retournez-vous longtemps le texte, est-ce un soupir, un soulagement, un plaisir, quel est l'état de votre corps écrivant?

PS — Le moment d'écriture se passe dans une sorte de frénésie. En général, sauf peut-être pour *Amour flou*, que j'ai mis très longtemps à préparer et à rédiger, tout explose. Le premier jet se fait très rapidement. Je cherche surtout à étaler les mots, les phrases. Je veux éviter à tout prix que le processus intellectuel ne vienne informer le texte. Je cherche ainsi à me défaire de tout ce qui pourrait entraver l'expression pure, directe de ce qui se déroule en moi à ce moment-là. Cela dit, je souligne que la période de gestation est très longue. Il peut se passer de longues périodes, avant le moment du déclenchement de l'écriture, où rien de précis ne se passe. Je suis arrivé à comprendre que c'est ma façon à moi de laisser mûrir une idée, de la laisser grandir en moi. J'ai appris à respecter cet état d'attente, à ne rien imposer. C'est ma forme à moi de méditation, une façon de respecter ce qui se déroule en moi, même avant que cela ne prenne forme.

FA — Enfin, quels sont les charmes de votre vie, j'entends les délices d'être qui vous plaisent? En ce moment, par exemple, je vous écris en prenant un verre de bual.

PS — Boire un bon vin dans un café avec quelqu'un de proche; me promener en vélo dans les ravins de Toronto; visionner des vieux films avec ma fille Julia; collaborer à une création collective; passer du temps à Paris; jouer un bon match de squash; m'installer devant la mer et tout simplement regarder vers le large. Là je me sens bien. Vraiment bien.

PUBLICATIONS DE PAUL SAVOIE

à tue tête, Vanier, Éditions L'Interligne, 1999. Récit.

Racines d'eau, Montréal, Le Noroît, 1998. Poésie.

Fishing for Light, Windsor, Black Moss Press, 1998. Poésie.

Mains de père, Saint-Boniface, Éditions du Blé, 1995. Récit.

Oasis, Montréal, Éditions du Noroît, 1995. Poésie.

Shadowing, Windsor, Black Moss Press, 1994. Poésie.

Danse de l'œuf, Ottawa, Éditions du Vermillon, 1994. Poésie.

Dead Matter, Toronto, CRYPT Editions, 1994. Nouvelles.

Conversations dans l'Interzone (en collaboration avec Marguerite Andersen), Sudbury, Prise de parole, 1994. Roman.

Amour flou, Toronto, Éditions du GREF, 1993. Poésie.

Selected Poetry of Louis Riel (traduction), Glen Campbell (dir.), Toronto, Exile Editions, 1993.

Contes statiques et névrotiques, Montréal, Guérin, 1991. Nouvelles.

Linked Alive (ouvrage collectif), Laval (Québec), Éditions Trois, 1990. Poésie.

Bois brûlé, Montréal, Éditions du Noroît, 1989. Poésie.

Soleil et ripaille, Montréal, Éditions du Noroît, 1987. Poésie.

The Meaning of Gardens, Windsor, Black Moss Press, 1987. Poésie.

À la façon d'un charpentier, Saint-Boniface, Éditions du Blé, 1984. Récit.

Acrobats, Toronto, Aya Press, 1982. Poésie.

La Maison sans murs, Hull, Asticou, 1979. Poésie.

Nahanni, Saint-Boniface, Éditions du Blé, 1976. Poésie.

Salamandre, Saint-Boniface, Éditions du Blé, 1974. Poésie.

BIBLIOGRAPHIE CRITIQUE SÉLECTIVE DE PAUL SAVOIE

Lucie Hotte, «Crier à voix basse», *Liaison*, n° 107, été 2000.

Carrol F. Coates, «Amour flou», *French Review*, printemps 1997, p. 622.

Georges Bélanger, «Mains de père», *Francophonies d'Amérique*, n° 7, 1997, p. 55-57.

Laurent Laplante, «Mains de père», *Nuit blanche*, n° 64, automne 1996, p. 7.

Patrick Bergeron, «Mains de père», *Québec français*, n° 100, hiver 1996.

Hédi Bouraoui, «Oasis», *Envol*, vol. 3, n° 4, 1995.

Hugues Corriveau, «Et souigne la baquaise dans le coin de la boîte à bois!», *Lettres québécoises*, n° 80, hiver 1995.

Andrée Lacelle, «Le récit d'une filiation», *Liaison*, novembre 1995.

Frédéric Martin, «Le père, l'amant et le scribouillard», *Lettres québécoises*, n° 79, automne 1995.

Mireille Desjarlais-Heynemann, «Le retour à la terre de Paul Savoie», *L'Express de Toronto*, juin 1995.

Andrée Lacelle, «Danse de l'œuf», *Envol*, vol. 3, n° 1, 1995.

Pierre Nepveu, «Amour flou», *Spirale*, n° 140, mars 1995.

François Paré, «Paul Savoie et Andrée Lacelle : la lente clarté des mots», *Liaison*, mars 1995.

Évelyne Voldeng, «L'être humain dans toute sa complexité», *Liaison*, janvier 1995.

Richard Raymond, «Conversations dans l'Interzone», *Moebius*, printemps 1995.

Lara Mainville, «Mains de père», *Zone, région de l'Outaouais*, automne 1995.

Ingrid Joubert, «Mains de père», *Cahiers franco-canadiens de l'Ouest*, automne 1994.

François Paré, «Le peuple des rôdeurs», dans *Théories de la fragilité*, Ottawa, Le Nordir, 1994, p. 78-82.

G. Ross Roy, «Amour flou», *World Literature Today*, été 1994.

Évelyne Voldeng, «Amour flou», *Liaison*, mars 1994.

Jocelyne Felx, «La colonne et la croisée», *Lettres québécoises*, n° 78, été 1993.

Monique Dufour, «Contes statiques et névrotiques», *Nuit blanche*, automne 1992.

Mireille Desjarlais-Heynemann, «Les contes statiques et névrotiques de Paul Savoie», *L'Express*, 8 mai 1992.

Gilles Perron, «Contes statiques et névrotiques», *Québec français*, n° 85, printemps 1992.

Mireille Desjarlais-Heynemann, «Louis Riel dans l'œuvre de Paul Savoie», *L'Express*, 14-20 mai 1991.

René Dionne, *Anthologie de la poésie franco-ontarienne*, Sudbury, Prise de parole, 1991, p. 119.

Mireille Desjarlais-Heynemann, «Un Renga : Liens», *L'Express*, 2-8 avril 1991.

Marguerite Andersen, «L'ire du poète devant la menace de tout perdre», *Liaison*, septembre 1989.

Jacques Paquin, «Bois brûlé», *La poésie au Québec*, 1990.

Rosmarin Heidenreich, «Recent Trends in Franco-Manitoban Fiction and Poetry», *Prairie Fire*, printemps 1990.

Roger Léveillé, *Anthologie de la poésie franco-manitobaine*, Saint-Boniface, Éditions du Blé, 1989, introduction.

Alexandre Amprimoz, «Une trace dans le corps d'une écriture», dans *Anthologie de la poésie franco-manitobaine*, Saint-Boniface, Éditions du Blé, 1989, p. 436-440.

Barbara Carey, «The Meaning of Gardens», *PCR*, été 1988.

Marie-Claire Howard, «Paul Savoie: premier écrivain francophone en résidence de la bibliothèque municipale», *L'Express*, vol. 13, n° 24, juin 1988.

Antonio D'Alfonso, «Soleil et ripaille», *Nos livres*, vol. 18, 1987.

François Paré, «À chacun d'ouvrir la fenêtre», *Le Droit*, 75e année, 21 novembre 1987.

André Marquis, «La naissance du soleil», *Lettres québécoises*, automne 1987, p. 43.

Alexandre Amprimoz, «The Poet Builds», *PrF*, vol. 7, n° 3, automne 1987.

Ingrid Joubert, «Quoi de neuf dans l'Ouest canadien-francais?», sur «À la façon d'un charpentier», *Littérature canadienne*, n° 111, hiver 1986, p. 221-225.

François Paré, «Recueillir sa vie en poésie», *Le Droit*, 74ᵉ année, n° 200, 22 novembre 1986.

Kenneth Meadwell, «La signifiance», *Littérature canadienne*, n° 107, hiver 1985.

Gérald Boily, «Paul Savoie, poète franco-manitobain: l'appropriation par le regard», thèse de maîtrise, Université de Paris-Sorbonne, 1985.

Michel Beaulieu, «À la façon d'un charpentier», *Livres d'ici*, mars 1985.

Ian Sowtan, «(Un)making», *Littérature canadienne*, hiver 1983.

Hans R. Runte, «Cross-Canada Rope Dance», *Atlantic Provinces Book Review*, vol. 10, n° 1.

Alexandre Amprimoz, «A Knight Exists Somewhere», *Winnipeg Writers News*, vol. 2, n° 2, 1980.

Alexandre Amprimoz, «Paul Savoie's Eternal Laughter», *ECW*, n° 18/19, été/automne 1980.

B. K. Filson, «Acrobats», *Quarry*, vol. 32, n° 1.

Richard Giguère, «En d'autres lieux de poésie», *Lettres québécoises*, vol. 17, printemps 1980, p. 30-31.

Taïb Soufi, «Le verbe des prairies», *Bulletin du Centre d'études franco-canadiennes de l'Ouest*, octobre 1979, p. 23-32.

Luc Bouvier, «La maison sans murs», *Livres et auteurs québécois*, 1979, p. 119.

Ted Allen, «Paul Savoie Seems Exotic to Québecois», *Winnipeg Free Press*, octobre 1979.

Marthe Lemery, «La maison sans murs ou l'exploration de demain», *Le Droit*, 67ᵉ année, n° 152, 17 octobre 1979.

Stéphane-Albert Boulais, «Paul Savoie: le risque de l'intelligence», *Le Droit*, 67ᵉ année, n° 226, 22 décembre 1979, p. 18.

Dave Carpenter, «Salamandre», *Cont. Verse*, vol. 1, n° 1, printemps 1975, p. 12-13.

NOTES

1.   Paul Savoie, *Poèmes choisis: racines d'eau*, présentation de François Paré, Saint-Hippolyte (Qué.), Éditions du Noroît, 1998, 137 p.

2.   Glen Campbell (dir.), *The Selected Poetry of Louis Riel*, translated by Paul Savoie, Toronto, Exile Editions, 1993, 151 p.

CONVOYAGES. ESSAIS CRITIQUES
de ROBERT MAJOR
(Orléans, Éditions David, 1999, 356 p.)

Louis Bélanger
Université du Nouveau-Brunswick
Campus de Saint John

L e *Robert* définit l'action de convoyer en évoquant l'idée d'un double rapport entre le déplacement et l'accompagnement protecteur. Robert Major reprend à son compte la métaphore du voyage et la projette dans la participation du critique littéraire comme convoyeur, passeur de connaissances d'un port d'attache à un autre. L'apport du critique à la vulgarisation du savoir littéraire s'apparente de la sorte à un rôle d'intermédiaire entre l'œuvre littéraire et ses lecteurs potentiels. *Convoyages. Essais critiques* réunit dans cette perspective une quinzaine de textes analytiques que Robert Major a publiés au cours des vingt dernières années.

Si l'originalité de l'entreprise prête au questionnement quant au renouvellement d'études connues, l'ouvrage se distingue de publications comparables par une sincérité et une sensibilité pleinement conscientes des pièges épistémologiques liés à ces types de recueils. Ayant lui-même exprimé à plus d'une reprise ses réserves à cet égard à titre de responsable de la chronique des essais dans la revue *Voix et images*, Robert Major reconnaît candidement son «plein délit de contradiction», dont il confesse, en avant-propos, la toute humaine condition: «Certes, il y a un certain plaisir à se contredire soi-même et à assumer ses contradictions. C'est un plaisir très humain» (p. 9). Nulle critique n'étant innocente, un tel aveu réconcilie les discours premiers et seconds qu'incarnent l'art et la critique, et le plus grand mérite de *Convoyages. Essais critiques* renvoie à l'incorrigible lucidité de son auteur.

Ce «je» qui s'exprime ne craint donc pas l'autodérision. Émule de ses contemporains ayant poursuivi des études universitaires dans les années 1960, Robert Major accuse dans ses essais une reconnaissance théorique aux travaux de penseurs tels Sartre, Escarpit, Goldmann, Lukács; en revanche, il pourfend sa propre génération par le biais d'un sarcasme rageur à l'égard d'une certaine vague «parisianiste jargonneuse structuralo-sémioticienne, de surplus bardée de psychanalyse et de marxisme mal digéré» (p. 74), dont il prend ses distances au profit de la mise en œuvre d'un équilibre fragile entre lectures, recherches et vulgarisation savante. Tous les textes colligés dans *Convoyages. Essais critiques* témoignent, d'une part, de la répugnance du chercheur face au charabia à prétention scientifique et nombriliste et, d'autre part, d'une passion pour le souci pédagogique, l'érudition sans prétention et l'humilité trop souvent négligés dans les cercles savants.

Le parti pris de Robert Major pour la clarté critique se manifeste dans un discours nuancé, réfléchi, cartésien. Ses propos sur l'infinie question identitaire canadienne-française et québécoise en illustrent l'exemplaire cheminement intellectuel. Sa situation de «Franco-Ontarien, Québécois d'adoption, habité de sa mauvaise conscience de transfuge et néanmoins conscient que des milliers de ses compatriotes vivent le même dilemme et les mêmes interrogations» (p. 43), confère à son analyse une posture idéologique singulière et une crédibilité accrue dans les passages où il est question notamment d'exiguïté, de marginalité, de frontières. La même acuité du regard caractérise les essais portant sur les œuvres du terroir canadien-français ou sur l'effervescence littéraire québécoise de la Révolution tranquille, champs des études littéraires privilégiés du chercheur dont l'expertise jouit d'une indiscutable reconnaissance dans les lieux concernés.

Il ne faudrait pas pour autant conclure que *Convoyages* se veut dépourvu d'émotions, d'extraits où la part du sentiment réclame son droit au chapitre, et ce, au même titre que l'analyse scientifique à proprement parler. Pour qui est un tant soit peu familier avec les travaux de Robert Major sur la littérature d'expression française au Canada, «Concourir pour la langue», premier de quatre articles regroupés sous le titre *Prolégomènes*, constitue une fort agréable expérience de lecture. L'autobiographie se substitue alors au ton analytique et permet à l'auteur d'évoquer sa participation et son triomphe au Concours provincial de français de l'Ontario, en 1962. L'anecdote vaut certes pour son importance dans la vie d'un gamin, représentant du Nord de la province, plongé dans le «chef-lieu de la francophonie ontarienne» (p. 16) d'Ottawa le temps d'une épreuve, mais plus encore, pour la révélation que lui livre cette expérience. En effet, ce passage de la langue française de l'ordre du privé, familial, à la sphère publique et sociale, catalyse un amour des livres, l'émergence d'une «rêverie éveillée en présence des mots» (p. 24) remarquables tout au long de *Convoyages*. Un clin d'œil à Jean Éthier-Blais, lauréat du même concours en 1938, jette une lumière attendrissante sur ce maître du passé, comme sur l'importance d'une telle institution dans la société franco-ontarienne.

Convoyages. Essais critiques est à lire également pour la contribution de Robert Major à la réflexion sur les questions criantes d'actualité en recherche littéraire que sont la réception de la littérature québécoise en France, la dictature de la marge comme espace fondamental de l'imaginaire, la parcellisation du pouvoir symbolique à l'échelle universelle, les richesses insoupçonnées du XIXᵉ siècle dans l'essor de la francophonie canadienne contemporaine. En bout de ligne, ces textes réunis trouvent leur fil d'Ariane dans un vibrant plaidoyer pour la langue, «lieu de toutes les significations» (p. 43), selon l'auteur. Personne ne contestera le rappel de cette vérité.

AINSI PARLE LA TOUR CN

de HÉDI BOURAOUI

(Vanier [Ont.], L'Interligne, «Vertiges», 1999, 354 p.)

Chantal Richard
Moncton

« Tous les chemins mènent à moi et le ciel est ma limite.» Par cette affirmation positive digne d'être affichée dans tous les bureaux de psychologues débute ce récit narré par la tour CN. Anti-babélienne au féminin, inuksuk urbain et francophone par choix, elle projette de son sommet des images et des discours dans les «deux cent quatre-vingt-six langues recensées dans cette ville» (p. 12). Véhicule d'une société médiatique, elle sert également de porte-parole à l'auteur qui ne cache pas ses opinions provocantes. Admirons néanmoins la métaphore: l'auteur, Hédi Bouraoui, comme la tour CN, projette une vision de l'extérieur sur le peuple canadien, lui qui n'appartient ni à la majorité anglophone, ni à la minorité francophone, ni même aux peuples des Premières Nations. Il appartient plutôt à cette quantité toujours grandissante d'immigrants ou «*hyphenated Canadians*» (p. 99).

Bouraoui a un pied-à-terre sur trois continents: d'origine tunisienne, il a surtout publié en France et au Canada. Cette perspective mondiale lui permet de faire des observations que seul quelqu'un d'ailleurs sait lancer au visage des Canadiens «de souche» (expression que, justement, Bouraoui n'utilise qu'avec mépris). Alerte aux gendarmes du mouvement *politically correct*! Dans ce roman, tous y passent. Enfin, à peu près. La tour, qui fait ses 24 tours de Toronto grâce à la rotation de 360 degrés de son «*revolving restaurant*», met en lumière un groupe de personnages ethniquement et socialement diversifié. On y retrouve un Italien, un Africain, des Amérindiens, un Québécois, un Franco-Ontarien, des WASP (*White Anglo-Saxon Protestants*), un Malais, un «immigré récent» de la France, quelques Métis et un peu d'homosexualité pour clore le tout. C'est une mise en fiction du concept de l'«orignalitude», développé par l'auteur même, selon lequel toutes ces sections de la société formeraient un seul corps, qui a «des bois de cerf, une tête de cheval, un corps de chameau, une barbichette de bouc et des sabots palmés...» (p. 40). Inspiré de la description de l'orignal que fait Champlain dans son *Voyage en Amérique*, Bouraoui oppose cette théorie du multiculturalisme intégré[1] à la philosophie du *melting pot* où tous se ressemblent et propose de substituer aux guerres intestines un corps uni, composé de plusieurs parties et capable de se mouvoir en harmonie.

En effet, si le médium est le message, alors il est clair que Bouraoui a voulu mettre l'accent sur la diversité des personnages plutôt que sur leur profondeur. Ces derniers sont souvent caricaturés, comme le Québécois Marc Durocher, «pure laine, *chip on the shoulder*» (p. 25), qui ne respecte les panneaux routiers que s'ils sont bilingues. Et le Mohawk Pete Deloon, engagé pour travailler au haut de la tour parce qu'il n'a pas le vertige, une caractéristique légendaire chez les Mohawks, nous inspire de la sympathie lorsque l'envie lui prend de sauter en bas de la tour en parachute — étant donné que l'enseigne dit bien aux visiteurs : « *Let your Spirit Soar* » —, mais il paraît beaucoup moins courageux quand on apprend qu'il bat sa conjointe Kelly King (p. 265). Son «sens inné de l'éthique» (p. 14) disparaît alors sous des couches d'alcoolisme et de frustration par rapport à sa condition socio-économique.

Toutefois, comme pour délivrer son père du mal, Moki, le fils de Pete, va refaire le trajet en fin de roman, mais dans le sens inverse. L'ascension de la tour CN par Moki est symbolique de l'espoir d'une nouvelle génération, mais le roman s'y attarde peu. Twylla Blue, par contre, est un personnage dominant dans le roman ; femme amérindienne au nom étrangement anglophone, elle semble comprendre l'Esprit-Orignal mieux que tous les autres. Finalement la catharsis qu'aurait pu produire la confrontation entre Kelly King et Twylla Blue dans la dernière scène du roman est peu convaincante. C'est une tentative de dialogue entre deux femmes que le manque de compréhension fait avorter : «Encore une fois vous ne m'avez pas comprise !» (p. 347).

Bouraoui critique également l'action affirmative qui fait que l'on embauche un personnel représentatif des minorités pour gérer la tour CN, plutôt que de s'attarder aux mérites même des candidats. Marcel-Marie Duboucher, Franco-Ontarien «de souche», homosexuel, est « [e]mbauché par intérim pour montrer que nous ne faisons aucune discrimination envers nos minorités francophones, ni envers les homosexuels, ni contre les rancuniers perpétuels, ni contre ceux qui se sont appelés "hommes invisibles" de souche» (p. 37 — on reconnaîtra ici la référence à l'auteur franco-ontarien Patrice Desbiens et à son roman *L'Homme invisible/The Invisible Man* —; voir aussi p. 64). Et l'Africain Souleyman Mokoko, ingénieur des ponts et chaussées diplômé, est déçu de son poste d'opérateur de l'ascenseur de la tour : «Souleyman sait que la couleur de sa peau est son vrai atout, sa carte perdante aussi» (p. 51). Le couteau à double tranchant de la compensation politico-économique pour sa situation de minoritaire n'est finalement qu'un paternalisme condescendant mal caché ; on veut bien se faire passer pour juste en ayant la charité de donner du boulot à ces pauvres minoritaires, mais il ne faut quand même pas qu'ils viennent prendre nos postes haut placés ! C'est ce réalisme difficile à avaler qui fait de Bouraoui un auteur intéressant, qui ne sera pas sans susciter la controverse, mais qui a du moins le courage de soulever ces questions épineuses.

Il n'en accuse pas moins les groupes minoritaires d'être gravement affectés de cette maladie sociale qu'il nomme la «subventionnite», béquille des opprimés (ou tout simplement de ceux qui se perçoivent de la sorte) qui crée une dépendance par laquelle «[c]haque coquille se ferme sur elle-même et développe un nombrilisme aigu [...] C'est plus rentable pour les élections que n'importe quelle percée scientifique» (p. 40).

Le lecteur s'apercevra donc assez rapidement que ce tour de Toronto en 24 chapitres est un survol cynique de la coexistence d'une multitude de cultures et de langues au pays. Bouraoui illustre particulièrement bien la tension que crée le mythe utopique du multiculturalisme intégré dans un pays où l'on passe son temps à réclamer des droits et des privilèges spéciaux: «Pays d'érable de neige et de pourparlers... dont le quart de la population veut sortir, alors que les neuf-dixième [sic] du Tiers-monde meurt [sic] d'envie d'y rentrer!» (p. 21). Mais il consacre peu d'espace au multilinguisme, à la fois sur le plan du contenu et sur le plan formel (dans le texte écrit en français, on repère un peu d'anglais et un effort réussi pour représenter quelques registres de langue, mais une absence étonnante des autres langues présentes dans le milieu et projetées par les antennes de la tour). En effet, si on peut admirer l'effort de Bouraoui et louer sa candeur, l'antibabélisme (ou l'après-Babel) qui encourage la diversité des langues est également la cause biblique du manque de communication. Le mot Babel serait-il la source étymologique du verbe anglais *to babble (to speak incoherently)*? Comment résoudre ce problème sinon en nivelant les langues pour en produire une seule, pénétrée de temps à autre par des expressions étrangères? L'écriture de ce roman est une illustration de ce paradoxe.

Hédi Bouraoui est l'auteur d'une production impressionnante; poète, romancier, traducteur et critique, il n'hésite pas à mélanger ces genres comme il lui plaît. *Ainsi parle la tour CN* est un roman ironique et humoristique qui fait une critique acerbe du complexe de la victime et de la rectitude politique. Le roman est amusant par moments, intelligent et provocant, mais le ton moralisant de Bouraoui peut devenir lourd. Peut-être le lecteur se demandera-t-il alors si l'auteur ne se serait pas trompé de genre et n'aurait pas produit un essai plutôt qu'un roman.

NOTE

1. Voir à ce sujet l'excellente bibliographie des œuvres et de la réception critique de Bouraoui dans Jacques Cotnam, *Hédi Bouraoui, iconoclaste et chantre du transculturel*, Hearst, Le Nordir, 1996, p. 183-269.

LA FRANCOPHONIE CANADIENNE : PORTRAITS

de GRATIEN ALLAIRE

(Sainte-Foy, AFI-CIDEF / Sudbury, Prise de parole, 1999, 224 p.)

André Lalonde
Institut de formation linguistique
Université de Regina

L'auteur utilise le terme « francophonie » pour décrire tous les Canadiens qui parlent le français et partagent une série de valeurs communes, même si ces Canadiens de langue française s'identifient de plus en plus à leur province. Cette évolution s'avère normale puisque la province a compétence dans le domaine de l'éducation, secteur d'importance cruciale pour la survivance de chacune des communautés de langue française. En l'absence d'établissements scolaires où les enfants et les adolescents peuvent apprendre la langue de Molière, l'usage du français est relégué au foyer et la culture française évolue vers un genre de folklore, ce qui conduit à l'assimilation.

Peu après l'Acte de l'Amérique du Nord britannique de 1867, deux visions distinctes se sont heurtées : « une conception de ce pays le voulait britannique et anglais, avec des relations plus ou moins étroites avec la mère-patrie et l'empire britannique » (p. 22) et l'autre percevait « ce Canada comme un pays bilingue où les Canadiens français se sentiraient chez eux d'un bout à l'autre » (p. 23). Selon le professeur Allaire, « les différentes dispositions scolaires adoptées par les provinces au tournant du siècle » ont occasionné la création d'« un pays officiellement bilingue, mais unilingue dans les faits » (p. 24).

Les minorités de langue française hors Québec ont réussi à survivre, tant bien que mal, grâce à l'Église catholique et à son réseau de prêtres et de religieuses. L'Église a muni les minorités d'institutions comparables à celles qui existaient au Québec : paroisses, écoles, collèges, couvents, hôpitaux et hospices. Dans plusieurs provinces, les oblats, les jésuites et autres congrégations religieuses ont financé la mise sur pied de journaux, préconisé la création d'associations provinciales et fortement encouragé leurs ouailles à protéger leur langue, leur foi et leur culture.

L'effritement du pouvoir de l'Église a créé un vide chez les minorités, vide que le Québec tenta de combler partiellement en offrant, au début des années 1960, une aide financière. Mais c'est la Commission Laurendeau-Dunton sur le bilinguisme et le biculturalisme qui amena le gouvernement fédéral à remplacer la Providence (l'Église catholique) par l'État-providence, c'est-à-dire à créer le Secrétariat d'État.

La disponibilité de capitaux et de nouveaux services a entraîné un réveil des minorités qui a conduit à l'épanouissement des arts et a donné naissance à une confiance et à une fierté jusqu'alors demeurées muettes. Les revendications devant les tribunaux, l'appui du gouvernement fédéral, l'adoption de la Charte canadienne des droits et libertés en 1982 et la prise en charge de la gestion des écoles ont permis aux minorités d'envisager l'avenir avec optimisme. Les leaders de la francophonie espèrent pouvoir freiner l'assimilation et promouvoir l'épanouissement de la culture française «*a mari usque ad mare*».

Gratien Allaire présente par la suite un aperçu historique de chacune des minorités de langue française du pays et brosse un tableau historique de la majorité de langue française du Québec. Statistiques, répartition géographique par province, mobilité démographique, associations et organismes caractérisent l'analyse qu'il fait des trois grandes familles de langue française du Canada — l'une québécoise, l'autre francophone à l'ouest du Québec et la troisième acadienne —, ce à quoi vient s'ajouter une bibliographie à jour.

Le lecteur ne trouvera pas, dans cet ouvrage, de nouvelles interprétations de l'histoire des minorités ou des révélations surprenantes, mais il pourra y puiser une foule de renseignements sur l'évolution de chacune des trois collectivités de langue française du pays. Il y trouvera aussi un portrait de l'état de santé des francophones du pays, y compris les Yukonnais et la population francophone des Territoires du Nord-Ouest et du Nunavut.

Dans la conclusion, l'auteur, Québecois d'origine mais professeur d'histoire en Alberta puis en Ontario depuis 1976, souligne que le principal défi de la francophonie canadienne est le rapprochement entre le Québec et les minorités francophones des autres régions. «Les communautés francophones et le Québec ont besoin l'un de l'autre. Sans la pression du Québec, le sort des communautés francophones serait tout à fait différent. Avec les communautés francophones comme alliées, le Québec peut se donner les moyens d'une place beaucoup plus importante à l'intérieur du Canada» (p. 212).

Quels que soient les progrès accomplis grâce à l'appui du gouvernement fédéral et les efforts inlassables des leaders des communautés francophones du pays, il faut reconnaître que, sans le Québec, il n'y a point de salut pour les minorités de langue française.

LES RADIOS COMMUNAUTAIRES :
INSTRUMENTS DE FRANCISATION

Annette Boudreau et Stéphane Guitard
Université de Moncton

Depuis les années 1960, les différentes communautés francophones au Canada ont connu des transformations sur les plans social, politique et économique. Au Nouveau-Brunswick, les francophones se sont progressivement dotés de structures permettant de revitaliser ou de solidifier le caractère francophone des différentes régions. L'une de ces structures, celle des radios communautaires, semble particulièrement bien s'acquitter du rôle de promoteur de la langue française, même si elle prend quelque distance à l'égard des préceptes classiques du « bon usage ».

Cet article vise à montrer comment les politiques linguistiques de deux radios communautaires francophones du Nouveau-Brunswick arrivent à refléter la réalité linguistique des régions qu'elles desservent, l'une étant située dans le Nord-Est, région plutôt monolingue, l'autre dans le Sud-Est, région bilingue. Dans le Nord-Est, Radio Péninsule (CKRO) dessert une population francophone homogène qui représente 99 % de la population (Beaudin, p. 80). D'après un document préparé par l'ARCANB (Association des radios communautaires acadiennes du Nouveau-Brunswick), la radio, mise en ondes en 1988, rejoint 69 % de la population et se classe en première position des radios écoutées à tous les moments de la journée pour toutes les catégories d'âge et de sexe. Dans le Sud-Est, Radio Beauséjour (CJSE), en place depuis 1994, dessert une population bilingue composée, dans le comté de Westmorland, de 40,9 % de francophones et, dans le comté de Kent, de 76,1 % de francophones (Statistique Canada, recensement de 1996), et elle rejoint 61 % de son auditoire potentiel selon un sondage réalisé en 1999 par un cabinet d'experts indépendants. En 1999, elle est la première station écoutée sur une base régulière par 45,7 % des francophones de la région.

Les deux populations en question vivent des expériences langagières différentes. Déjà, sur le plan des habitudes linguistiques, les péninsulaires n'ont pas à s'interroger au quotidien sur la langue à privilégier dans les affaires courantes ; la plupart sinon toutes leurs activités se passent en français. Dans le

Sud-Est de la province, les francophones ont été et sont toujours confrontés au dilemme d'avoir à choisir telle ou telle langue pour telle ou telle activité. En effet, ils ne savent jamais quand ni où ils auront à faire usage de l'autre langue dès qu'ils sortent de la maison, de l'école ou de leur lieu de travail, si toutefois ils ont la possibilité de travailler en français. De plus, en ce qui concerne les habitudes d'écoute radiophonique, les francophones de cette région ont toujours majoritairement écouté la radio de langue anglaise jusqu'en 1994, sauf une faible proportion de la population qui écoute Radio-Canada et la radio universitaire, CKUM.

Cadre conceptuel

La présente recherche s'appuie sur la thèse des marchés linguistiques élaborée par Pierre Bourdieu (1982), sur la notion d'insécurité linguistique telle qu'elle a été développée pendant la dernière décennie (Annette Boudreau, 1998; Annette Boudreau et Lise Dubois, 1992; Aube Brétégnier, 1996; Michel Francard, 1993, 1997; et Pascal Singy, 1996) ainsi que sur le concept renouvelé de politique linguistique défini par Normand Labrie (1999).

Dans son livre désormais célèbre, *Ce que parler veut dire: l'économie des échanges linguistiques*, Bourdieu a montré que les variétés d'une langue circulant sur le marché linguistique ne sont pas dotées de la même valeur, la valeur la plus positive étant généralement accordée à la variété prestigieuse ou à la variété dite «légitime». Qui plus est, en milieu bilingue ou plurilingue, le marché linguistique se complexifie, ce qu'a bien montré Louis-Jean Calvet (1994), et il y aurait selon ce dernier «une sensibilité des locuteurs à la tension du marché qui les orientera soit vers la production de telle ou telle forme linguistique soit vers l'utilisation de telle ou telle langue» (Calvet, p. 125). Or nous avons vu que les auditrices et les auditeurs francophones du Sud-Est vivent des tensions linguistiques de cet ordre, entre deux langues ou entre deux variétés de français, étant donné que ces langues et ces variétés ne sont pas dotées de la même valeur sur le marché linguistique monctonien. En outre, si on se limite à la sphère du marché unilingue, on constate que la variété populaire ou celle qui s'écarte trop de la variété normative est souvent absente des situations officielles où seul le «français standard» est de mise. C'est habituellement le cas du marché radiophonique: on accorde la part belle (ou la seule part) à la norme dominante, ce qui explique que, dans les communautés francophones où l'écart entre les variétés est grand, les gens se reconnaissent peu dans les voix projetées. Mais il existe parfois, dans la marge de ce marché dominant, des espaces où la variété populaire réussit à se faire entendre. Dominique Lafontaine (1986, p. 68) a déjà écrit, en parlant des accents, qu'un «produit sans valeur "bon marché" sur le marché officiel, devient très "cher" (cher au cœur) sur le marché libre de la sphère privée». Or on peut élargir cette citation en montrant que non seulement les accents, le lexique et la syntaxe d'un «produit sans valeur» occupent le cœur de la sphère privée, mais qu'ils peuvent déborder ce cadre pour occuper une place dans la sphère publique, comme nous le verrons un peu plus loin.

De plus, on sait que les représentations linguistiques se construisent à même les idéologies et les préjugés entourant la langue qui circulent dans un milieu (Gueunier, 1997) et que ces représentations se «cultivent ostensiblement en terrain polémique, conflictuel» (Boyer, p. 49). Les terrains diglossiques où deux langues en présence ne jouissent pas d'un statut égal (statut étant entendu dans son sens large), comme c'est le cas dans le Sud-Est du Nouveau-Brunswick, sont propices au développement des représentations linguistiques marquées par l'ambivalence, avec une nette propension à la dévalorisation de la langue dominée. Or l'étude d'Annette Boudreau et Lise Dubois (1992) et celle d'Annette Boudreau (1998) ont montré que les représentations linguistiques des jeunes du Nord-Est sont beaucoup plus positives que celles des jeunes du Sud-Est, lesquels ont tendance à dénigrer leur façon de parler et à considérer que leur français est presque illégitime. Annette Boudreau et Françoise Gadet (1998) ont montré que cet état d'esprit s'étend à la population adulte néo-brunswickoise de cette même région. Ces représentations sont le propre des groupes sociaux dominés sur le plan linguistique qui ont l'impression, à tort ou à raison, que les formes linguistiques qu'ils utilisent ne sont pas conformes à celles qui sont les plus valorisées sur le marché linguistique officiel et surtout qu'elles ne sont pas légitimes. Cette situation, vécue dans plusieurs pays francophones — pour la Belgique, voir les études de Michel Francard (1993, 1997) et de Dominique Lafontaine (1986, 1991); pour la Suisse, voir Pascal Singy (1996); pour l'Afrique et notamment pour le Cameroun, le Sénégal et la République démocratique du Congo, voir Marie-Louise Moreau (1999) —, et que l'on nomme insécurité linguistique, est exacerbée dans les communautés où, en plus d'être confrontés à deux variétés de langue, les gens ont à vivre avec deux langues différentes qui sont inégales sur le plan social. C'est le cas des locuteurs du Sud-Est, qui ont été et qui sont encore dominés linguistiquement par l'anglais, et qui ont à composer avec un vernaculaire que les francophones qui parlent un français plus standardisé ne valorisent pas toujours. Les gens du Sud-Est ont longtemps préféré se taire plutôt que de risquer que l'on se moque de leur français. Par exemple, des journalistes de Radio-Canada nous ont admis avoir beaucoup plus de difficulté à trouver des gens du Sud-Est que des gens du Nord-Est pour intervenir dans les différentes émissions de radio ou de télévision et je cite : «On essayait de faire des entrevues avec le monde [du Sud-Est] ; "ah non je parle trop mal je peux pas parler là-dedans", j'ai entendu ça un million de fois» (C-02-010).

Finalement, Normand Labrie (1999) fournit une définition de politique linguistique assez large qui permet de prendre en compte les initiatives linguistiques orientées vers un but politique, comme celles des acteurs sociaux régionaux, par exemple, qui n'émanent pas de l'État : «la politique linguistique peut être considérée en tant que discours émanant de divers sites, dont principalement : la société civile, les agences exerçant le pouvoir politique, les médias et le monde scientifique» (Labrie, p. 1). L'auteur ajoute que «l'action politique tout comme la codification des pratiques langagières ont pour but d'exercer un contrôle social sur le pluralisme et sur la variation linguistique dans le sens de leur accroissement ou, à l'inverse, de leur restriction» (p. 2). Cette définition nous permet d'étudier les discours en circulation dans un secteur particulier des médias, les radios communautaires, et de voir si les points de vue exprimés sur la langue visent à créer des espaces publics qui maintiennent la variation linguistique ou qui, au contraire, l'excluent.

Méthodologie

Labrie ajoute dans le texte précité que si l'on conçoit la politique linguistique comme un «phénomène discursif», il importe de développer des modes d'analyse de discours appropriés. C'est la tâche entreprise par le groupe de recherche «Prise de parole»[1], qui a mené la présente recherche et qui s'inspire des méthodes utilisées en sociologie, en sociolinguistique et en anthropologie linguistique.

Dans le cas qui nous concerne, nous avons dépouillé 40 heures d'enregistrement puisées au hasard de la programmation et nous avons interviewé sept personnes de Radio-Beauséjour, dont le directeur général, le directeur de la programmation, quatre animateurs et un rédacteur et concepteur de la publicité, tandis qu'à Radio-Péninsule nous avons interviewé cinq personnes : le directeur général, trois animateurs et le directeur de l'information et de la programmation. Au cours de ces entretiens de type semi-directif qui ont duré entre une heure et deux heures, nous avons cherché à connaître la trajectoire personnelle des participants, à comprendre (dans ces cas-ci) leur positionnement à l'égard de la langue utilisée dans les radios communautaires (évolution, pourquoi et comment) et à voir comment ces acteurs sociaux contribuaient à la construction d'espaces publics francophones au Nouveau-Brunswick tout en y intégrant ou non la variation linguistique — ce qui a amené nos interlocuteurs à prendre position sur la norme et à discuter des représentations linguistiques, des leurs et de celles de leur communauté.

Premières analyses

Les politiques linguistiques (explicites et implicites) régissant les radios communautaires

La politique du CRTC prévoit l'établissement de radios communautaires de langue française, de langue anglaise et dans certains cas bilingues (dans le cas des langues autochtones, par exemple). Au Canada aujourd'hui, 49 de ces radios sont en exploitation : 9 de langue anglaise ; 35 de langue française (dont 7 au Nouveau-Brunswick) ; 3 bilingues (de langues française et anglaise) ; une station qui diffuse principalement en français avec un fort pourcentage d'émissions à caractère ethnique ; enfin, une autre qui diffuse en français et en langues autochtones. Conformément au mandat du CRTC, les radios communautaires doivent desservir leur milieu selon une politique linguistique très vague qui porte essentiellement sur le contenu musical ; il faut, par exemple, qu'une radio de langue française canadienne diffuse au moins 65 % de musique francophone.

Or ce qui nous intéresse dans ce projet, c'est de voir comment le personnel des deux radios tente de s'acquitter de sa responsabilité de promoteur de la langue française tout en tenant compte des réalités sociolinguistiques différentes que nous avons décrites.

CKRO

Dans les politiques émises concernant les publicités et les promotions, on constate que les directives portant sur la qualité du français sont très claires :

« L'utilisation du bon français est primordial[e] dans les promotions et publicités, alors si vous n'êtes pas certains ou certaines, *vérifiez avec la direction* [souligné dans le texte]. Tout ce qui mérite d'être fait mérite d'être bien fait ! Si vous faites une erreur de diction, une hésitation ou une erreur de français, pour vous et pour les autres S.V.P. refaites-là [*sic*]. »

CJSE

À Radio Beauséjour, on fait les recommandations suivantes : « Tout écart de langage doit être évité sur les ondes. Radio Beauséjour vise la qualité au niveau du contenu verbal. La norme vise un *français acceptable* » (c'est nous qui soulignons).

Dans les deux régions, on peut constater que les responsables des radios visent à faire la promotion du français, mais on peut déjà dégager une différence importante, l'une proposant l'usage d'un « bon français » et l'autre d'un « français acceptable ». Ces termes se prêtent à plusieurs interprétations, et nous avons décidé de regarder cela de plus près en nous penchant principalement sur le discours épilinguistique des intervenants afin de voir comment ils conçoivent ces politiques, pour ensuite examiner brièvement comment celles-ci se concrétisent dans les pratiques langagières réelles des animateurs des radios lorsqu'ils sont en ondes.

Des radios à l'écoute de leur milieu

CKRO (Nord-Est)

Sur la question de la norme à adopter, un des témoins affirme qu'on veut apprendre aux professionnels de la communication un français international et qu'on vise à donner ce français à la population ; toutefois, il ajoute qu'« il y a un processus à suivre, qu'il faut choisir le vocabulaire en fonction des auditeurs » ; il précise qu'il connaît la population de la région et que s'il y a un mot proposé dans une publicité, par exemple, qu'il ne comprend pas, il l'éliminera. Dans le même ordre d'idées, un autre témoin explique que, dans les publicités, aucun anglicisme n'est toléré. Il ajoute que, dans les premières années de la mise en ondes de CKRO, le principe était difficile à appliquer parce que les commerçants étaient habitués à utiliser certains termes anglais, et il donne les exemples suivants :

> L0 exemples dans les ventes *beat the clock* / hein les ventes *beat the clock* ça veut dire : plus tu vas tôt dans la journée, plus t'as de meilleurs prix/ alors i invitent la clientèle à arriver plus tôt/ alors c'est la vente *beat the clock* nous c'était la course contre la montre/ on n'a pas perdu de contrats mais ça été difficile d'installer cette nouvelle façon de fonctionner
>
> L1 oui oui
>
> L0 même chose pour les *waders* / les *waders* les grandes bottes de caoutchouc pour les pêcheurs des *waders*/ on appelle ça des *waders* / mais le vrai mot français était pataugeuse / alors là c'est pas évident (C-01-41).

Pour amener les commerçants et la population à progressivement accepter un terme et à en faire usage, deux autres témoins utilisent, comme les collègues précédents, ce que nous pourrions appeler un processus de médiation comme on peut le voir dans les exemples suivants :

> L1 tu sais le publiciste arrive / y a une vente de *jacket*
>
> L0 oui
>
> L1 *jacket* c'est un blouson / ben lui il veut dire *jacket* parce que les gens savent c'est quoi un *jacket*/ donc faut lui dire que *jacket* c'est blouson/ il faut commencer en disant / une vente sur les *jacket* ou si vous préférez des blousons à soixante-dix dollars […]
>
> L0 ça fait que vous utilisez les deux à l'intérieur de la même phrase
>
> L1 […] ben à force de l'entendre tu sais c'est comme des patates ça se cultive-là (C-01-40).
>
> si on emploie ces termes là (les termes français) plus souvent que les termes anglophones/c'est sûr qu'on ne demande pas aux gens / de toutes les retenir ou de les employer […] parce que la personne qui a toujours dit *muffler* tout le temps de sa vie / tu vas pas lui faire dire silencieux du jour au lendemain tu sais elle va pas aller au Canadian Tire et dire je veux un silencieux pour mon Chevrolet soixante et quatre […] (C-01-42).

Un autre témoin abonde dans le même sens et explique comment le travail sur la qualité de la langue s'effectue au-delà de la chasse aux anglicismes ; il donne comme exemple le fait de corriger « une » hôpital pour un hôpital, mais, dit-il :

> Ça va plus loin que ça on dit pas mercredi le douze juin / on dit le mercredi douze juin/ on se l'est fait dire / […] alors à force de travailler / on réussit à le faire/ on dit pas soixante et douze on dit soixante-douze […] on veut pas recevoir un prix de l'Académie française / c'est pas ça/ mais on peut/ un peu soit-il/ améliorer la qualité de français / c'est euh / ça serait extraordinaire (C-01-39).

Les témoins précisent que ces politiques linguistiques visant à améliorer le français semblent répondre aux vœux des locuteurs qui, parfois, leur écrivent ou leur téléphonent lorsqu'il arrive qu'une erreur de français se glisse dans les textes (C-10-41, C-04-43). D'autre part, ils disent également qu'en raison du taux d'analphabétisme qui sévit dans la région, ils sentent qu'ils ont la responsabilité d'éduquer la tranche de la population qui ne sait pas lire, car autrement celle-ci ne saurait élargir son répertoire linguistique ; la radio constitue donc pour elle un moyen privilégié d'apprentissage (C-01-39, C01-43).

CJSE (Sud-Est)

Dans le Sud-Est, on se demande également quelle norme privilégier et, comme dans le Nord-Est, tout en voulant éduquer les gens, on veut que les gens comprennent les termes utilisés :

> l'objectif est de communiquer, [l'objectif, c'est] que les gens comprennent […] / la clientèle est différente [de celle de Montréal, par exemple] / moi je pense qu'à Montréal / les gens en pourcentage / mais je peux me tromper ils sont beaucoup plus instruits / ils lisent beaucoup plus / ils écrivent beaucoup plus / ça fait que quand-ce que j'écris un texte je me dis si j'écris ça / mon grand-père vas-tu comprendre […] on veut pas changer le monde / on veut informer le monde // pis en même temps on veut les instruire […] c'est tel mot qu'on utilise pour dire telle chose / ok tu leur dis // d'un autre côté tu veux pas qu'ils changent tous les mots dans leur vocabulaire /ok / tu veux pas qu'ils changent la façon qu'ils parlent parce que / moi j'aime la façon que le monde d'icitte parle pis / je veux dire / tu prends l'animateur du matin / des fois il va dire des choses / que ce soit en anglais ou / que ce soit des affaires plus acadiennes tu sais / une fois de temps en temps faut se laisser aller pis / c'est notre identité / c'est nous autres tu sais (C-02-41).

En outre, on remarque que les intervenants du Sud-Est ont une conscience très aiguisée de la situation linguistique «inconfortable» des locuteurs de la région, locuteurs auxquels ils s'identifient fortement ; ils n'essayent pas de masquer la réalité pour imposer une langue qui serait trop éloignée de la langue parlée dans le milieu : «tu sais moi j'ai des améliorations à faire sur mon français /mais je vois aussi des gens des fois qui sont au même niveau que moi j'étais un temps/ pis je vas essayer de les aider» (C-02-43).

> dans les cinq ans / où on a pris des jeunes / des moins jeunes / des personnes âgées de tous les groupes / qu'ont passé à la radio / dans la première année / ces gens-là on pouvait pas les faire parler / ils venaient faire des émissions pis ils jouaient cinq chansons en ligne pis ils avaient de la misère à donner l'heure pis maintenant ils parlent un peu trop pis ils jouent pas assez de musique / tu sais […] ces gens-là ont pris confiance en eux-mêmes (C-02-40).

De plus, les animateurs de la région ont l'impression que des progrès s'accomplissent en matière linguistique ; par exemple, un témoin raconte qu'au début, lorsque certains bénévoles prenaient le micro, ils utilisaient beaucoup d'anglicismes, mais, dit-il, au lieu d'entendre dix anglicismes à la minute, «tu n'en as qu'un par minute» (C-02-40). Un autre intervenant abonde dans le même sens :

C'est certain qu'on fait des erreurs / mais ceci étant dit / moi je pense que depuis le début / y a eu beaucoup d'amélioration qui s'est faite et l'amélioration est venue des employés / pas nécessairement de la direction parce qu'il ne faut pas oublier / qu'on a tapé sur la tête des gens du Sud-Est par rapport au niveau de français […] ce qui est le plus important c'est d'avoir un français acceptable / […] on pourrait dire standard / parce qu'y a différents niveaux de français / français standard de France / le français québécois standard / pis y a le français acadien standard / on s'entend là-dessus (C-02-42).

En somme, on constate que, comme dans le Nord-Est, les animateurs et les journalistes de Radio Beauséjour utilisent des stratégies de reformulation pour joindre leur public, c'est-à-dire qu'ils traduisent de l'anglais vers le français tout en répétant plusieurs fois les termes dans les deux langues pour que les gens comprennent. D'ailleurs, un des animateurs dit que, dans cinq ans, ils n'auront plus besoin de traduire le terme français en anglais étant donné que les gens auront intégré le lexème dans leur vocabulaire :

ça se fait tout seul dans le sens que les gens entendent de nouveaux mots / c'est de l'éducation […] ils apprennent sans qu'ils s'en aperçoivent / tu sais / palmarès là y a plus personne qui a des problèmes avec ça / mais c'est un nouveau mot que personne avait jamais entendu / palmarès ça mange quoi pour déjeuner […] on dit ben aujourd'hui c'est le décompte des quinze étoiles de l'Acadie / le décompte / ils l'apprennent/ ils savent asteure / décompte ça veut dire… (C-02-040).

Pratiques réelles

Jetons maintenant un coup d'œil sur les pratiques langagières concrètes des animateurs et des journalistes. Bien qu'il eût fallu augmenter considérablement le nombre d'heures d'écoute des deux radios pour donner une analyse scientifique des résultats, nous avons pu observer que la tendance qui se dégage, c'est que les pratiques linguistiques rejoignent les commentaires épilinguistiques des témoins en ce qui concerne la reformulation de termes au besoin, pour en assurer la compréhension, comme dans les exemples suivants puisés dans le Sud-Est :

1) Y a plusieurs gens qui préfèrent le fax/ puis nous autres aussi [donne le numéro] / c'est le numéro du télécopieur / ou le fax.
2) [Dans un marché aux puces]
L'auditeur : Et un general electric / euh/ microwave
L1 oui
L'auditeur : excuse-moi
L1 non non y a rien là / un micro-ondes/ un micro-ondes/ un micro-ondes / microwave c'est ça là de GE [la discussion se poursuit].

Mais on peut dire également que le français entendu, bien que très marqué par les particularités locales, accent, lexique acadien — «une moses d'élan que je ne t'ai pas vu» (le 8 mai 2000) —, contenait très peu de termes anglais, termes particulièrement stigmatisés. Dans les 40 heures d'écoute recueillies à différentes heures de la journée, nous avons pu constater une nette tendance vers l'utilisation d'un français plus standardisé, mais standardisé dans le sens employé par un des intervenants, c'est-à-dire un standard acadien, qui reste bien sûr à être décrit, mais qui sous-entend le meilleur français possible des divers intervenants.

Dans l'ensemble, la philosophie de base liée aux pratiques langagières est similaire dans les deux radios communautaires. On veut laisser les gens s'exprimer, tout en ayant conscience de servir de modèle linguistique pour une bonne partie de la population, et donc on tente d'user du français le plus acceptable possible. La principale différence qui se dégage des discours des témoins, c'est le besoin ressenti en région minoritaire de donner la parole aux gens. On l'a dit au début du texte, les gens des milieux minoritaires avaient peur de prendre la parole ; maintenant, c'est le contraire. Ils téléphonent, donnent leur opinion, demandent un renseignement, etc.

On constate que, pour donner la parole aux gens, il faut d'abord accepter cette parole, peu importe la distance entre cette parole et la norme socialement valorisée ; un ancien directeur de la programmation de Radio Beauséjour, d'origine belge, avait très bien traduit cette réalité lors d'un colloque tenu à Moncton en 1996 sur les différences régionales entendues dans les différentes radios :

> Lorsque j'ai commencé mon travail de directeur de programmation à Radio-Beauséjour, j'ai été rapidement confronté à un problème majeur : la peur de s'exprimer des gens parlant français dans le Sud-Est. D'où venait-elle cette peur ? Tout simplement du fait que cela fait près de 200 ans que l'on dit aux Acadiens qu'ils parlent mal. Comment résoudre le problème ? Certainement pas en perpétuant cette situation. Raoul Duguay disait : « Tu ne peux pas éduquer quelqu'un si tu crées psychologiquement un sentiment de domination linguistique. Tu l'infériorises ». Face à l'éternel silence du mal-aimé j'ai décidé que le droit à l'expression passerait avant le devoir de bien parler. La communication commence avec l'envie de se raconter peu importe la manière et je préfère écouter parler pendant des heures, un bègue qui a quelque chose d'intéressant à dire qu'un académicien dont les paroles sont vides (Vanhecke, p. 3).

La popularité de Radio Beauséjour auprès des auditeurs francophones de la région est incontestablement liée au registre de langue utilisé par ses animateurs ; les auditeurs s'y reconnaissent et participent de plain-pied à son développement. En fait, la popularité de la radio communautaire laisse entrevoir un regain de vie de la culture d'expression française. Elle constitue un formidable outil de promotion de la musique francophone ; on y diffuse la musique francophone de l'Acadie, du Québec, de la France, de la Belgique, de l'Afrique, etc. Les auditeurs apprennent à connaître les « classiques » de la chanson française et ainsi se dotent de références communes avec la francophonie internationale. La radio communautaire crée donc un espace public, un lieu de rencontre où il est possible de rejoindre les gens. Et les animateurs le font au moyen de leur langue, et c'est à travers elle que se reconnaissent une majorité de locuteurs francophones de la région.

Conclusion

On voit, avec l'expérience des radios communautaires, que le local ne se pratique pas nécessairement au détriment de l'international, que c'est même par le local qu'on rejoint l'international. D'ailleurs, bien des accents et des variétés linguistiques sont déjà présents dans ces radios, surtout depuis que le RFA (le réseau francophone d'Amérique) relie les radios communautaires des communautés francophones entre elles et produit des bulletins nationaux qui donnent une place prépondérante aux informations concernant les communautés francophones et acadiennes à l'extérieur du Québec. Ces voix aux multiples accents jumelées aux voix locales permettent aux locuteurs de se sentir partie prenante de la francophonie et leur donnent l'occasion d'élargir leur propre répertoire linguistique sans qu'ils se sentent lésés dans leur identité.

Après une première analyse des différents discours, on constate que les acteurs sociaux interrogés jouent un rôle important en tant qu'agents de changements linguistiques, étant donné qu'ils permettent à des voix auparavant marginalisées de se faire entendre. Dans la région du Sud-Est où le français a été longtemps minorisé, ils se font les instigateurs d'un marché linguistique élargi et flexible où le vernaculaire a droit de cité. Ce sont d'ailleurs dans les marges de ce marché que la parole longtemps stigmatisée se libère et que les locuteurs minorés deviennent à leur tour des producteurs de sens. Dans ces nouvelles formes discursives où la norme dominante n'est plus la marque exclusive qui tient lieu de légitimité, on voit poindre à l'horizon des actions politiques qui favorisent le développement des communautés francophones en tenant compte de la diversité de leurs pratiques langagières.

Finalement, à la lumière de ce que l'on vient de décrire, on peut supposer que les radios communautaires sont en train d'agir sur les représentations que les auditeurs entretiennent à l'égard de leur langue et de celle de leur milieu. Lorsque des gens, longtemps habitués au silence, prennent conscience que des gens qui parlent comme eux prennent le micro et s'expriment, ils développent une autre image d'eux-mêmes. Ils ne sont plus «confinés à l'antichambre de la mort» pour utiliser l'expression de Kundera, car ils commencent à se sentir exister et à prendre conscience de leur légitimité en tant que francophones et surtout en tant qu'Acadiens francophones avec leurs particularités linguistiques.

BIBLIOGRAPHIE

Beaudin, Maurice (dir.) (1999), *La région économique du Nord-Est du Nouveau-Brunswick*, Moncton, Institut canadien de recherche sur le développement régional, coll. «Maritimes».

Boudreau, Annette (1998), «Représentations et attitudes linguistiques des jeunes francophones de l'Acadie du Nouveau-Brunswick», thèse de doctorat, Nanterre, France (non publiée).

Boudreau, Annette et Lise Dubois (1992), «Insécurité linguistique et diglossie: étude comparative de deux régions de l'Acadie du Nouveau-Brunswick», *Revue de l'Université de Moncton*, vol. 25, nos 1-2, p. 3-22.

Boudreau, Annette et Françoise Gadet (1998), «Attitudes en situation minoritaire. L'exemple de l'Acadie», dans Ambroise Queffélec (dir.), *Le français en Afrique, Francophonies* (recueil d'études offert en hommage à Suzanne Lafage), Nice, Didier Érudition, no 12, p. 55-61.

Bourdieu, Pierre (1982), *Ce que parler veut dire: l'économie des échanges linguistiques*, Paris, Fayard.

Boyer, Henri (1991), *Langues en conflit. Études sociolinguistiques*, Paris, L'Harmattan.

Brétégnier, Aude (1996), «L'insécurité linguistique: objet insécurisé? Essai de synthèse et de perspective», dans Didier de Robillard et Michel Beniamino (dir.),

Le français dans l'espace francophone, Paris, Honoré Champion Éditeur, tome 2, p. 903-923.

Calvet, Louis-Jean (1994), *Les voix de la ville. Introduction à la sociolinguistique urbaine*, Paris, Payot.

Francard, Michel, avec la collaboration de Joëlle Lambert (1993), *L'insécurité linguistique en communauté française de Belgique*, Bruxelles, Communauté française Wallonie Bruxelles, coll. «Français et société», 6.

Francard, Michel (1997), «Le français en Wallonie», dans Daniel Blampain, André Goosse, Jean-Marie Klinkenberg et Marc Wilmet (dir.), *Le français en Belgique*, Louvain-La-Neuve, Duculot.

Gueunier, Nicole (1997), «Représentations linguistiques», dans Marie-Louise Moreau (dir.), *Sociolinguistique. Concepts de base*, Bruxelles, Pierre Mardaga, p. 246-252.

Kundera, Milan (1993), *Les testaments trahis*, Paris, Gallimard.

Labrie, Normand (1999), «Politique linguistique ou action politique? Questions de méthodologie», communication donnée au Symposium international sur les minorités dans la politique linguistique et culturelle de l'Europe, Universität Wien, Vienne, 5-7 novembre 1999.

Lafontaine, Dominique (1986), *Le parti pris des mots. Normes et atti-*

tudes linguistiques, Bruxelles, Pierre Mardaga.

Lafontaine, Dominique (1991), *Les mots et les Belges: enquête sociolinguistique à Liège, Charleroi, Bruxelles*, Bruxelles, Service de la langue française, coll. «Français et société», 2.

Moreau, Marie-Louise (dir.) (1997), *Sociolinguistique. Concepts de base*, Bruxelles, Pierre Mardaga.

Moreau, Marie-Louise (1999), «Pluralité des normes et des appartenances. Convergences et divergences en situation pédagogique», dans Conrad Ouellon (dir.), *La norme du français au Québec*, Québec, Gouvernement du Québec, perspectives pédagogiques Terminogramme nos 91-92, p. 41-63.

Singy, Pascal (1996), *L'image du français en Suisse romande. Une enquête sociolinguistique en pays de Vaud*, Paris et Montréal, L'Harmattan.

Statistique Canada (1996), *Recensement de 1996* <http://www.statcan.ca/francais/census96/list_f.htm>

Vanhecke, Yvon (1997), «Les particularité régionales, recul ou richesse», *Le Topo* (édition spéciale: actes du colloque «Les médias doivent-ils céder aux particularités linguistiques régionales?») (journal officiel de l'Association acadienne des journalistes), Moncton, L'Acadie Presse, vol. 13, p. 3.

NOTE

1. Le projet «Prise de parole» est financé par le Conseil de recherches en sciences humaines du Canada. Les chercheurs principaux sont Normand Labrie, Monica Heller (Université de Toronto), et Jürgen Erfurt (Johann-Wolfgang-Goethe Universität, Frankfurt am Main), et les collaboratrices sont Annette Boudreau et Lise Dubois (Université de Moncton). Il est également financé par le programme Transcoop de la German-American Council Foundation (chercheurs principaux: Jürgen Erfurt, Monica Heller et Normand Labrie) et par l'AUPELF-UREF (chercheurs principaux: Patrice Brasseur et Claudine Moïse, Université d'Avignon et des Pays de Vaucluse, et Rada Tirvassen, Mauritius Institute of Education).

ACTIVITÉS QUOTIDIENNES
DANS UN QUARTIER POPULAIRE FRANCOPHONE[1]

Guylaine Poissant[2]
Université de Moncton

Au Canada et ailleurs dans le monde, les changements économiques de ces dernières années ont eu des conséquences différentes selon les groupes sociaux et les régions. La précarisation de l'emploi qui a touché l'ensemble du pays a eu, selon le Front commun pour la justice sociale du Nouveau-Brunswick des effets plus dramatiques dans cette province. Bien qu'en 1997 les emplois peu payants (moins de 9,24 $ l'heure) représentaient 24,5 % des emplois au Canada, cette proportion grimpait à 35,4 % pour le Nouveau-Brunswick (Cormier et Wery, p. 1). À l'intérieur même du Nouveau-Brunswick, ce sont surtout les régions rurales et acadiennes du Nord-Est qui ont été touchées. Cependant, les régions anglophones et urbaines ont également subi les effets de la désindustrialisation. Pour savoir comment se traduit la précarité économique dans le quotidien des familles des quartiers dits défavorisés, il existe plusieurs indicateurs : entre autres, le nombre de repas servis aux banques alimentaires, les demandes faites aux groupes communautaires, les services demandés aux différents paliers de gouvernement. Ces indicateurs rendent compte d'une partie de la réalité qui a déjà fait l'objet de recherches, notamment de la part d'organismes communautaires et publics. La précarité vécue par les familles est plus difficile à cerner lorsqu'elle se passe dans l'espace privé. Pourtant l'étude des activités qui ont lieu dans le privé peut contribuer à la compréhension des changements vécus par les milieux populaires.

Le présent article porte donc sur les activités quotidiennes des femmes et des hommes francophones d'un secteur de Parkton, un quartier de Moncton. Nous examinerons ensuite ces activités à la lumière des valeurs dominantes des milieux populaires.

Avant de poursuivre, il est nécessaire de donner quelques précisions sur le quartier. Dès sa formation, au cours des années 1940, Parkton était une banlieue ouvrière de Moncton où habitait une forte concentration de francophones. La population masculine de Parkton travaillait surtout dans les ateliers du Canadien national situés à la périphérie du quartier. Plusieurs jeunes femmes de Parkton faisaient également partie de la main-d'œuvre active. Malgré l'annexion de Parkton à la ville de Moncton en 1954, la population de cette région est demeurée culturellement et économiquement homogène. Le quartier avait son école, ses épiceries et autres petits commerces, son église, sa troupe de théâtre, ses groupes de musique *country and western* — dont certains avaient leurs propres émissions de radio et qui faisaient des tournées au Canada et aux États-Unis —, ses clubs de balle, mais aussi ses *bootleggers* et ses contrebandiers. Sur le plan économique, le sort du quartier a toujours été lié à celui du CN et de ses ateliers qui employaient, en 1963, 1 500 personnes.

Depuis la fermeture des ateliers du CN au milieu des années 1980, la population locale et régionale s'est appauvrie. Dans la région du Grand Moncton par exemple, en retenant neuf secteurs de la ville sur dix, la proportion des ménages à faibles revenus varie de 20,8 % à 43,3 % selon les quartiers (Cormier et Wery, p. 3). Il y a également eu des mouvements de population qui ont affaibli l'homogénéité de Parkton. Cependant, le quartier étudié peut toujours être qualifié de populaire, ne serait-ce que par le genre d'habitations (petites maisons unifamiliales dont le prix se situe autour de 55 000 $, logements à prix modiques) et le type de services qui y sont offerts (organismes communautaires, dépanneurs, prêteurs sur gages). De plus, la présence d'institutions comme l'école primaire Saint-Henri et la Caisse populaire montre que sa population est encore acadienne, même si la proportion de francophones y est moins grande que pendant les années 1940 à 1960.

Recension des écrits

Malgré ces particularités, les études sociologiques récentes couvrent les domaines de recherche suivants : identité acadienne (Marc Johnson, Mourad Ali Khodja), culture (Joseph Yvon Thériault, Greg Allain, Isabelle McKee-Allain), langue, éducation, développement international et régional (G. Allain, Omer Chouinard, Marie-Thérèse Séguin), mouvements sociaux, réseaux associatifs (Ronald Babin, O. Chouinard), santé, condition des femmes (I. McKee-Allain), etc. On y analyse la culture acadienne, les réseaux dans les régions acadiennes, la langue et l'identité acadiennes, les femmes acadiennes. Contrairement à l'élite acadienne traditionnelle et montante (communauté d'affaires), la classe ouvrière acadienne et la culture de cette classe n'ont pas fait l'objet d'une recherche exhaustive.

Il faut remonter à 1970, à la thèse de doctorat d'Alain Even portant sur une analyse socio-économique du développement, pour trouver une mention des classes sociales acadiennes au Nouveau-Brunswick. Cependant, les références à la classe ouvrière acadienne y sont rares et peu développées. De plus, la classe ouvrière dont il est question est composée d'une main-d'œuvre qui travaille dans les industries du Nord, donc en régions rurales ou dans de petits centres. Quant à la culture acadienne, Even base ses observations sur la situation qui prévalait en Acadie à la fin des années 1960.

Ailleurs au Canada, il existe pourtant une importante documentation sur les classes sociales, y compris sur la classe ouvrière. Les changements économiques et sociaux de ces dernières années ont changé la composition de ces couches sociales salariées, de sorte qu'elles forment maintenant une main-d'œuvre beaucoup plus hétérogène. Dans le cas de la classe ouvrière, « cols blancs et cols bleus sont de plus en plus intégrés dans certaines chaînes de production alors que les conditions de travail des employés de bureau, de commerces et de services de santé rapprochent ces catégories de ce que l'on appelait traditionnellement les couches prolétarisées» (Rousseau et Saint-Pierre, p. 280). Le même problème se présente en ce qui a trait à la définition des classes populaires qui comprennent généralement les couches inférieures de la classe moyenne (ou de la petite bourgeoisie selon les auteurs), la classe ouvrière et une partie des classes défavorisées.

Avec la restructuration de l'économie et le désengagement de l'État qui se fait en appliquant des politiques d'austérité et en privatisant, de plus en plus de personnes font maintenant l'expérience de la précarisation dans leur emploi et de l'exclusion temporaire ou permanente du travail. Le travail n'est donc plus garant d'insertion sociale. «La majorité des personnes pauvres sont, en effet, actives sur le marché du travail, mais ne parviennent pas à tirer de leur activité un revenu suffisant» (Lesemann, p. 583). C'est là l'une des raisons données par Ginette Paquet pour expliquer la croyance en la chance par opposition à l'éducation et au travail comme moyen de réussite sociale. «On ne perçoit pas la vie comme une ascension et le travail n'en constitue pas l'élément le plus intéressant» (Paquet, p. 57).

D'autres valeurs sont associées aux milieux populaires: le présent, le quotidien, le concret, la famille (Paquet; Lalive d'Épinay *et al.*). Les classes populaires misent en effet davantage sur les relations familiales et personnelles qui leur procurent un sentiment d'appartenance à un groupe. Ce groupe, soumis aux mêmes contraintes, développe alors un sens de la dignité qui ne vient pas du désir de dépasser ou de faire mieux que les autres, mais de la promotion de l'ordinaire, de n'être pas pire que les autres. Pour maintenir ce sentiment d'appartenance, il est alors plus important de «faire ensemble» et de «voir ensemble» que de voir ou de faire une activité quelconque (Paquet, p. 60). Dans ce processus de formation de l'appartenance, le voisinage et surtout la famille jouent un rôle primordial. L'attachement au foyer est donc «l'un des fondements de la culture populaire» (Paquet, p. 58-59).

L'étude des activités des groupes populaires traduirait les valeurs énumérées plus haut. Ainsi, ce seraient non seulement le temps accordé à telle activité plutôt qu'à une autre, mais aussi l'importance accordée à une activité spécifique ou à un groupe d'activités qui permettraient d'évaluer l'influence de la culture populaire sur le quotidien. À cet égard, le concept de temps social peut rendre compte de la réalité et de l'organisation d'un groupe social puisque «la valeur du temps, d'un temps particulier est inséparable de son usage social» (Échange et projets, p. 61).

Méthodologie

Pour nous familiariser avec le quartier, nous avons rencontré le curé et d'autres responsables de la paroisse pour recueillir des renseignements sur les services offerts par les associations religieuses et caritatives paroissiales.

Nous avons également consulté des documents sur les origines et le développement du territoire choisi. Pour compléter nos connaissances du quartier, nous avons examiné des documents du département d'urbanisme de la Ville de Moncton sur les résidences du quartier.

De plus, nous avons interviewé des personnes qui travaillent depuis plusieurs années dans le secteur communautaire et dont la clientèle vient du quartier. Ainsi, des responsables du Club des garçons et filles de Moncton, de la Maison Nazareth et de Moncton Headstart nous ont fait part des services que leur organisme offre et ont parlé des personnes qui bénéficient de ces services. La Maison Nazareth, fondée par une religieuse et encore gérée par des bénévoles, est d'abord un centre d'aide physique et psychologique pour les personnes dans le besoin. Elle comprend un centre de distribution de vêtements et de meubles, un refuge pour femmes en difficulté et un abri temporaire pour les sans-abri. Le Moncton Headstart est un centre destiné aux familles défavorisées. Sa mission est de «fournir aux parents et aux jeunes enfants défavorisés sur le plan social, émotif et éducatif un environnement d'apprentissage». Pour y arriver, le centre offre des programmes de tutorat aux enfants et de récupération scolaire aux parents. Le centre offre également un programme d'intervention familiale précoce aux parents de jeunes enfants et un programme de cuisine éducative. Au Club des garçons et filles, il y a environ 350 jeunes de 6 à 18 ans qui sont inscrits aux programmes, autant de garçons que de filles.

Finalement, nous avons fait des observations du quartier à différents moments de la journée et de la semaine et, lors des entrevues, nous avons observé l'intérieur des résidences, la cuisine, notamment, puisque c'est dans cette pièce qu'ont eu lieu la plupart des entrevues.

À l'origine, nos entrevues devaient se limiter aux résidants de la plus vieille partie de Parkton, c'est-à-dire un territoire situé du côté nord-est de Mountain Road, qui comprenait 233 ménages. Ce secteur est occupé en grande partie par des maisons unifamiliales dont la valeur se situe autour de 50 000 $. Une sélection au hasard d'environ 10 % de ces ménages a donc été faite. Après quelques entrevues, nous avons constaté que les occupants et occupantes des maisons de notre échantillon étaient très majoritairement des personnes âgées ou retraitées, des femmes pour la plupart. Dans le but d'avoir un échantillon plus représentatif en âge de la population générale et des deux sexes, nous avons décidé de sélectionner des ménages plus jeunes. Les observations sur les parties connexes du territoire original ont conduit à la réalisation d'entrevues avec des personnes demeurant dans des immeubles situés vers le nord et l'est de ce territoire où résidaient de jeunes familles, afin de respecter l'origine socio-économique de notre étude.

Pour mesurer l'importance d'une activité ou d'un groupe d'activités quotidiennes, la parole a donc été donnée aux femmes et aux hommes de Parkton, et leur capacité d'exprimer la réalité qui les entoure n'a pas été remise en cause. En accord avec le Groupe de recherche et d'intervention régionale, nous mettons au contraire en doute «l'idée "d'objectivité" d'un objet scientifique qui aurait évacué complètement le sujet connaissant» (Anadón *et al.*, p. 21). Pour cette raison, nous avons choisi de faire des entrevues avec des personnes qui habitent dans le quartier populaire, c'est-à-dire une vingtaine de résidants francophones de la partie sud-est de Parkton.

Les entrevues étaient semi-directives et basées sur un questionnaire portant sur les sujets suivants: l'origine familiale, les activités quotidiennes et les valeurs qui y sont rattachées, la perception de la situation linguistique et économique, les rapports avec la famille, les voisins, le quartier, les projections dans l'avenir. Pour donner la parole à des personnes qui hésitent habituellement à parler, du moins publiquement ou à des étrangers, le questionnaire commençait par leur demander leur origine géographique, puis venaient des questions sur leur enfance et sur la langue parlée à la maison, à l'école, dans le voisinage et avec les amis. Par la suite, nous posions des questions sur l'emploi du temps, la vie quotidienne, les choses importantes dans leur vie. De là, l'entrevue pouvait prendre diverses tangentes, puisque nous cherchions aussi à connaître les intérêts des répondants et répondantes. Ceux-ci avaient tendance à s'attarder sur des éléments et des activités de leur vie qui leur donnaient le plus de satisfaction ou qu'ils et elles trouvaient plus intéressants à leurs propres yeux ou en regard des personnes qui faisaient passer l'entrevue.

Composition de l'échantillon retenu

Notre échantillon était composé de femmes et d'hommes entre 19 et 91 ans avec une surreprésentation de femmes, parce que la majorité des hommes approchés étaient réticents à l'idée de répondre au questionnaire. Même en insistant sur le fait que les activités quotidiennes d'un homme sont différentes de celles d'une femme, les hommes ne se percevaient pas comme les responsables de cette sphère sociale. Ainsi, les premiers hommes qui ont accepté de répondre à nos questions étaient ceux dont la conjointe ne parlait pas français ou, dans un cas, dont la conjointe avait un handicap qui l'empêchait de se faire comprendre facilement. Plus tard, ce sont des hommes plus jeunes qui ont accepté de le faire. Dans tous les cas, les entrevues données par les hommes étaient plus brèves ou à l'extérieur de leur domicile. Le fait que ce soit deux femmes qui aient fait passer les entrevues peut expliquer en partie la représentation moindre des hommes. Cependant, la recension des écrits montre que les milieux traditionnels associent le privé avec le féminin, et la population de Parkton n'échappe pas à cette manière de voir les choses.

Puisque Parkton est un quartier populaire, il n'est pas étonnant de constater que les femmes et les hommes de notre échantillon sont sous-scolarisés. Les plus jeunes ont terminé leur secondaire et ont parfois une formation postsecondaire partielle, mais la majorité des adultes de notre échantillon n'ont pas terminé le secondaire. En ce qui a trait à la langue d'enseignement, les plus jeunes ont fait des études en français, ne serait-ce que partiellement, ou ont fait le cours d'immersion, et ils privilégient cette forme d'éducation pour leurs enfants. Les moins de 60 ans se définissent également comme bilingues, où bilingue ici fait référence à des origines francophones et à la possibilité de s'exprimer en anglais. Il y a eu une jeune femme qui se définissait comme «anglaise» même si l'entrevue s'est déroulée en français et même si ses parents étaient francophones. Les personnes plus âgées de notre échantillon se sont définies comme bilingues, «français» ou «françaises».

Concernant l'origine familiale, les personnes âgées de notre échantillon ont vécu sur des fermes et ont connu le travail et la vie de la ferme. Ils vont mettre à profit leurs expériences après leur arrivée à Parkton. Les femmes vont faire un jardin, des conserves, la cuisine, un peu de couture.

> J'ai travaillé très fort [...] de grands jardins [...] [je] mettais tout ça en bouteille (Entrevue 5).

> Y avait de l'espace pour faire un jardin l'été [...] pour avoir des légumes frais pour la famille [...] On avait un grand jardin, pis, je mettais en bouteille [...] Je faisais leurs petites robes [...] J'eux faisais chacun un jumper pis chacun une petite jupe [...] je leur faisais des petites culottes de dessus de petites filles avec des sacs de farine [...] Pis je faisais des culottes pour les petits gars aussi (Entrevue 1).

Les hommes plus âgés ont construit leur maison à même le bois de la compagnie ferroviaire pour laquelle ils travaillaient, et parfois leurs épouses les ont aidés à construire la maison dans laquelle la famille a habité.

> On a bâti nous-autres mêmes icitte (Entrevue 18).

> Je mettais la laine dans les murs (Entrevue 5).

> Là, à l'automne, on l'a arrangé de bas pour qu'a seye plus chaud pour l'hiver [...] c'est de même qu'on a continué à bâtir à tous les ans (Entrevue 1).

> J'ai travaillé sur le toit de ma maison [...] l'été passé fallait que je la finisse c't'année là. Pis asteure chus paré pour travailler en dedans (Entrevue 2).

Les femmes et les hommes de notre échantillon qui ont dans la quarantaine ou moins n'ont pas ce genre d'expertise. Ce groupe a quitté l'école à l'adolescence et a commencé à travailler dans des emplois non spécialisés et précaires, comme caissières, vendeuses, concierges, dans les services et dans le secteur manufacturier.

Quand on examine de plus près la famille d'origine des répondants, la majorité est issue de famille plus nombreuse que la moyenne. Par exemple, une femme de 44 ans vient d'une famille de treize enfants, une autre femme de 63 ans, d'une famille de neuf enfants, un homme dans la quarantaine, d'une famille de neuf enfants, une femme dans la trentaine, d'une famille de neuf enfants, une femme dans la quarantaine, d'une famille de sept enfants. On remarque également, surtout chez les moins de 45 ans, que le père a été absent durant de longues périodes, soit parce que les parents étaient divorcés, soit parce que le père travaillait à l'extérieur de la province. «Notre vrai père, y reste à Alberta» (Entrevue 17). Une femme dans la trentaine a été élevée par une famille d'accueil parce que son père naturel a abusé d'elle.

De plus, la moitié des répondants de moins de 45 ans sont séparés de leur conjoint ou conjointe ou n'ont jamais vécu avec lui ou elle. Si l'on ajoute les personnes âgées, des veuves en majorité, et la célibataire, on peut affirmer que, pour la majorité des femmes de notre échantillon, les hommes sont absents durant de longues périodes de leur vie. Il en va autrement pour les hommes interviewés. Il n'y avait pas de veufs et les hommes dans la trentaine et la quarantaine, même s'ils étaient séparés ou divorcés, ne vivaient pas seuls, c'est-à-dire qu'il y avait une femme dans leur vie, et pour la majorité, des enfants.

La moyenne du nombre d'enfants des répondants, de deux à quatre enfants, est plus élevée que la moyenne nationale. (Une femme a une seule enfant, et c'est parce que le père de cette dernière est un homme marié.) À l'exception des jeunes célibataires, tous les adultes de notre échantillon ont eu des enfants et les femmes ont toutes joué le rôle de mère. Une femme âgée n'en a pas eu, mais elle a gardé et s'est occupée de son frère pendant 60 ans; une autre femme dans la trentaine a «perdu» son garçon et ne peut pas en avoir d'autre; un jeune homme n'a qu'un fils, mais il désire avoir plusieurs enfants.

La plupart des femmes et des hommes de tout âge avaient été confrontés de près ou de loin à la maladie et à la mort. Les problèmes de santé physique et mentale étaient particulièrement évidents chez les femmes de notre échantillon âgées dans la quarantaine et même la trentaine.

> Moi, deux ans passés, j'ai manqué mourir. Je prends des vitamines là, des piqûres, une fois par mois [...] le reste de ma vie. Moi, je peux pas travailler cause ma santé. C'est pour ça que j'ai dit je fais un enfant pis *that's it*, ma vie est trop courte pour ça (Entrevue 13, p. 3, 18).

> Pis là le docteur a été obligé de m'enlever de l'ouvrage parce que j'en pouvais pu [...] I m'ont suggéré d'aller au groupe de l'hôpital qui aide assez beaucoup. C'est assez important d'aller là (Entrevue 9, p. 12).

> Faut que je me traite. Faut que je me fasse opérer dans les deux yeux (Entrevue 19, p. 6).

> J'ai failli mourir quand que Jean est né, le quatrième (Entrevue 1, p. 5).

> J'ai passé des *tough* temps, là, du temps pas mal dur [...] Tu peux pas te mettre là. [...] pis te laisser mourir, malgré que des f... (Entrevue 8, p. 16).

La majorité des femmes et des hommes ont connu la maladie et la mort de près : un enfant ou un frère mort en bas âge, une mère dépressive, des parents ou des beaux-parents qui meurent dans la jeune soixantaine sont choses courantes dans les témoignages retenus.

> Ma mère est morte [...] soixante et trois [...] J'avais vingt-deux ans (Entrevue 18).

> Ma mère était tout le temps dans des dépressions [...] Mon premier frère Michel, est mort [...] Quand j'ai perdu mon garçon treize ans passé... (Entrevue 9).

Pis mon mari a été malade ; je l'ai gardé jusqu'à la dernière journée icitte à la maison (Entrevue 6, p. 16).

J'ai seulement eu un enfant, pis je l'ai jamais vu, al est morte naissante [...] Quand on a déménagé icitte, maman avait perdu la vue (Entrevue 5, p. 4).

Des fois c'était difficile, les enfants étaient malades (Entrevue 1, p. 5).

Finalement, à l'exception des personnes de plus de 60 ans, les adultes de notre échantillon ont connu plusieurs déménagements dans leur enfance. Même les personnes âgées de notre échantillon ont déménagé souvent lorsqu'elles étaient jeunes, soit parce que les parents avaient alors de meilleures possibilités d'emploi, soit parce que la famille élargie pouvait fournir de l'aide ou que cette dernière avait besoin d'assistance.

Procédé d'analyse

Le Centre de linguistique appliquée a retranscrit toutes les entrevues, puis nous avons entrepris une analyse de contenu des grandes catégories préalablement identifiées par notre groupe de chercheures (Annette Boudreau, Lise Dubois et Phyllis LeBlanc), c'est-à-dire l'origine familiale, la langue, la religion, l'école, les activités quotidiennes, les réseaux, les lieux de satisfaction ou d'accomplissement, les aspirations. À la lecture des entrevues, notamment les réponses aux questions ouvertes, d'autres éléments comme la mobilité géographique, la maladie, l'argent sont ressortis et ont été ajoutés aux catégories originales de manière à les intégrer à la liste thématique. Sylvia Kasparian du Laboratoire d'analyse de données textuelles de l'Université de Moncton a collaboré à l'analyse des entrevues, qui ont été réalisées avec le logiciel Sphinx. Ainsi, tous les mots contenus dans les entrevues ont été recensés. Nous avons ensuite réalisé des regroupements de mots autour des thèmes qui nous intéressaient : la famille, l'école, la langue, le travail ; une analyse statistique poussée de type exploratoire (analyse factorielle multidimensionnelle) de cette liste thématique nous a permis de décrire les relations entre les différentes modalités de la variable thématique (famille, travail, langue, école, maladie) et de variables de type sociologique comme le sexe et l'âge ainsi que les thèmes spécifiques à chaque variable sociologique. Le retour aux mots en contexte permet enfin de vérifier et d'illustrer les résultats obtenus.

Résultats préliminaires

Les résultats obtenus proviennent de plusieurs méthodes de collecte d'informations : observations, analyse des entrevues, analyse statistique du corpus de ces entrevues. À l'analyse des entrevues, il en est ressorti que les activités quotidiennes varient selon les sexes, les générations et la présence d'enfants. Une exception, la génération des jeunes sans enfant où les différences sexuelles n'ont pas joué en ce qui a trait aux activités journalières. Les deux jeunes adultes de l'échantillon qui étaient sans enfant habitaient l'un chez ses parents, l'autre chez sa grand-mère et chacun avait un emploi rémunéré. Ce sont ces derniers qui ont parlé le plus longtemps de leurs études, de leur travail et de leurs loisirs. Ils ne font pas ou peu de travail domestique sauf la préparation de leur propre repas. Pour les activités de loisirs, ce sont également les jeunes (sauf une femme dans la trentaine) qui ont le plus souvent mentionné les amis comme personnes significatives.

Plus que l'âge, la présence d'enfants est un facteur déterminant dans le déroulement des activités. Tous les parents se lèvent tôt, entre cinq et sept heures, et les enfants sont au centre de leurs préoccupations. Pour les personnes interrogées, les femmes surtout, le travail domestique et les soins donnés aux enfants occupent donc la partie la plus importante de leurs journées.

Je me lève à sept heures [...] Je les prépare pour aller à l'école, après, je fais mon petit ménage [...] Après qui soient partis, je fais mon ménage. Après j'écoute un peu de télé, pis ça dépend qu'est-ce que j'ai à faire. J'ai plusieurs affaires à faire. Des fois, faut que j'aille faire ma *groceries*, d'autres fois va falloir [...] Y a jamais assez de temps dans une journée [...] Des fois, chus deboute jusqu'à un heure deux heures du matin à plier finir le linge [...] là j'en ai deux qui font pipi au lit (Entrevue 12, femme avec quatre enfants).

La plupart du temps là, je me lève [...] à six heures et demie le matin [...] Point de vue nourriture, i se débrouillent beaucoup [...] souvent ben je le fais (le déjeuner) si j'ai le temps [...] L'autobus est très de bonne heure, à sept heures du matin, ça fait faut faire ça vite [...] Après ça, je va me laver, je va faire mes prières, je va me faire du café, si ça me tente de déjeuner, je va déjeuner [...] Je va nettoyer, j'aime que ma maison est propre, [...] je va faire mon ménage [...] pour moi au moins c'est une manière de dire j'ai accompli quelque chose dans ma journée [...] Là, je va faire du lavage [...] Je va préparer pour le souper [...] Après ça dans l'après-midi, ben moi j'aime pas de rester toute seule à la maison [...] Je va toujours rencontrer une de mes amies [...] Pis là, quand c'est le temps de m'en venir, je m'en viens, puis le souper, faire la vaisselle, parler avec les enfants [...] Pis là dans la soirée, moi je va regarder la télévision, je va me louer un film (Entrevue 14, femme monoparentale avec deux enfants).

Je me lève à cinq heures du matin, pis ensuite, [...] je me prépare une *cup* de café. Ben moi, faut j'ai une heure à moi avant que la petite se lève pour calmer *because* moi chus une personne *nervous*. Yelle, je la réveille à sept heures, ça dépend si qu'a veut prendre son bain le soir d'avant ben là je la réveille yinque à sept [...] A déjeune, ensuite je la [...] a s'habille. Après ça je l'emmène au chemin pour la *bus*. Une fois que la *bus* est *gone*, j'arrive pas icitte tout de suite [...] parce que je va prendre ma grande marche [...] jusqu'à douze heures [...] Je fais mes plats, pis ensuite j'assis, je *watch* mes *shows* [...] jusqu'à trois heures et demie. La petite arrive pis le souper est paré. Pis a fait ses leçons, on parle [...] Moi, je l'aide pas là tant qu'a veut pas essayer [...] me bat pas avec yelle [...] A se couche tard, entre neuf à dix (Entrevue 13, monoparentale avec une enfant).

Je me lève six heures et demie du matin, je réveille les enfants à sept heures et demie, je fais à déjeuner [...] J'amène les enfants à l'école [...] J'amène la femme à l'ouvrage, là, je fais à dîner [...] Là, je ramasse yelle [...] Je les ramasse le midi, i viennent dîner, pis là ma femme vient dîner [...] Là, je l'amène *back* à l'ouvrage [...] Pis je travaille dehors, là je fais le lavage pis le ménage [...] Pis je ramasse les petits après l'école, pis là je fais le souper, je les prépare le soir pour aller se coucher (Entrevue 11, homme avec trois enfants).

J'ai debout à cinq heures du matin [...] Prendre un *shower* pis je déjeune pas les matins, des fois du café, pis je *watch* le télévision jusqu'à sept heures et demie, pis je décolle [...] (travailler) jusqu'à trois heures [...] Après ça, j'ai chez nous, c'est tout [...] Après ça, je fais un petit brin d'ouvrage alentour de la maison [...] Les *groceries*, c'est moi qui le fait des *groceries* [...] C'est moi qui fait le ménage (Entrevue 10).

On se lève six heures, six heures et demie tous les deux, donnent à manger pis *so* là du temps passe, c'temps-là on boit du café, pis on parle avec lui, s'amuse pis là je m'en va travailler de huit heures à douze heures [...] Là je m'en viens pis je fais le dîner [...] Des petites choses à faire alentour de la maison [...] chus comme en charge de la bâtisse [...] Là le souper arrive pis là on passe du temps ensemble après le souper [...] Là on met ses pyjamas pis prépare pour qu'i aille se coucher [...] Pis là ça nous donne [...] deux heures à nous autres pour passer du temps ensemble, se louer un film ou quekchose comme ça (Entrevue 7, homme marié avec un enfant).

La grande majorité des femmes de notre échantillon avec de jeunes enfants ont eu un emploi qu'elles ont quitté pour élever leurs enfants.

J'ai tout le temps travaillé jusqu'à temps que j'ai eu mon petit garçon [...] Je veux tiendre chez nous quand est-ce qu'i sont petits avant qu'i alliont à l'école (Entrevue 17).

J't'aussi ben de rester à maison là, y ont besoin de moi là (Entrevue 12, femme avec quatre enfants).

Je veux pas aller travailler tandis que M est encore petite [...] J'emmène la petite avec moi [...] je l'emmène partout avec moi là (Entrevue 19, femme avec quatre enfants dont un avec elle).

Une seule femme a invoqué les problèmes de santé pour justifier sa maternité.

Je peux pas travailler cause ma santé. C'est pour ça j'ai dit: je fais un enfant pis *that's it*, ma vie est trop courte pour ça (Entrevue 13).

Il y a une autre exception à faire pour un homme dans la soixantaine dont la conjointe a un handicap. Ce dernier a donc les mêmes contraintes temporelles qu'un parent ayant la responsabilité d'enfants.

Alentour de sept heures et demie, je me lève [...] Ensuite faut qu'y [sa femme, présente dans la pièce] son bain [...] Y a des places à laver, *vacuumer*, faire à manger, ça faut que je fasse, je fais comme chus la femme là [...] Faut [...] j'ai travaillé sur le toit de ma maison [...] l'été passé fallait que je la finisse c't'année là. Pis asteure chus paré pour travailler en dedans [...] Faut que je fasse l'ouvrage de dehors et tout, pis i faut je vire de bord pis j'faise l'ouvrage de la maison (Entrevue 2).

Pour les personnes âgées, l'emploi du temps est plus flexible, mais les activités sont nombreuses. Elles entretiennent leur maison, se font à manger pour elles et pour les autres, tricotent, travaillent à l'extérieur, jardinent.

> C'est jamais pareil [...] J'ai pas de cause à me lever tôt [...] Huit heures, huit heures et demie, je me lève, je déjeune, pis moi, je fais l'ouvrage [...] i a tout le temps de quoi faire [...] L'été là, c'est moi qui passe la tondeuse là, je travaille dehors, je travaille en dedans (Entrevue 8).

> Ben faut pas arrêter, si j'arrête, je pourrais pus me grouiller [...] Moi, j'aime à travailler, [...] je garde les fleurs (Entrevue 5).

> Je me lève, pis je garde quoi je va faire. Je prépare tout mon dîner, faut je mets de côté pis je va faire un gâteau, une tarte, pis là j'écris tandis que le lavage se fait (Entrevue 1).

Même si les personnes de notre échantillon qui ont moins de 60 ans ont connu la précarité dans leur emploi et qu'elles sont pour la plupart en chômage, les répondants ont presque tous parlé spontanément de leur travail présent ou passé. Les tâches et fonctions ainsi que le nombre et l'endroit des différents emplois occupés sont décrits de façon à montrer l'éventail de leur expérience professionnelle.

> J'étais dans les lunettes pour à peu près neuf ans [...] Je savais à peu près douze ouvrages. Là, je venais tannée pis je demandais à mon boss tout le temps, montre-moi à faire quelque chose d'autre. C'est moi qui faisait le *training* des nouveaux employés. C'était une grosse responsabilité, pis c'est c'temps là que j'ai eu un *breakdown* [...] J'étais en charge d'un *office* pour trois ans [...] c'était tout de ma manière. C'était une bonne ouvrage mais i ont fermé les portes [...] J'ai seulement monté jusqu'à presque six dollars [...] Quand c'est le temps d'une augmentation, a nous montait à ça de soit dix cents ou vingt-cinq cents (Entrevue 9).

> J'ai tout le temps travaillé depuis que j'étais comme dix-sept ou dix-huit [...] Je travaillais au *Superstore* [...] J'ai commencé une *cashier*, pis après j'ai commencé à travailler dans la *cash office* [...] J'aimais vraiment la *job* que j'avais dans l'*office* (Entrevue 17).

> J'ai été à Toronto neuf mois travailler dans *landscaping* [...] J'aimais pas le *boss* à Toronto [...] Astheure je suis venteux de *opener* [...] Je travaille trois fois par semaine (Entrevue 10).

Afin de varier les outils d'analyse du contenu des entrevues, une autre grille a été utilisée par le Laboratoire d'analyse de données textuelles de l'Université de Moncton, qui a comparé les fréquences des mots appartenant aux grandes catégories les plus utilisées selon les locuteurs et locutrices. Ainsi, ce sont les personnes âgées qui mentionnent le plus souvent le mot argent et surtout les personnes de moins de 30 ans qui mentionnent les mots travail et famille. D'autres recoupements peuvent être faits selon la présence ou non d'enfants, la présence ou non d'un conjoint ou d'une conjointe, selon les générations, les sexes.

L'interprétation de ces résultats doit cependant être faite avec prudence compte tenu du nombre et du choix des catégories sélectionnées. Il n'en demeure pas moins que la fréquence des occurrences constitue une mesure supplémentaire de vérification des résultats déjà obtenus.

Tableau 1

OTS/CA	FAEV	H6EC	FA0V	FJP0	HJEC	F6EV	F30D	H4EC	H3EC	F3EC	F4E0	F4ED	H2P0	F2EC	F6EC	F3E0	F5EC	H2EM	TOTAL
#argent	19	16	7	3	0	22	3	2	0	4	11	15	0	0	0	2	9	0	113
#enfant	6	4	11	5	1	15	11	0	0	1	1	7	3	4	11	1	0	0	81
#maison	8	9	3	0	0	1	0	0	1	1	3	2	0	9	7	7	3	6	60
#travail	4	8	4	3	0	5	1	0	0	0	1	3	1	2	19	17	0	0	68
#famille	6	0	6	5	0	2	5	0	0	0	0	17	4	10	5	17	2	1	80
#français	1	0	4	3	0	2	13	2	0	3	3	1	0	4	11	8	0	2	57
#anglais	3	0	1	0	0	11	3	2	0	0	2	7	0	1	13	4	0	0	47
#religion	1	0	6	0	4	6	0	0	0	2	1	3	0	4	12	2	0	0	41
#santé	3	17	0	0	3	0	2	0	0	0	1	1	2	1	3	0	3	4	40
#fille	0	2	8	3	0	0	11	0	0	0	5	0	4	2	3	0	0	0	38
#mère	0	0	1	7	0	2	6	0	0	3	0	5	0	4	2	6	0	0	36
#vieux	0	0	1	3	7	2	0	0	1	3	0	4	0	1	4	6	2	2	36
#femme	0	5	0	2	1	1	1	0	0	2	0	4	0	5	8	0	0	0	29
#père	0	0	0	0	0	2	2	1	0	5	2	6	5	2	4	4	0	0	33
#mariage	1	2	10	0	0	0	5	0	0	0	2	0	0	0	4	8	0	0	32
#mort	0	3	0	0	0	0	2	0	0	0	0	2	0	5	0	0	0	1	13
#mari	3	3	2	0	0	5	2	0	0	0	2	0	0	0	0	4	1	0	22
#sœur	0	0	0	0	0	0	0	0	0	0	0	0	0	2	5	3	2	0	12
#frère	0	0	4	0	0	0	2	0	0	0	0	0	0	0	0	9	1	1	17
#garçon	0	0	1	0	0	0	6	0	0	2	0	0	0	0	0	0	0	0	9
#ami	0	0	0	0	0	3	0	0	0	0	0	2	0	0	0	0	0	0	5
#vie	0	0	0	0	0	0	0	0	0	0	0	0	0	0	0	1	0	0	1
TOTAL	55	69	69	34	16	79	75	7	2	26	34	79	19	56	111	99	23	17	870

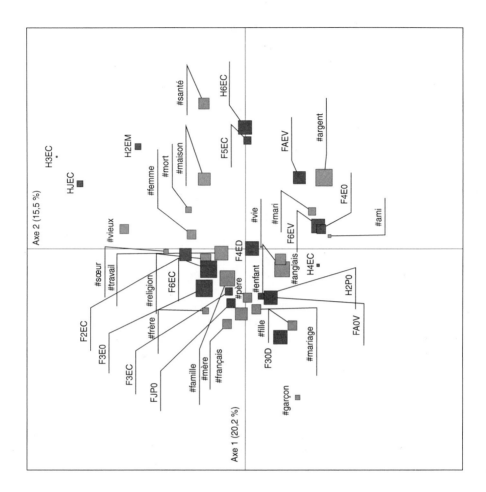

Dans le tableau et le schéma, la première lettre fait référence au sexe : *F* pour femme et *H* pour homme. En deuxième, vient l'âge ou la décennie, c'est-à-dire *2* pour la vingtaine, *4* pour la quarantaine et *A* pour les personnes âgées de plus de 65 ans. Le troisième signe indique la présence ou non d'enfants (*E* ou *0*) ; et le dernier, l'état civil : *C* pour la présence d'un conjoint, *V* pour veuve ou veuf, *D* pour divorcé et *0* pour célibataire.

La même prudence s'impose pour les résultats des observations faites dans le quartier en mai et juin. Généralement, le jour, on observe des femmes qui se promènent avec de jeunes enfants d'âge préscolaire. On voit aussi des hommes âgés seuls, soit sur les marches de leur maison, soit qui marchent sur le trottoir ou qui jasent avec d'autres hommes de leur âge. Le soir, on observe des jeunes d'âge scolaire qui jouent ou qui marchent sur le trottoir, des couples sans enfants, des hommes seuls, mais rarement des femmes, sauf les dimanches.

Analyse

Dans une société qui valorise le travail marchand et les bienfaits de la consommation qui en découle, il n'est pas étonnant de constater qu'une forte majorité de personnes de notre échantillon ont aspiré très tôt à avoir un emploi. De plus, «l'allongement de la phase jeunesse» (Duchesne, p. 9) a pour ainsi dire permis aux jeunes de travailler dans des conditions ne leur permettant pas l'autonomie qu'avaient leurs parents. Même si l'aspiration au travail a été appuyée par la plupart des parents qui ont eux-mêmes une longue expérience du travail salarié, pour les jeunes dans la vingtaine et la trentaine, les conditions plus précaires du marché les ont amenés à canaliser leurs énergies ailleurs et à avoir des activités plus représentatives de leurs conditions de vie. Cette différence générationnelle dans les activités demeure relative. Comme pour les autres jeunes du pays qui sont moins scolarisés, les difficultés à s'intégrer au marché du travail et des conditions précaires d'emploi vont diminuer le clivage entre les générations (Duchesne). Puisque le travail est synonyme d'accomplissement mais aussi d'incertitude, de soucis, de ressentiment même, les jeunes des milieux populaires vont investir dans les autres composantes de leur vie. Si les jeunes sont insatisfaits de leur travail, ils vont, selon Paul Grell, adopter des stratégies comme la fuite et la «rupture avec les lieux connus [...] pour une émancipation comme "sujet" capable d'autonomie, de jugement, de responsabilités» (Grell, p. 168). À Parkton, cet aménagement spatio-temporel, c'est-à-dire cette variété d'endroits recherchés pour les études, le travail, la vie de couple, l'évasion, ne se limite pas aux jeunes dans la vingtaine. C'est aussi le cas des adultes dans la trentaine et la quarantaine, peut-être parce que la crise qui touche particulièrement les jeunes avait déjà été vécue par les adultes des milieux populaires.

Les activités quotidiennes des personnes de notre échantillon sont donc axées autour de la survie, avec les plaisirs et les soucis que cela implique. Conformément aux valeurs des milieux populaires, la famille offre la possibilité de jouer un rôle reconnu par la communauté. De plus, les activités familiales donnent des occasions de relations gratifiantes tout en permettant d'échanger des services, de s'entraider. Il en est de même avec les amis et amies.

Leurs rapports à *l'entraide* permettent à ces personnes de vivre une expérience d'appartenance. Elles y retrouvent un milieu chaleureux, sécurisant, où elles reçoivent un appui inconditionnel, un peu comme un milieu familial idéal, mais sans les contraintes et obligations que cette dernière structure impose souvent en retour. En somme, elles font partie d'un groupe qui les accepte et les valorise et sur lequel elles peuvent compter pour obtenir un appui émotif et même matériel (Saint-Amand et Clavette, p. 150).

Les gens de Parkton sont donc de grands débrouillards. Ils règlent les temps sociaux et les activités qui s'y déroulent, en fonction aussi bien des satisfactions et des plaisirs que de l'utilité de ces dernières.

Conclusion

S'appuyant sur la tradition où la famille et la communauté locale prennent en charge les besoins de leurs membres, les gouvernements s'en remettent à la contribution de l'individu, de sa famille et de sa communauté pour répondre aux demandes croissantes de services publics. Les groupes communautaires ne pouvant répondre à cette demande, les milieux populaires adoptent des comportements en conformité avec leurs valeurs : se débrouiller en s'appuyant sur ses proches.

Ainsi, en présence d'enfants (et c'est le cas de la majorité des répondants), les activités quotidiennes sont orientées autour de la famille. Ces activités sont obligatoires même si elles comportent une part relative de satisfaction. Les activités faites avec les amis seront plutôt associées aux temps de satisfaction personnelle. Quand aux activités consacrées au travail marchand, elles ne représentent pas, pour les personnes de notre échantillon, un lieu d'investissement significatif, surtout pour les femmes.

BIBLIOGRAPHIE

Allain, Greg, Isabelle McKee-Allain et J. Yvon Thériault (1993), « La société acadienne : lectures et conjonctures », dans Jean Daigle (dir.), *L'Acadie des Maritimes*, Moncton, Université de Moncton, Chaire d'études acadiennes, p. 341-384.

Ali-Khodja, Mourad (1994), « Modernité, stratégies identitaires et formes de connaissance dans l'Acadie du Nouveau-Brunswick », *Revue de l'Université de Moncton*, vol. 27, n° 2, p. 31-53.

Anadón, Marta *et al.* (1990), *Vers un développement rose : éléments théoriques et méthodologiques d'une* recherche sur le rapport des femmes au développement en région, [Chicoutimi], Groupe de recherche et d'intervention régionales, Université du Québec à Chicoutimi, 53 p.

Bernard, Roger (1991), *Un avenir incertain : comportements linguistiques et conscience culturelle des jeunes Canadiens français*, Ottawa, Fédération des jeunes Canadiens français.

Boudreau, Annette (1991), « Les rapports que les jeunes Acadiens et Acadiennes entretiennent avec leur langue et avec la langue », *Égalité*, n° 30, p. 17-37.

Bradbury, Bettina (1995), *Familles ouvrières à Montréal*, Montréal, Boréal.

Chicoine, Nathalie, Johanne Charbonneau avec la collaboration de Rose Damaris et Brian Ray (1997), « Le processus de reconstruction des réseaux sociaux des femmes immigrantes dans l'espace montréalais », *Recherches féministes*, vol. 10, n° 2, p. 27-48.

Collin, Christine, Francine Ouellet, Ginette Boyer et Catherine Martin (1992), *Extrême pauvreté, maternité et santé*, Montréal, Saint-Martin.

Conseil national du bien-être social (1998), *Profil de la pauvreté, 1996*, Ottawa, ministre des Travaux publics et Services gouvernementaux.

Cormier, Auréa et Anne Wery (2000), *Appauvrissement de la population du sud-est du Nouveau-Brunswick*, rapport préparé pour le Front commun pour la justice sociale du Nouveau-Brunswick, Moncton.

Dandurand, Renée et Françoise-Romaine Ouellette (1992), « Travail des mères, garde des enfants et soutien de l'entourage dans trois quartiers montréalais », dans Renée Dandurand et Francine Descarries (dir.), *Mères et travailleuses, de l'exception à la règle*, Québec, Institut québécois de recherche sur la culture, p. 129-162.

Dandurand, Renée B. (1988), *Le mariage en question*, Québec, Institut québécois de recherche sur la culture.

Duchesne, Monique (1993), « Les générations », *Bulletin d'information*, ACSALF, vol. 15, n° 4, p. 9-10.

Échange et projets (1980), *La révolution du temps choisi*, Paris, Albin Michel.

Even, Alain (1970), « Le territoire pilote du Nouveau-Brunswick ou les blocages culturels au développement économique », thèse de doctorat en économie du développement, Université de Rennes.

Forgues, Éric, Marie-Thérèse Séguin (dir.), Omer Chouinard, Guylaine Poissant et Guy Robinson, « Entre néo-libéralisme et solidarité, une économie sociale plurielle. Étude de cas du Nouveau-Brunswick », article présenté à la revue de l'Université de Moncton.

Grell, Paul (1999), *Les jeunes face à un monde précaire*, Paris, L'Harmattan.

Hoggart, Richard (1970), *La culture du pauvre*, Paris, Minuit.

Lalive d'Épinay, Christian, Michel Bassand, Étienne Christe et Dominique Gros (1982), *Temps libres, culture de masse et cultures de classes aujourd'hui*, Paris, Fabre.

Leblanc, Phyllis (1992), « Le travail, le chemin de fer et les transformations économiques à Moncton », *Égalité*, n° 31, p. 75-93.

Lesemann, Frédéric (1995), « La pauvreté : aspects sociaux », dans Fernand Dumont *et al.* (dir.), *Traité des problèmes sociaux*, Québec, Institut québécois de recherche sur la culture, p. 581-604.

Letellier, Marie (1971), *On n'est pas des trous-de-cul*, Montréal, Parti Pris.

McKee-Allain, Isabelle (1989), « Les productrices d'ethnicité en Acadie : perspectives théoriques », *Égalité*, n° 24, p. 45-68.

McKee-Allain, Isabelle et Huguette Clavette (1983), « Les femmes acadiennes du Nouveau-Brunswick : féminité, sous-développement et ethnicité », *Égalité*, n° 10, p. 19-35.

Paquet, Ginette (1989), *Santé et inégalités sociales. Un problème de distance culturelle*, Québec, Institut québécois de recherche sur la culture.

Rousseau, Thierry et Céline Saint-Pierre (1992), « Formes actuelles et devenir de la classe ouvrière », dans Gérard Daigle (dir.), *Le Québec en jeu*, Montréal, Presses de l'Université de Montréal, p. 265-295.

Saint-Amand, Nérée et Huguette Clavette (1991), *Entraide et débrouillardise sociale*, Ottawa, Conseil canadien de développement social.

Snow, Claude, porte-parole du Comité des 12, Caraquet, Nouveau-Brunswick.

NOTES

1. Le présent article porte sur des aspects particuliers d'une recherche sur Parkton dont certaines parties (description du quartier, méthodologie, recension des écrits) ont des éléments communs avec d'autres textes.

2. Mes remerciements à Sylvia Kasparian pour ses commentaires à la lecture de ce texte.

L'ACADIE CONFRONTÉE AU TEMPS MONDIAL: QUELQUES ÉLÉMENTS D'UNE RÉFLEXION AUTOUR DU SOMMET DE LA FRANCOPHONIE DE MONCTON EN SEPTEMBRE 1999

NOTE DE RECHERCHE

Chedly Belkhodja
Université de Moncton

Notre époque se caractérise de plus en plus par la sensation d'habiter un monde nouveau. La mondialisation influence notre perception du temps et de l'espace en introduisant une nouvelle phénoménologie que l'internationaliste français Zaki Laïdi définit comme le temps mondial. D'un moment national, fixé autour des symboles de l'État-nation et de la territorialité, nous pénétrons lentement dans un monde qui impose de nouvelles règles du jeu. Cette observation d'ordre global nous semble cruciale, car elle reflète un ajustement de l'ensemble des discours, politique, économique et culturel, à une nouvelle représentation du monde. Nous trouvons intéressant d'explorer cette question par le biais de l'Acadie et de sa représentation en tant qu'acteur sur la scène internationale. Poser l'objet d'étude de l'Acadie dans un contexte plus large répond à une évidence qui est celle de «l'accélération des changements internationaux et [du] développement de processus de mondialisation [qui] bouleversent les temporalités politiques des sociétés[1]».

La présente note de recherche se veut un premier aperçu d'un travail que nous menons sur le temps mondial[2]. Il s'agit ici de dégager quelques pistes de lecture qui vont nous permettre de démontrer que le Sommet de la Francophonie au Nouveau-Brunswick et en Acadie, événement qui a eu lieu en septembre 1999, s'inscrit dans une périodisation d'événements mondiaux. Dans le sillage du Congrès mondial acadien et de la fête des retrouvailles de 1994, on a pu voir en effet l'Acadie se définir au moyen de méga-événements comme le récent rassemblement en Louisiane en août 1999, voire le prochain congrès de 2004 en Nouvelle-Écosse. Cette nouvelle forme de représentation de l'Acadie a donc des conséquences importantes sur la définition même du sens acadien. Premier constat: dans un contexte d'ouverture des frontières et de diffusion de la puissance, les critères classiques du droit international tels que la souveraineté de l'État et la reconnaissance du principe de la territorialité perdent de leur importance. De nos jours, un acteur non étatique comme l'Acadie explore l'univers des réseaux transnationaux en y voyant une avenue nouvelle à une représentation moins territoriale et moins politique de son identité. Peut-on affirmer que l'Acadie respire plus librement dans la mondialisation? Deuxième constat: il est important, selon nous, de se poser la question suivante: quelle a été la représentation de l'Acadie comme projet de société dans le cadre du Sommet de Moncton?

Nous allons présenter de façon sommaire le concept de temps mondial tel que défini par Zaki Laïdi en retenant deux dimensions, selon nous, essentielles. D'une part, une dimension structurelle qui insiste sur une périodisation des événements menant à ce que l'auteur qualifie de «période charnière de reformulation collective du rapport au temps et à l'espace[3]». D'autre part, une grille plus philosophique qui pose les fondements d'une *nouvelle dynamique du monde*.

La problématique du temps mondial: une nouvelle périodisation

Depuis le début des années 1990, Zaki Laïdi produit un travail stimulant autour de la mondialisation. D'abord, en évoquant une crise de sens dans la conduite des affaires internationales, l'auteur prend ses distances par rapport aux thèses plus «spectaculaires» de l'après 1989, entre autres, *La fin de l'histoire et le dernier homme* de Francis Fukuyama, le *Djihad versus McWorld: mondialisation et intégrisme contre la démocratie* de Benjamin Barber et *Le choc des civilisations* de Samuel Huntington[4]. Ensuite, la problématique du temps mondial se dégage du cadre des théories conventionnelles en relations internationales qui portent principalement sur l'aménagement nouveau de la puissance militaire et économique dans l'après-guerre froide. Enfin, son analyse qualitative de la mondialisation, qui s'inspire fortement du cadre d'analyse postmoderne, a l'avantage de nous éloigner de la vision strictement quantitative de la globalisation du monde[5]. La mondialisation est beaucoup plus qu'un simple processus.

Que signifie alors le temps mondial? Tout simplement qu'il existe un autre temps que le temps national, qui tient compte des grands bouleversements de la scène internationale de l'après-guerre froide. Selon l'auteur, depuis une décennie, nous vivons l'effet de plusieurs facteurs mondiaux, tels la libéralisation des échanges économiques, l'importance des transactions financières, l'essor des nouvelles technologies. Le temps mondial signifie une mise à niveau au même tempo, même si la réalité complexe des sociétés dévoile des temps différents. Comme le souligne la philosophe Sylviane Agacinski: «La mondialisation est unification des rythmes du monde, tous réglés sur l'heure occidentale, c'est-à-dire sur les chronotechniques contemporaines[6].»

Le temps mondial peut paraître étroitement lié à la fin d'une grande époque, principalement à la guerre froide et à la bipolarité entre deux superpuissances (1947-1989), la chute du mur de Berlin, le 9 novembre 1989, symbolisant la rupture historique. L'univers de la mondialisation économique qui débute véritablement au milieu des années 1980 serait alors considéré comme un élément constitutif d'une nouvelle époque charnière[7]. Selon Laïdi, l'analyse doit être plus nuancée : « Le temps mondial peut se définir comme le moment où toutes les conséquences géopolitiques et culturelles de l'après-guerre froide s'enchaînent avec l'accélération des processus de mondialisation économique, sociale et culturelle[8]. »

Il existe alors une série d'événements — et non un événement déterminant — qui ouvrent la nouvelle époque que Laïdi caractérise comme le principe de l'enchaînement de dates (de pré-événements). Il faut donc voir une série de dates qui se succèdent et qui annoncent l'arrivée d'un nouveau monde : la crise pétrolière (1973-1974), la signature des accords d'Helsinki (1975), la révolution iranienne (1979), la révolution néo-libérale (1979), « Solidarité » (1980), l'invasion de l'Afghanistan (1980), l'arrivée de Gorbatchev au pouvoir (1985)[9].

Adapter l'analyse de Laïdi à une chronologie plus « acadienne » consiste à faire état d'un enchaînement entre plusieurs dates marquant la fin du projet politique acadien fixé autour des symboles du temps national. Il existe alors une époque charnière qui s'inscrit dans les grandes mutations mondiales que nous caractérisons comme l'épuisement du temps national concurrencé par le temps mondial. Il ne s'agit pas ici de dresser toute la chronologie du déploiement de l'idéologie nationale jusqu'à sa crise au début des années 1980, mais de travailler sur le processus de changement d'époque, c'est-à-dire à l'établissement d'un nouveau registre de sens. Selon cette perspective, la décennie 1980, présentée par de nombreux chercheurs comme le moment de l'épuisement de l'idéologie néo-nationaliste, constitue une « époque charnière »[10]. Plusieurs événements, qui semblent se situer dans des univers distants, s'enchaînent : l'échec de la Convention d'orientation nationale des Acadiens (CONA, 1979), la disparition du Parti acadien aux élections provinciales de 1982, le déploiement des revendications de la communauté acadienne dans l'espace juridique et non politique, les années McKenna caractérisées par l'intégration à une économie régionale et internationale ainsi que le développement des technologies nouvelles au Nouveau-Brunswick.

Les lectures du temps mondial

D'un point de vue heuristique, le temps mondial peut être défini comme un temps nouveau caractérisé par des imaginaires ou des images nouvelles[11]. C'est tout un autre volet à l'idée du temps mondial que nous ne pouvons pas explorer en détail ici. Il s'agit plutôt de distinguer trois imaginaires de la mondialisation.

D'abord, l'imaginaire de la vitesse, de la compression du temps et de l'espace s'inscrit dans la quotidienneté de notre monde. Laïdi souligne en effet que l'implosion de flux de communication et la place des nouvelles technologies dans notre quotidien sont des processus de changement importants qui influencent surtout notre perception du temps et de l'espace[12]. Une nouvelle phénoménologie se met en place, soit une renégociation de notre rapport au temps-espace : le temps court remplace le temps long. Depuis quelque temps, Laïdi poursuit sa réflexion autour de la thèse de l'urgence. Celle-ci dicte le tempo de nos sociétés contemporaines. Il y a donc une difficulté à penser un projet au-delà de la réalisation de l'événement :

> Aujourd'hui, la matrice du projet s'est effondrée. Certes, tout le monde parle de projet. Mais ce galvaudage de terme ne saurait faire illusion. Il s'agit le plus souvent d'habillages fonctionnels destinés à accentuer le rendement, l'efficacité et la rentabilité d'une entreprise ou d'une institution, et non de véritables visions d'avenir[13].

L'urgence a donc pour effet de dévaloriser l'avenir réduit à l'idée d'un mot qui n'a plus de sens : le projet.

Dans un monde déterritorialisé où le lien entre l'individu et l'État est de plus en plus déstructuré, voire hétérogène, l'imaginaire des réseaux constitue la nouvelle scène internationale pour une multitude d'acteurs. La mondialisation profite alors à des acteurs non étatiques nettement plus agiles dans un espace moins institutionnalisé, par exemple, l'action des diasporas : immigrants, marchands et entrepreneurs de tout genre[14].

Enfin, l'imaginaire du « généralisable » se caractérise par cette idée admise que nous vivons dans un monde d'homogénéisation : « des formes de modernité, des styles de vie de plus en plus proches, voire similaires[15] ». Il est important de noter qu'il existe des différences toujours évidentes, mais qu'un effet de « résonance » provoque un ajustement à cet imaginaire. On assiste alors à la naissance d'une vie quotidienne ponctuée par un même « registre émotionnel », caractérisée par des gestes et des mots semblables. Selon Laïdi : « La mondialisation constitue un espace où naissent et se développent des mots, des mots d'ordre, des priorités, des agendas réputés "urgents" ou légitimes[16]. »

À partir de ces trois imaginaires, nous définissons des axes de lecture qui vont servir de repères pour notre étude de la représentation de l'Acadie dans le contexte du Sommet de la Francophonie. L'analyse de contenu préliminaire de la presse francophone et anglophone permet de démontrer que certaines lectures sont amplifiées.

1) La lecture événementielle signifie que la mise en forme d'un projet collectif se constitue autour de la réalisation d'un événement. Comme le rappelle Olivier Mongin, l'attente que l'on crée à propos de l'événement prend des proportions démesurées, car on va jusqu'à croire que l'événement sera capable de remettre les pendules à zéro[17]. Plus grave encore est cette impression que l'événement se façonne dans un autre temps que le quotidien. Nous n'arrivons plus à nous projeter dans un temps collectif, à définir un vrai projet de société, l'événement ayant plutôt tendance à réduire la portée du geste à l'instantané, à l'immédiateté. Ce qui compte c'est donc de réaliser l'événement et de passer ensuite à une autre étape, c'est-à-dire à un autre événement.

Cette lecture du temps événementiel se rapproche de ce que le sociologue Joseph Yvon Thériault qualifie de lecture linéaire dans l'étude du pouvoir en Acadie[18]. Le Sommet aurait tout simplement démontré la maturité d'un peuple qui a connu plusieurs étapes dans son histoire : les années 1960, qui marquent l'édification d'un État moderne au Nouveau-Brunswick sous la direction d'un premier ministre acadien, Louis J. Robichaud ; les années 1990, qui soulignent l'ouverture sur le monde, vers une économie nouvelle. Les journaux ont fait état de la grande fierté du peuple acadien d'avoir accueilli en Acadie la communauté francophone internationale. On a l'impression que la réussite concrète est l'unité de mesure qui se limite à un geste concret de réalisation dont la portée s'essouffle une fois l'événement passé.

2) La lecture marchande est omniprésente. La loi du marché impose une façon de voir les choses : « tout se vend et tout s'achète. » C'est la lecture de la mondialisation heureuse qui, avant, pendant et après le Sommet, présente des chiffres réconfortants. En mars 2000, le comité organisateur du Sommet présente un rapport réalisé par l'Agence de promotion économique du Canada atlantique intitulé « L'héritage du VIIIe Sommet de la Francophonie », lequel rappelle que « L'intérêt de l'Agence (APECA) pour le Sommet de la Francophonie découlait du fait que cet événement d'envergure internationale représentait une occasion unique de promouvoir les avantages du monde des affaires du Canada atlantique auprès d'un public international[19]. » Cette lecture, qui a dominé les journaux, fait état des retombées concrètes de l'événement sur l'économie régionale : « Le Sommet donnera à l'Acadie toute entière une nouvelle image de vitalité sociale et économique[20]. »

3) La lecture différencialiste est celle qui, selon Laïdi, provoque le plus de remous. Elle répond à l'excès provoqué par l'imaginaire de l'effacement, c'est-à-dire du semblable dans le monde[21]. Il est important de noter cette idée que la mondialisation est « un processus de redécouverte de soi », favorisant la recherche de l'authenticité[22]. Autour de l'événement Sommet se dégagent plusieurs expressions de cette lecture. Dans les journaux, un nombre important d'articles ont fait état d'un débat assez venimeux au sein de la communauté acadienne autour de la place du drapeau acadien. Selon nous, ce débat, que certains vont déplorer, peut être vu comme un glissement vers l'angle différencialiste[23]. Doit-on donner une place officielle au drapeau acadien lors du Sommet ? Pour certains, la tenue du Sommet de la Francophonie à Moncton s'explique par la présence d'une communauté acadienne qui a constamment lutté pour obtenir une reconnaissance dans une province à majorité anglophone. Nier la place du drapeau acadien se résume à renier la lutte des ancêtres et les fondements de la personnalité acadienne[24]. Pour d'autres, le tricolore étoilé n'a pas sa place dans un espace réglementé par les règles de la diplomatie internationale. Au-delà de ce pragmatisme, on note cependant le ton quelque peu condescendant à l'égard des vieux nationalistes qualifiés de « paysans[25] ». Ensuite, cette querelle du drapeau fait apparaître une autre note discordante à la vision harmonieuse des communautés linguistiques du

Nouveau-Brunswick, D'une part, une minorité anglophone s'active afin d'exiger la visibilité du drapeau britannique. Plusieurs lettres d'opinion proviennent du mouvement anti-francophone, la Anglo Society of New Brunswick, qui profite de l'événement pour marquer sa différence sur le thème classique du refus de l'autre[26]. D'autre part, l'affaire du drapeau place la ville de Moncton dans une situation embarrassante concernant la demande de la section régionale de la SAANB voulant que le drapeau flotte devant l'hôtel de ville. Le compromis du maire reflète la différence dans l'harmonie, drapeaux acadien et Union Jack côte à côte. Enfin, le gouvernement du Nouveau-Brunswick n'échappe pas à la tendance différencialiste. Dans son ouverture sur le monde, la province se définit autour de l'harmonie entre trois cultures — autochtone, anglophone et francophone. Ce qui peut surprendre est l'accent mis sur la spécificité de chaque culture et non sur l'espace de rencontre. Un exemple frappant est la décision de Fredericton, dans le cadre d'un concours d'œuvres d'art dans les établissements scolaires, de demander aux jeunes Autochtones de s'en tenir à des représentations traditionnelles (*dream catchers*) de leur culture[27].

En guise de conclusion, nous souhaitons réagir à l'emprise des logiques du temps mondial. Peut-on envisager autre chose que l'événementiel, l'économique et la marchandisation de l'identité? Un autre projet de société existe si nous pouvons y injecter deux autres lectures oubliées.

D'une part, il faut réintroduire une lecture plus politique de l'acadianité. C'est la lecture qui nous semble être la plus menacée par la mondialisation. Comme l'indique J. Yvon Thériault, de nos jours, ce qui se dégage est une folklorisation des identités: «Le lieu où se déploie l'identité acadienne (l'acadianité) n'étant plus le lieu principal du politique, une grande partie de l'espace public et culturel acadien est dorénavant hors du champ de la politique. C'est cela le processus d'ethnicisation ou de folklorisation de l'Acadie: l'expulsion de l'identité hors du champ politique réduit cette dernière à l'ethnie[28].» L'analyse mérite d'être menée plus loin que la crainte exprimée d'une ethnicité repliée sur son passé et ses traditions. Dans le contexte de la mondialisation et de l'événement du Sommet, il faut constater plutôt une récupération marchande de la culture acadienne. Sur ce terrain fertile, les deux nouveaux langages de la mondialisation, l'économique et l'identitaire, fraternisent.

D'autre part, il faut penser l'acadianité dans un rapport au quotidien et non seulement à travers l'événement qui tend à vouloir recréer le passé sur commande. Comment en effet briser aujourd'hui ce sentiment d'être pris en otage par l'événement qui, bien entendu, nous présente sous nos plus beaux atours, mais nous plonge ensuite dans l'obscurité. Conséquence de ce nouveau rapport au temps-espace, l'événement devient une formule marchande, une modélisation que l'on applique partout, du tragique au festival, sur un rythme de plus en plus rapide. Il est donc urgent de penser l'acadianité dans le quotidien, dans un espace de normalité, par exemple, dans une prise de parole sur des enjeux politiques comme la défense de la langue et de l'affichage en français.

Une piste intéressante que Zaki Laïdi propose serait la lecture du métissage, souvent occultée au profit d'une lecture marchande ou strictement ethnique de l'identité. Dans un monde de plus en plus ouvert et mélangé, le métissage constitue en effet une lame de fond essentielle. Dans le contexte du Sommet de la Francophonie, le métissage s'est concrétisé dans certaines expressions surtout à l'extérieur des lieux institutionnels, par exemple, dans des activités artistiques et culturelles du village du Sommet : on a pu voir notamment des improvisations musicales inusitées entre musiciens autochtones et africains. Au-delà du culturel, le métissage peut être utile pour penser le projet collectif d'une société en mouvement. C'est dans ce sens que la mondialisation n'est pas seulement un processus, mais aussi un espace de vivre-ensemble.

NOTES

1. Zaki Laïdi, « Le temps mondial », dans Marie-Claude Smouts (dir.), *Les nouvelles relations internationales. Pratiques et théories*, Paris, Presses de Sciences Po, 1998, p. 190.

2. Notre recherche consiste à préciser la représentation que la presse francophone et anglophone du Nouveau-Brunswick a donné de l'Acadie dans le contexte du Sommet de la Francophonie de Moncton. Six journaux ont été retenus, soit quatre quotidiens provinciaux : *L'Acadie nouvelle* (Caraquet), le *Times and Transcript* (Moncton), le *Daily Gleaner* (Fredericton) et le *Telegraph Journal* (Saint-Jean), et deux hebdomadaires francophones : *L'Étoile* (Dieppe) et le *Moniteur acadien* (Shédiac). La période d'étude s'étend de septembre 1998 à décembre 1999.

3. Zaki Laïdi, *La tyrannie de l'urgence*, Montréal, Fides, 1999, p. 11.

4. Voir Zaki Laïdi, *Un monde privé de sens*, Paris, Fayard, 1994.

5. L'auteur rejoint ici une série de travaux anglo-saxons sur la *globalization* : Anthony Giddens, Roland Robertson, David Harvey et Stephen Kern. Voir Zaki Laïdi, « Le temps mondial » dans Marie-Claude Smouts (dir.), *Les nouvelles relations internationales. Pratiques et théories*, *op. cit.*, p. 183-202.

6. Sylviane Agacinski, *Le passeur de temps : modernité et nostalgie*, Paris, Seuil, 2000, p. 11.

7. Dans l'histoire occidentale, on retrouve plusieurs époques charnières : la Renaissance, 1789, la fin du XIXᵉ siècle (1880-1914).

8. Zaki Laïdi, « Le temps mondial comme événement planétaire », dans Zaki Laïdi (dir.), *Le temps mondial*, Bruxelles, Complexe, 1997, p. 12.

9. *Ibid.*, p. 26-27.

10. Voir l'excellente synthèse de Greg Allain, Isabelle McKee Allain et Joseph Yvon Thériault, « La société acadienne : lectures et conjonctures », dans Jean Daigle (dir.), *L'Acadie des Maritimes*, Moncton, Université de Moncton, Chaire d'études acadiennes, 1993, p. 341-384.

11. Laïdi voit en Paul Ricœur celui qui nous invite à réfléchir sur l'intrigue du temps, c'est-à-dire à ce « surgissement » d'un temps nouveau constitué autour de trois césures : l'existence d'un événement qui accrédite l'idée d'une ère nouvelle ; un point de discri-

mination net ; un nouveau répertoire d'unités de mesure. Voir Paul Ricœur, *Temps et récit* (tome III), Paris, Seuil, 1985, p. 194 (cité dans Laïdi, *ibid.*, p. 192).

12. Voir Zaki Laïdi, « Espace, vitesse et sens à l'heure de la mondialisation », *Politique étrangère*, printemps 1996, p. 179-190.

13. Zaki Laïdi, « Pourquoi vivons-nous dans l'urgence ? », *Études*, juin 1999, p. 777.

14. Voir Jocelyne Césari, « Le multiculturalisme mondialisé : le défi de l'hétérogénéité », *Cultures et conflits*, nᵒˢ 33-34, 1999.

15. Zaki Laïdi, « Les imaginaires de la mondialisation », *Esprit*, octobre 1998, p. 86.

16. *Ibid.*, p. 88.

17. Olivier Mongin, *L'après 1989. Les nouveaux langages du politique*, Paris, Hachette, 1998.

18. Voir le chapitre intitulé « L'Acadie politique et la politique en Acadie », dans Joseph Yvon Thériault, *L'identité à l'épreuve de la modernité. Écrits politiques sur l'Acadie et les francophonies canadiennes minoritaires*, Moncton, Éditions d'Acadie, 1995, p. 29-50.

19. Agence de promotion économique du Canada atlantique,

L'héritage du VIIIᵉ Sommet de la Francophonie, Gouvernement du Canada, 2000, p. 2.

20. *Info Affaires*, vol. 9, nᵒ 9, p. 7.

21. Zaki Laïdi, *op. cit.*, 1998, p. 89.

22. Zaki Laïdi, « La mondialisation ou la radicalisation de l'incertitude », *Études*, mars 1997, p. 301.

23. Voir l'attitude de la présidente de la SNA, Yvette Finn, qui déplore que le débat sur le drapeau occupe toute la place (*L'Acadie nouvelle*, 11 février 1999). Lire également la lettre de Nathaël Richard dans *L'Acadie nouvelle* du 23 février 1999, p. 13.

24. C'est la position défendue par des nationalistes traditionalistes comme Donatien Gaudet, qui lance l'affaire du drapeau à la suite d'un article de André Pépin publié dans *L'Étoile* (16 septembre 1999). Voir Donatien Gaudet, « Le drapeau acadien et la Francophonie », *L'Acadie nouvelle*, 21 septembre 1999, p. 12.

25. La réplique vient du chroniqueur Robert Pichette dans un article de *L'Acadie nouvelle* (5 février 1999, p. 3.).

26. Voir « Anglo Society Wants to See Its Flag Flown », *Daily Gleaner*, 22 février 1999, p. A6.

27. « Don't Let Paternalism Mar Francophonie », *Telegraph Journal*, 12 août 1998, p. A4.

28. Joseph Yvon Thériault, *op. cit.*, p. 45.

FRANCOPHONIES MINORITAIRES AU CANADA : L'ÉTAT DES LIEUX

sous la direction de JOSEPH YVON THÉRIAULT
(Moncton, Éditions d'Acadie et Regroupement
des universités de la francophonie hors Québec, 1999, 578 p.)

Georges Bélanger
Université Laurentienne

C'est grâce à l'initiative du Regroupement des universités de la francophonie hors Québec (RUFHQ), réseau universitaire regroupant treize établissements au service de la francophonie canadienne vivant en milieu minoritaire, qui a mis de l'avant et mené un projet de recherche sur les francophonies minoritaires du Canada, si le présent ouvrage a vu le jour : il trace l'itinéraire de ce projet et en propose l'aboutissement et les conclusions.

À l'origine donc, un objectif précis retient l'attention du Comité scientifique du RUFHQ dirigé par J. Yvon Thériault, professeur de sociologie à l'Université d'Ottawa : établir un état des lieux des communautés francophones minoritaires du Canada, par l'analyse des nouvelles réalités auxquelles elles font face depuis 1960 — en fait depuis ce qu'il est convenu d'appeler la fin du Canada français —, et l'analyse de leurs défis et de leurs potentialités. «Depuis une trentaine d'années, peut-on lire dès les premières lignes de l'introduction, se déploie dans le Canada français, à l'exclusion du Québec, un processus de redéfinition de l'identité, et de restructuration des francophonies minoritaires et acadienne.» La question y est posée d'emblée : «Que sont les communautés francophones canadiennes non québécoises à l'heure où s'effectue le passage aux réalités virtuelles et au troisième millénaire?» Il est utile de rappeler que ces communautés correspondent aux trois grandes régions du Canada hors Québec : l'Acadie, qui comprend les quatre provinces de la côte atlantique ; l'Ontario ; et l'Ouest canadien, qui comprend l'ensemble des provinces et des territoires à l'ouest de l'Ontario.

Pour répondre à cette question et dresser l'état des lieux de ces communautés dans une perspective résolument contemporaine, on a fait appel à 40 spécialistes des francophonies minoritaires du Canada. *Francophonies minoritaires au Canada : l'état des lieux* témoigne éloquemment du travail accompli. L'ouvrage — nous voulons relever ici sa présentation très soignée — se divise en six grandes parties représentant six grands domaines ou thèmes de recherche : la géographie, l'histoire, le socio-économique, le politicojuridique, l'éducation et la culture (p. 17-568). Vingt-cinq chapitres, à peu près également partagés dans chacune des parties, composent l'ensemble du livre. S'ajoutent à la fin de l'ouvrage une liste des cartes et des figures (p. 569-570), une liste des tableaux (p. 571-573) et la source des illustrations (p. 575-576). L'introduction (p. 9-16) présente et expose avec justesse de ton et clarté un excellent portrait de la situation des francophonies minoritaires du Canada, avant et après 1960, c'est-à-dire un portrait des «anciennes réalités» et des «nouvelles réalités». Ces nouvelles réalités, multiples, sont attentivement étudiées en regard du défi que pose la modernité à toutes ces communautés : qu'il s'agisse, par exemple, des diverses identités provinciales, de diversité ou de modifications démographiques, de fractionnement, de pluralisme, d'assimilation, de nouvelles valeurs ou pratiques, etc. Il est intéressant de noter que l'étude et la présentation de chaque thème retenu reposent sur une démarche commune et fort à propos : l'étude d'un thème spécifique respectivement pour chaque région, l'Acadie, l'Ontario et l'Ouest canadien, est toujours précédé d'un premier texte qui situe ce même thème dans une perspective d'ensemble des communautés minoritaires du Canada. Les cartes, figures et tableaux abondent et illustrent bien les six grands domaines choisis. De nombreuses notes et une bibliographie exhaustive et ciblée étayent tous les travaux et les textes préparés en grande majorité par des universitaires. Ce livre répond et satisfait en tout point aux exigences et aux normes du genre. Au lecteur qui s'étonnerait qu'aucune section n'ait été réservée à l'étude de la langue ou de la démographie, les auteurs rappellent, avec raison, que la langue française repose au cœur des descriptions de l'ouvrage et donne un sens aux éléments structurants présentés : bref, elle reste le point nodal des activités de «communalisation» étudiées.

Francophonies minoritaires au Canada : l'état des lieux propose une remarquable synthèse de la situation et de l'évolution des parlants français au Canada à l'extérieur du Québec, qui regroupent à ce jour près d'un million d'individus. L'ouvrage dresse un état des lieux très complet des communautés francophones minoritaires de l'Acadie, de l'Ontario et de l'Ouest canadien. De toute évidence, ce livre comble un vide et s'avère d'ores et déjà un indispensable outil de consultation et de référence. Il faut en savoir gré au Regroupement des universités de la francophonie hors Québec.

L'ACADIE DE L'ATLANTIQUE

de MAURICE BASQUE, NICOLE BARRIEAU et STÉPHANIE CÔTÉ
avec la collaboration de RAYMOND CYR et EMMANUEL DOUCET
(Moncton, Centre d'études acadiennes, Université de Moncton,
«Francophonies», 1999, 146 p.)

Michel Bock
Université d'Ottawa

L'objectif des auteurs de *L'Acadie de l'Atlantique* pourrait paraître fort simple : donner un bref aperçu de l'évolution historique, institutionnelle et culturelle de l'Acadie depuis sa fondation. De l'aveu même des auteurs, ce court ouvrage ne prétend ni à l'exhaustivité ni à l'analyse scientifique. Publié dans le cadre de la collection «Francophonies», qui vise à souligner l'Année francophone internationale, il s'adresse à un public large et cherche à initier les profanes, ici comme ailleurs, à la chose acadienne. Ce genre d'exercice de synthèse, par contre, comporte des difficultés que les auteurs, de toute évidence, n'évitent pas tout à fait.

L'Acadie, comme ils le démontrent, est née dans la précarité et n'a jamais réussi à s'en affranchir complètement. Dès sa fondation en 1604 par le Français Pierre du Gua de Monts, la colonie dut affronter d'innombrables défis afin d'assurer non seulement son développement, mais tout simplement sa survie. Pendant tout le XVIIe siècle, la France et l'Angleterre se disputeront l'Acadie qui sera contrainte à maintes reprises de changer de maître. En 1713, le traité d'Utrecht mettra une fin définitive à ce long conflit, la France cédant à sa rivale anglaise la colonie acadienne en même temps que la baie d'Hudson. Après une période d'accalmie relative auront lieu les événements odieux de 1755 : la déportation de milliers d'Acadiens par les autorités britanniques, la fuite dans les bois pour les autres et une chasse à l'homme qui durera tout près de huit ans. Événement fondateur s'il en est un, le «Grand Dérangement», sorte de purge ethnique, est encore profondément gravé dans la conscience collective acadienne et toujours porteur d'une forte charge émotive. Le retour des exilés se fera, lui aussi, dans la difficulté : le Nouveau-Brunswick (qui, après la dispersion, verra le retour de plusieurs Acadiens) sera également la terre d'accueil d'un grand nombre de Loyalistes fuyant la Révolution américaine et peu enclins à faire des largesses aux conquis d'hier. Malgré ces difficultés, on assistera, un siècle plus tard, à une «Renaissance acadienne» avec la fondation de plusieurs institutions (collèges classiques, communautés religieuses, associations, journaux, etc.) qui pourront mieux encadrer la vie culturelle et religieuse de l'Acadie. Tributaire dans une très large mesure de la contribution d'un clergé venu du Québec et de France, cette renaissance n'en sera pas moins due à l'émergence d'une élite autochtone, notamment dans les professions libérales. Ce sera alors la grande époque des conventions nationales, de *L'Évangéline*, quotidien fondé en 1887 (et qui ne s'éteindra qu'en 1982), et des revendications en matière d'éducation et de religion. Le siècle suivant sera lui aussi témoin de nombreux bouleversements au sein de la société acadienne. La crise économique des années 1930 donnera naissance au mouvement coopératif, l'après-guerre verra la multiplication des maisons d'enseignement, alors que, pendant les années 1960, au Nouveau-Brunswick, le réseau institutionnel traditionnel sera remis en cause à la fois par l'intervention massive du gouvernement libéral de Louis Robichaud (notamment dans les domaines scolaire et économique) et par les mouvements étudiants et contre-culturels qui déferlent en même temps sur la plupart des sociétés occidentales.

Les auteurs précisent également que les progrès considérables accomplis depuis le siècle dernier ne peuvent toutefois complètement masquer des problèmes de taille, notamment sur les plans économique et institutionnel. Historiquement, la subsistance d'une majorité d'Acadiens a dépendu du secteur primaire, en particulier de la pêche, de l'agriculture et de l'industrie forestière. Si c'est encore le cas aujourd'hui dans une très large mesure, il faut toutefois noter un déplacement de certaines activités économiques vers les secteurs de la haute technologie et du tourisme. Du côté politique, la situation des Acadiens varie considérablement d'une province à l'autre. Au Nouveau-Brunswick, où ils représentent le tiers de la population, ils occupent une place relativement enviable comparativement à celle de leurs compatriotes de la Nouvelle-Écosse, de l'Île-du-Prince-Édouard et de Terre-Neuve. Pour suppléer aux insuffisances sur le plan de la représentation dans le monde politique officiel, les Acadiens, comme d'ailleurs les minorités de langue française du reste du pays, ont par conséquent procédé à l'érection, dès le XIXe siècle, d'un réseau d'associations et d'institutions dans des champs d'activité de plus en plus nombreux, surtout à partir des années 1960. Des organismes existent maintenant dans des domaines aussi divers que le sport amateur, la littérature, les arts de la scène et les médias, pour n'en nommer que quelques-uns. C'est en effet sur le monde des arts et des communications que l'Acadie contemporaine mise le plus pour assurer son développement, ce qui explique la multiplication des maisons d'édition, des théâtres, des journaux, des radios communautaires, etc.

En somme, *L'Acadie de l'Atlantique* constitue une introduction sommaire à l'étude de l'Acadie et servira surtout aux non-initiés en cette matière. Il faut regretter, cependant, que les auteurs aient choisi de sacrifier l'analyse sous prétexte de viser un public ayant peu fréquenté la réalité acadienne. En trop d'endroits, l'ouvrage sombre dans l'énumération encyclopédique (de politiciens, d'associations, etc.) et évite de poser des questions qui ne manqueraient pas d'intéresser même les moins familiarisés avec l'Acadie. Vulgariser n'est pas dénombrer et, à force de trop privilégier la méthode positive, on risque parfois d'éviter des débats importants. Ainsi, plusieurs interrogations demeureront sans réponse. Par exemple, quel était l'état des relations entre l'Acadie et les autres communautés françaises du pays? Hormis quelques mentions de la contribution du clergé canadien-français au développement culturel de l'Acadie, le lecteur en apprend fort peu sur ce sujet. Les Acadiens, historiquement, se considéraient-ils comme une «nation» distincte à la fois des Canadiens anglais et des Canadiens français? Si oui, ce sentiment «national» a-t-il évolué au fil des ans, en particulier pendant les années 1960 et 1970, qui furent témoins d'un si grand nombre de bouleversements culturels et idéologiques? N'y aurait-il pas eu lieu, dans un même ordre d'idées, d'esquisser un parallèle entre la situation des Acadiens et celle des autres communautés francophones minoritaires du pays dont le développement culturel et institutionnel évolue dans le même sens, en particulier durant les années 1970, mais aussi bien avant?

Le lecteur doit également s'interroger sur le silence qui est fait sur certains événements historiques d'importance. Rien n'est dit, en effet, sur les conflits scolaires que les Acadiens connurent au lendemain de l'entrée en vigueur de la Confédération en 1867, les chapitres sur l'histoire et sur l'éducation n'en soufflant pas le moindre mot. Voilà une omission difficile à comprendre, d'autant plus que la suppression de l'enseignement catholique dans les écoles acadiennes prit l'allure d'une véritable crise «nationale» et qu'elle annonçait les conflits scolaires qui, quelques années plus tard, devaient s'abattre sur les provinces de l'Ouest et sur l'Ontario.

Malgré ces réserves, on ne peut qu'applaudir à une initiative qui augmentera la connaissance de l'Acadie et qui contribuera sans doute, s'il atteint le public international qu'il vise, à donner aux minorités de langue française du Canada la place qui leur revient dans la francophonie mondiale.

LE DRAGON DE LA DERNIÈRE HEURE
de DYANE LÉGER
(Moncton, Perce-Neige, « Poésie », 1999, 132 p.)

Francis Lagacé
Montréal

Mythologie intérieure

Ce recueil en huit parties dégage une unité d'atmosphère sans toutefois faire appel à une unité de forme ni même de ton. Atmosphère de confidence, d'épanchement sur papier dont la saveur est parfois carrément celle du journal intime : « Je sais seulement qu'il y a longtemps je vivais dans un village où les gens avaient peur de tout… » (p. 57). D'autres fois, l'écriture est hautement métaphorique : « Il est démentiel de penser que la mémoire du monde/ sera préservée lorsque les haches de pierre/ se mettront à tomber du ciel » (p. 80).

Le titre de chacune des sections vogue entre l'énonciation paradoxale (« La mort est une vie impossible ») et le cliché (« La fugacité du bonheur »). La première partie, « Hasards et coïncidences », est la plus techniquement poétique, les vers étant clairement distingués, les rythmes s'accordant au thème focalisé dans l'ensemble des souvenirs mis au jour. Par exemple, ce rythme de feuille balancée dans « Laissés à eux-mêmes/ les souvenirs et les saisons sont de nature taciturne/ et l'écho/ porteur de tout ce qui me ramène à l'émotion de toi » (p. 11). Il s'agit ici du titre, le rythme automnal est plus évident dans le texte qui y fait suite.

Dès l'avant-dernier poème de cette première partie, on aperçoit le drame. On sent l'aveu d'infertilité ou de perte de l'enfance dans : « incapable de faire rêver/ les petits pirates aux joues roses » (p. 13). Cette fatalité sera amplifiée par la révélation, en cinquième partie, de l'amour interdit « que la société nous défend de vivre/ et que la vie en revanche nous défend d'oublier » (p. 59). Ces deux blessures sont la source de l'épanchement de la narratrice comme de son insécurité affective devant le narrataire des nombreuses lettres qui se joignent à la composition du recueil.

L'ensemble est par ailleurs encadré par la figure emblématique et historique d'Isaac de Razilly, présent aux extrémités comme au centre du recueil, servant de rappel incarné des origines, lesquelles sont contrebalancées par le voyage indiqué par l'origine des différentes lettres (Prague, Paris, Toronto).

Le poème est volontiers narratif, ce qu'il est le plus souvent dès la deuxième partie inaugurée par la première d'une série de lettres à Michel. De réminiscences en désir de conserver la liberté, les textes offrent parfois des titres impressionnants comme nous l'avons vu plus haut. En voici un nouvel exemple qui constitue en soi un poème parallèle : « *Hauntingly beautiful/* comme un cerisier en fleur/ comme ces parasols japonais sous des flocons de neige/ comme les pierres tombales du cimetière magique » (p. 20).

Des trouvailles comme « Mais le grisou que dégageait mon haleine » (p. 22) sont déparées par des banalités comme « une colombe pure et fraîche [...] qui a fait en sorte que l'écriture échappe au destin de l'écrivain » (p. 32). Entre l'écriture-thérapie et la sublimation poétique, le lecteur incertain se réconforte à l'apparition d'images simples et fortes qui peuvent rappeler Desbiens : « comme un aéroport sans avions/ ne décolle pas » (p. 25) ; « le vent cherche un bœuf à décorner » (p. 53) ; « je déverse la complainte de mon alphabet dans l'océan » (p. 53) ; « Le temps passa. Il en avait l'habitude » (p. 82) ; « mon cœur pleure à en effacer les images sur les photos » (p. 101).

La partie « Présent morganatique » fait suivre un poème vocatif à une lettre à Michel. Est alors énoncée la situation intenable de la narratrice : « Sous la puissance du dragon/ lumières et ténèbres se sont rétractées » (p. 38).

« L'enchantement » est plutôt l'interrogation de la narratrice sur son appartenance au monde et sur le rôle qu'elle peut y jouer. On y retrouve un mélange de questions à la fois naïves et existentielles auxquelles chacun peut s'identifier : « Qu'arrive-t-il quand on n'a plus de place/ pour enterrer les morts ? » (p. 52).

La section suivante, « Le mythe de l'éternel retour », campe l'influence déterminante de l'enfance dans le malaise adulte. Le désenchantement adolescent convenu, « je sentis qu'en hurlant à la mort/ je disais oui à la vie » (p. 61), donne naissance à l'errance : « l'exil devient mon passeport » (p. 61). Apparaît alors le programme de l'énonciatrice : « j'ai compris qu'il valait mieux cohabiter avec une Muse incendiaire que d'être rongée en vie par la lèpre de l'ennui » (p. 67), lequel sera renforcé dans la septième partie par l'aveu complet des intentions littéraires : « l'écrivain qui veut écrire son premier mot/ doit offrir toute sa vie à l'écriture » (p. 98).

La sixième partie énonce les paradoxes constitutifs de la conscience comme « cet étrange malaise [quand] il y a désormais plus d'êtres chers dans la terre qu'à la surface de la terre » (p. 77). Ce trouble sera exprimé de diverses façons, mais on aurait apprécié ici un travail sur le texte pour éviter la répétition du mot « terre », lequel n'ajoute pas à l'impact poétique.

« L'impalpable fragilité de la liberté » fonde la douloureuse résolution de vivre malgré la connaissance qui fait mal : « lorsque j'écrirais de la poésie, la souffrance du monde me pousserait dans le cœur » (p. 91). Et une douce autodérision console l'impuissance : « comment veux-tu qu'une femme/ incapable de se souvenir si le mot autel (hôtel)/ est masculin ou féminin/ soit capable de se sauver elle-même ? » (p. 96). Cette quête de la vie malgré tout se termine sur l'interrogation propre à tous les auteurs, à savoir si l'écriture n'éloigne pas de la « vraie vie » (p. 110).

La section qui clôt le recueil aligne une série de paradoxes entre lesquels s'échappe l'aveu de la narratrice que l'écriture « empêche la solitude de me rendre folle» (p. 126). De cette naïveté naissent des interrogations sublimes comme «Cela ne te fait pas peur que les saisons/ soient malades par en dedans?» (p. 116).

Finalement, le dragon de la dernière heure ne pourra être dompté, car c'est justement cette conscience de la finitude qui rend l'intensité de la vie si nécessaire puisque aucune autre heure ne peut lui succéder. Entre ses blessures constitutives et l'appel de la vie lié à la mort, la narratrice aura invoqué ses propres dragons, dont celui qui justifie le rêve.

LA POÉSIE FRANCO-LOUISIANAISE CONTEMPORAINE

Mélanie Tardif
Université Laval

Louisianisation. Ce mot, véhiculé à quelques reprises dans les médias québécois, cherche à désigner le processus d'assimilation linguistique et culturelle d'un peuple. Si l'écrivain québécois Yves Beauchemin a déjà soutenu que les francophones hors Québec étaient « des cadavres encore chauds », il y a fort à parier que, pour beaucoup de Franco-Canadiens, les Louisianais sont, ou bien des corps conservés dans le formol, ou bien des cadavres en décomposition. Pour nombre de gens, la Louisiane se réduit à la musique, aux festivals et à la nourriture cadjin, un peu comme si la culture francophone était une mascarade servant le développement économique par le biais touristique.

Pourtant, depuis le début des années 1970, le français semble jouir d'un nouveau souffle en Louisiane. Tout d'abord, il y a eu par exemple la création d'un Conseil pour le développement du français (1968) et la déclaration du bilinguisme officiel de l'État (1968), puis la mise sur pied de cours d'immersion française et, enfin, la publication d'un certain nombre d'œuvres littéraires, dont près du tiers relève du genre poétique.

Il faut rappeler, cependant, que pour la plupart des Franco-Louisianais, le français (banni des écoles de 1916 jusqu'à la fin des années 1960) n'est pas une langue écrite mais orale. Dans un tel contexte, nous sommes en droit de nous demander ce que peut signifier l'écriture poétique. Quoi écrire ? Comment écrire ? Pourquoi écrire ? Voilà un peu les questions que nous nous sommes posées et auxquelles nous tenterons de répondre en traçant un portrait de la poésie franco-louisianaise contemporaine. Mais tout d'abord, afin de mieux comprendre peut-être les enjeux de cette écriture, tâchons de répondre brièvement à cette question : qu'en est-il de la situation linguistique en Louisiane ?

La situation ethnique et linguistique est fort complexe dans cet État américain. Les ancêtres des Franco-Louisianais proviennent d'origines diverses. On compte, parmi eux, des Amérindiens, des Européens, des Acadiens réfugiés de la Déportation de 1755, ainsi que des esclaves noirs d'Afrique et de Saint-Domingue (aujourd'hui Haïti). Traces de tous ces mélanges, il existe encore aujourd'hui en Louisiane différentes formes dialectales du français.

Les plus fréquemment mentionnées sont le français colonial, le créole et le français cadien. Le français colonial est celui qui demeure le plus près du français international. Autrefois langue littéraire de la communauté francophone louisianaise (jusque vers 1920), il est aujourd'hui presque disparu de l'usage. Le créole français de Louisiane, malgré de nombreux emprunts au lexique du français international et du français cadien, conserve une syntaxe s'apparentant davantage à celle des créoles francophones des Antilles. Il diffère beaucoup du français cadien de par sa prononciation et son intonation. Le français cadien, quant à lui, est la variété dialectale la plus parlée en Louisiane. Dans leur article « Le français louisianais : un aperçu général[1] », Richard Guidry et Amanda LaFleur mentionnent une série d'éléments qui distingueraient le cadien du français international : simplification syntaxique et morphologique, sauvegarde d'éléments de la langue française aujourd'hui considérés comme archaïques, apparition d'un lexique proprement louisianais, emprunts aux autres groupes ethniques de Louisiane et influence massive de l'anglais américain. Le français cadien est surtout parlé dans la sphère intime de l'existence. Il fait rarement partie, par exemple, des cérémonies officielles. Ce n'est pas la langue des affaires, ni même celle du culte catholique. Depuis le début des années 1980, quelques écoles offrent des cours où l'enseignement ne se fait qu'en français, un français international cependant, qui tient peu compte de la langue cadienne traditionnelle.

Sont-ce là des conditions suffisantes pour voir l'émergence d'une poésie franco-louisianaise ? Si oui, quelle valeur peut avoir une telle résurgence ?

La résurgence littéraire

Le premier recueil de poésie franco-louisianaise publié depuis le début du XXe siècle s'intitule *Cris sur le bayou*[2]. La prise de conscience, non pas d'une poésie louisianaise, mais bien de l'absence d'une telle poésie, s'est faite dans le cadre de la première « Rencontre des peuples francophones de l'Amérique du Nord », à Québec, en 1978. Barry Jean Ancelet se souvient que :

> les organisateurs […] [lui] demandèrent de raconter un conte typique pour représenter la Louisiane dans une soirée de Paroles et Musique. Mais « un petit conte » aurait juré avec les poèmes d'Émile Nelligan et de Michèle Lalonde. Heureusemement, [s]on compatriote, Zachary Richard, qui préparait un spectacle au Bois-de-Coulonge, [lui] prêta une chanson sans musique, la Ballade de Beausoleil […] ce poème engagé, enraciné, remporta un vif succès[3].

Après ce premier cri, il devenait urgent de brandir à la face du monde, sinon une littérature, à tout le moins un corpus de textes prouvant que les peuples francophones de la Louisiane n'agonisaient pas encore. Il fallait donc partir en quête de textes. Où les dénicher ? Quelqu'un ressentait-il le besoin d'écrire des poèmes en français ? Il semble que oui, car un certain nombre de poètes s'exprimant en cadien ou en créole ont alors été découverts çà et là.

Le but de ce premier recueil était bien plutôt de « briser le silence » que de montrer au monde le talent littéraire franco-louisianais. L'éditeur publia ce qu'il avait sous la main, mais c'était déjà beaucoup. «On avait commencé à écrire dans la langue problématique, ce qui était une très grande étape dans le mouvement vers une renaissance du français parmi les Acadiens et les Créoles[4].» S'il existait des écrivains de langue française en Louisiane, c'est dire qu'il existait une collectivité parlant français et ayant le droit de s'afficher au grand jour.

Après *Cris sur le bayou*, quelques autres recueils ont vu le jour, dont les trois suivants qui font l'objet de notre étude. *À cette heure, la louve* (1999)[5] de Deborah J. Clifton et *Suite du loup. Poèmes, chansons et autres textes* (1998)[6] de Jean Arceneaux ont été publiés aux Éditions Perce-Neige, à Moncton, dans la collection «Acadie tropicale». Mentionnons que ces auteurs ont tous deux collaboré à *Cris sur le bayou*. Le troisième recueil, de David Cheramie, s'intitule *Lait à mère* (1997)[7]. Il est publié aux Éditions d'Acadie. Avec ces publications et même la création d'une collection exclusivement réservée aux œuvres louisianaises chez Perce-Neige, on peut voir l'importance qu'a eue l'institution acadienne dans cette résurgence poétique. Deux pays, qui n'en sont pas, se reconnaissent l'un l'autre, la Louisiane se retrouvant sous la tutelle de l'Acadie. Cela ne permet-il pas à l'institution littéraire acadienne de se valoriser et d'occuper une plus grande place sur l'échiquier des littératures francophones minoritaires, en Amérique et dans le monde? En plus des recueils déjà mentionnés, le disque de Beverly Matherne, qui est un recueil de chansons blues bilingues intitulé *Le Blues braillant. The Blues Cryin* (1999)[8], fait également partie de notre étude. Celui-ci nous a permis de nous faire une idée de la distance existant entre l'écriture du cadien et sa prononciation, parfois difficile de compréhension pour un locuteur non franco-louisianais. Quelle est l'ampleur de la production poétique contemporaine en Louisiane? Si nous ajoutons aux œuvres mentionnées ci-dessus les recueils de Zachary Richard: *Faire récolte* (1997)[9] et *Voyage de nuit: cahier de poésie, 1975-1979* (1987)[10], cela donne, à peu de chose près, l'ensemble de la poésie écrite franco-louisianaise des 30 dernières années.

L'oralité occupe une grande place dans les textes des poètes franco-louisianais, textes où l'urgence de dire semble primer le travail de la forme. La langue utilisée emprunte donc beaucoup au parlé cadien ou au créole français. Les poèmes ne sont que rarement rédigés d'un bout à l'autre dans ce que l'on pourrait appeler un «français standard». Ces auteurs gardent toujours en tête la possibilité d'une lecture publique de ces textes. Difficile autrement de toucher un public franco-louisianais qui ne lit pas sa langue maternelle.

Ces œuvres, rédigées en cadien ou en créole, posent la question de la formalisation linguistique de ces dialectes et de leur transcription écrite. Sur la quatrième de couverture de *Cris sur le bayou*, un avis signale que

> [l]es poètes acadiens représentés dans ce livre ont tous des opinions bien jonglées mais bien différentes de rendre le langage en écrit. Donc, ils ont décidé entre eux que la seule juste solution pour cette première publication, c'était de respecter l'orthographe de chacun[11].

Pour certains, le français doit être perçu non seulement comme un instrument de l'identité cadienne, mais aussi et d'abord comme un outil de communication avec l'ensemble de la francophonie. Pour eux, l'important est donc d'enseigner et de véhiculer le plus possible un français normatif, compris par tous les francophones. Pour d'autres, une telle approche est vue comme une menace aux spécificités dialectales du français louisianais. Ces derniers tentent plutôt de reproduire le plus fidèlement possible la prononciation cadienne ou créole, comme dans l'exemple suivant: «Beaucoup! C'est ben simp'. Les pitits parlont pus français par rapport qu'y mangeont pus le manger cadjin. Ti prends ein Mexicain qui mange toujours des tomallies et des tacos. Quoi-ce qu'y parle? Le mexicain![12]»

Autre exemple? La poésie de Deborah J. Clifton mélange beaucoup le français et le créole, ce qui peut être passablement déstabilisant pour le lecteur. Malgré tout, celui-ci comprend et la magie opère. Cette langue, là devant ses yeux, cette langue jamais entendue, jamais parlée, l'interpelle. Elle lui est familière et étrangère tout à la fois. Elle le fascine, bien qu'elle sollicite de sa part un effort particulier de lecture. C'est du français, mais qui décrit une autre réalité, avec des mots nouveaux et une syntaxe nouvelle:

> To levé toi le matin
> to paré pour vomir
> en arriè de to z'yeux
> yé senti yé froumi
> to gain mal au ventre
> to gain mal à la tête
> to guetté dans miroir
> tout ça to voit to pas l'aimé.
> Ça fait lahaine
> lahaine
> lahaine de soi.
> Ça pas lapeine[13]

> Blackie Frugé té ein Red Frenchman
> Il vini d'une famille de Red Frenchmen
> so maman té Red
> so papa té Red […]
> Hey, Blackie, mo nèg! Ti gain pou d'être ein de ces
> Dirty Red Frenchmen
> I can tell by you marché
> I can tell by you parler
> I can tell by you dirty Red lafidji
> Et ein aut'chose, Blackie (CB, p. 68).

Longtemps, les Franco-Louisianais ont eu honte de parler cadien ou créole. Clifton écrit encore:

> Mo connais premier fois-à yé pelé mo créole
> Yé dit pas parler ça
> C'est du vilain moyèr (HL, p. 76).

Et Arceneaux de renchérir :

> Se laisser sentir
> La honte d'être soi
> En cachette,
> Par la porte d'en arrière.
> Par en arrière de la porte
> Comme si vivre en français,
> C'était se picocher dans le nez[14]

L'utilisation de la « langue problématique » confronte donc les Cadiens et les Créoles noirs à leur identité sociale et culturelle. Elle les met nez à nez avec eux-mêmes. Qui sont-ils ? Que veulent-ils ? Quelle part de leur héritage culturel et linguistique désirent-ils conserver ? À qui ou à quoi veulent-ils s'identifier ?

Question d'identité

Pour Barry Jean Ancelet, alias Jean Arceneaux, inutile de copier des littératures comme celles de la France et du Québec : la Louisiane possède déjà une tradition orale extrêmement riche. Dans l'introduction de *Cris sur le bayou*, l'auteur revendique une reconnaissance de l'authenticité de la poésie louisianaise plutôt qu'une reconnaissance littéraire. L'important est d'être « soi-même », de se distinguer de la France, du Québec et de l'Acadie. Mais comment se définir, là est la question. Il n'est donc pas surprenant de constater que l'un des thèmes incontournables des recueils étudiés soit celui de l'identité, souvent clairement affiché.

Comment se perçoivent les Franco-Louisianais ? Usant de beaucoup d'humour et de dérision, les écrivains se représentent souvent, à l'intérieur des poèmes étudiés, comme objet de risée ou comme objet de curiosité vivotant pour le plaisir des touristes :

> pays cadien
> joie de vivre
> tellement ivre
> que tu pisses dans ton caleçon[15]

> Quand je serai vieux, je ne demande pas mieux
> Que de pouvoir étonner quelques linguistes
> Parce que après tout ce temps au milieu des États-Unis
> On parle encore français ici (CB, p. 21).

> Il nous restera bientôt que l'imitation grotesque
> D'un peuple autrefois vivace,
> Avec juste assez de traditions
> Pour remplir les pages d'un tourist brochure (CB, p. 23).

Même le projet de conservation de la culture et des langues cadienne et créole, auquel participent inévitablement les poètes, est tourné en ridicule.

> Pourquoi écrire?
> Personne va lire.
> Tu perds ton temps
> À cracher dans le vent
> La poésie, c'est grand
> Pas pour les enfants,
> Ni les illettrés,
> Ni les acculturés (SL, p. 103).

> Quelle est l'utilité, je demande, presque personne ici ne comprend ce que je dis en français, et pourtant c'est une des deux langues de mon État. « je continue, je râle, je proteste, je blasphème » : Le français n'a d'intérêt que dans la mesure où il rapporte de l'argent ou du prestige (LàM, p. 57).

La loi sur le bilinguisme n'est plus qu'un symbole vide, moins fort et moins vivant que les bottes de cow-boy et les Cadillacs « texiennes » qui écrasent tout sur leur passage. Toute tentative de protection de la culture cadienne semble vaine, jeu cruel et illusoire. « On fait semblant de vivre dans un pays qui parle français […]. En vérité, on vit dans un petit monde, en exil chez nous-même. C'est du théâtre qu'on se fait sur une petite scène. Quel espoir est-ce qu'il y aurait dans le vrai monde, out of there in the real world » (CB, p. 9).

Dans les recueils étudiés, les Cadiens ne se représentent cependant pas seulement de façon négative. La femme, par exemple, cherche l'homme cajun, le vrai bon, son semblable. « Les hommes du nord, ils sont capons. / Les hommes du Michigan, ils sont capons. / J'aime pas du tout, la cour qu'ils me font / Je vas me trouver un bon Cadien », chante Beverly Matherne dans *Je vas vendre mon chasse-neige*. Elle-même (la Cadienne de la chanson) se définit comme une femme cadienne « ardente », « pleine de soleil », une femme « du Mississippi », de la « canne à sucre » et de la « ciprière », une femme « aux cheveux noirs », « à longues tresses », « aux grosses fesses ». Chez Arceneaux, la fille cadienne aux « Beaux yeux si noirs et si profonds / Que tu peux pas t'empêcher de regarder dedans » (CB, p. 53), semble s'opposer à « La Jolie Blonde […] De Magnolia, Mississippi / [Qui] parlait ce langage / Qui cherche tant à charmer / Avec l'aide de ces yeux bleu-vide » (CB, p. 52). Dans le poème *Tiens-bon!*, de Debbie Clifton, une mère parle à sa fille et lui dit : « Ti connais nèg va couri marron / blanc pas gain assez long / sauvage lé fait ça tous les jour / 'spagnol c'tein ti brin trop jaloux / Mais, tchènbon, cher / Mo maman té trouvé mo ein nhomme / c'tété ein vaillant ti cajun » (CB, p. 74). Le Franco-Louisianais semble ici un homme à part, pourvu de toutes les qualités que n'ont pas les autres membres de sa société. « Mo pas assez coquin / Vini comme 'méricain […] Barrez yé chemin / Tracassez yé plein / Garrochez yé moyèr / À vilain 'méricain » (CB, p. 76-77). Il s'oppose, de plus, au méchant Américain, exploiteur, possesseur de biens et niveleur de pensées.

> Veux-tu nettoyer ton arbre de famille?
> changer ta réputation? […]
> Respectable veut tout ça laver.
> Du sang trop noir
> ou bien trop blanc?

> Respectable tout à fait.
> Fille de casquette ?
> Fille de placée ?
> Respectable veut tout ça changer.
> Respectable donne de titres de «Madame»
> des certificats de légitimité
> des examens de sang blanchifié,
> ce respectable qui t'enferme
> dans son enfer de petite respectabilité (CB, p. 74-75).

Une race héroïque ne lui a-t-elle pas tracé le chemin ? Dans les poèmes louisianais, le passé est quelquefois paré d'une aura mythique et héroïque, comme dans *Réveille* de Zachary Richard, devenu une sorte d'hymne national pour les Cadiens. «Réveille, réveille c'est les goddams qui viennent,/brûler la récolte./[…] J'ai entendu parler de monter avec Beausoleil/pour prendre le fusil battre les sacrés maudits. […] Réveille, réveille,/homme Acadien pour sauver l'héritage» (CB, p. 113). Les Acadiens sont des hommes courageux qui ont affronté les envahisseurs anglais, surmonté la séparation d'avec leur famille, enduré l'humiliation, la faim, le froid, la maladie, les voyages en mer et qui, malgré tout, ont eu le courage de refaire leur vie en la chaude Louisiane.

Entre l'image du Franco-Louisianais objet de risée et celle du bon Cadien, porteur de valeurs irréprochables, on peut se demander s'il n'y a pas quelques éléments constructeurs d'une identité authentique qui pointent à l'horizon.

Le recueil de Cheramie est décrit sur la quatrième de couverture comme une «auto-interrogation poétique sur la situation linguistique et culturelle en Louisiane». Cheramie fait partie de ce que l'on a appelé la génération perdue, ceux qui n'ont pu apprendre le français à l'école et à qui il était même interdit de s'exprimer en français à l'école. Pris dans les filets du processus d'américanisation, les parents de Cheramie ne lui ont pas appris le français cadien. Pour eux, l'anglais devenait la seule chance possible d'avancement social et de réussite. Désireux de protéger son héritage culturel et linguistique, Cheramie a dû se réapproprier la langue de ses ancêtres avant de «pondre» son premier recueil de poésie.

> Acadiens./Et si eux savent pas trop ce qu'ils sont comment tu veux/que nous autres en Louisiane on le sache ? […] Plein de mots qui ont été garrochés par le châssis par/ mon pop et ma mam pour faire de moi un American. […] Mais moi j'appartiens à la nation invisible, inaudible, la nation des francophones d'Amérique (LàM, p. 41).

Cette voie de la prise en charge d'une identité francophone ne va pas de soi pour les Louisianais. Ne sont-ils pas d'abord et avant tout Américains ? Et pourtant, la relation des énonciateurs à l'anglais semble, la plupart du temps, hautement problématique. N'est-elle pas la langue du pouvoir politique et du pouvoir économique ? Si l'on veut se tailler une place, il faut parler anglais et écrire en anglais. La langue cadienne a reçu, au cours de son histoire, de nombreux apports linguistiques provenant des autres communautés louisianaises. L'apport le plus marqué fut (et reste encore) sûrement celui de l'anglais américain. Le mélange de l'anglais et du français est constamment présent dans la poésie étudiée. Les titres mêmes des poèmes reflètent cet état de fait : « Hangover rap », « Charge ; Lui (Living Under The Influence) », « Nouvelles en français sur Radio Free Acadie », « ma favorite toune », « lait à mère (sweet et faim) », « Fragment of a longer work », « Northbound and down »... Conscient de cet écartèlement entre deux langues, Arceneaux a écrit *Schizophrénie linguistique* : « I will not speak French on the school grounds./ I will not speak French [...]. Après mille fois, ça commence à pénétrer/Dans n'importe quel esprit./Ça fait mal, ça fait honte ;/Puis là, ça fait plus mal./Ça devient automatique,/Et on speak pas French on the school grounds/Et anywhere else non plus » (CB, p. 16). Le degré d'anglicisation est si profond que parfois la langue employée devient presque, structurellement parlant, de l'anglais. Par exemple Beverly Matherne va traduire « I call Mama, on the telephone » par « J'appelle maman dessus le téléphone ».

À cause de leur langue, les Franco-Louisianais ont à se définir non seulement par rapport aux Américains, mais aussi par rapport aux divers membres de la communauté francophone internationale. « Moque-toi pas de mon accent./Si t'arrives à l'entendre, le comprendre. Faut pas faire du fun avec moi./J'ai appris les mots qu'on a bien voulu m'apprendre. [...] Roseau, craquette, berouette, pichenique, canique, couillon, merci, de rien, va-t'en, monstrueux d'enfant, quelle heure qu'il est, qui-ce tu fais, àyou-ce tu vas [...] » (LàM, p. 43). Pour beaucoup de Cadiens, leur dialecte n'a rien à voir avec le français de France, cette « vraie » langue, prestigieuse et littéraire. « Nous autres, on parle pas le vrai français/Nous autres, on parle juste le français cajun » (CB, p. 19). La prise de conscience collective va changer les choses. Après avoir été longtemps associés aux gens de basses classes, aux illettrés, le français cadien et le créole deviennent peu à peu des langues qu'il est possible de brandir avec fierté. On est alors justifié de les utiliser et de les transmettre à ses enfants. « [M]on fils [...], t'apprendre à parler français/sans sur le tableau noir dessiner/un paradigme de verbes/de la première conjugaison./ Notre parler n'est pas de craie/mais de création » (LàM, p. 68). Les Franco-Louisianais se découvrent une langue et un passé riches et colorés qui ont beaucoup à apporter aux autres membres de leur communauté, ainsi qu'à l'ensemble de la francophonie. Une langue faite pour écrire, une langue faite pour nommer.

La nomination du pays : la prise de possession par la parole poétique

Les recueils auxquels nous nous intéressons ici sollicitent la plupart du temps l'emploi d'un « je » énonciateur. Souvent, celui-ci représente un poète parlant de sa poésie, de la poésie. Quel rapport entretient-il avec elle ? Tout d'abord la poésie semble être synonyme d'exutoire, de catharsis. « Heureusement le BonDieu a créé/la poésie,/sans elle, je ne saurais pas/me soulager » (HL, p. 47). La poésie sert alors à l'expression de la rage, de l'impuissance ou de la détresse. « Mais comment c'est qu'on peut avoir espoir/Quand une moitié de nos héros sont/On "tour" pour la gloire et l'argent,/Et l'autre moitié se noye/Un par un dans la bouteille » (SL, p. 36).

La poésie semble cependant posséder une autre fonction dans ces poèmes, celle de dire le pays pour le faire advenir coûte que coûte. L'espace francophone est nommé, parfois jusqu'à la nomenclature. Les endroits les plus petits, ignorés du lecteur non louisianais, sont mis sur la carte du poème comme pour délimiter le territoire. On le parcourt, on y erre, on y roule en voiture, on s'y perd. Ce n'est pas le « *nowhere* ». Jean Arceneaux, dans *Nouvelles en français sur Radio Free Acadie*, mentionne plusieurs villes et villages de son pays. L'énonciateur parle de Pointe d'Église, de Marais Bouleur, de Marais des Oies, de Pointe Noire, de l'*airport* de l'Anse My, de l'Anse aux Pailles, de l'Anse Bleue High, du Bayou des glaises… Matherne, quant à elle, chante « Chez Luquette », « le Vieux Carré » ou « la rue Toulouse ».

Il est donc beaucoup question d'espace dans ces poèmes. « Par là le créateur lutte à mort contre l'exiguïté, contre l'étouffement, contre le silence[16]. » Souvent, les poèmes semblent rappeler la position isolée de la Louisiane. Ce territoire est situé par opposition aux pays du nord, territoires des autres francophones d'Amérique du Nord, comme le Québec et l'Acadie. « La neige tombe pas jusqu'ici, le soleil a brûlé toute tentative de conservation par le froid, et nous, on est le sel de la terre, on le vend aux quatre coins de la planète » (LàM, p. 42).

> « I forgot » […] C'est ce qu'il y aurait sur les chars québécois à l'heure qu'il est si on avait découvert de l'huile au fond du Saint-Laurent […] Mais heureusement pour la langue de Voltaire, il y a rien sous ses arpents de neige qui puisse faire bander un Texien (LàM, p. 46).

Dans *Suite du loup*, Jean Arceneaux écrit : « La Baie des Mines coupe mon histoire en deux. Par là-bas, le nord perdu et couvert de neige./Par ici, le sud paresseux et couvert d'eau » (SL, p. 39).

Dans le pays des Cadiens, il fait toujours chaud. Les gens étouffent, l'air est lourd : difficile de respirer. Parfois les vents soufflent, ce sont alors des vents meurtriers : ouragans, orages violents. Le paysage est fait de boue, de bayous et de plaines. Le temps possède la lourdeur de la vie quotidienne.

> boue qui roule
> roue qui boule
> la journée s'annonce lourde
> la destinée s'annonce sourde (LàM, p. 35).

> tempête s'annonce à l'horizon
> caractère tempestueux
> mon corps sue cinq mille gallons
> un temps lourd comme les bœufs (LàM, p. 36).

Jean Arceneaux dans *L'Overdose de soleil* écrit : « il faut déjà avaler chaque sou-pir/Ça mouille tous les jours asteur./Tout est si vert que ça brille la nuit [...] si la chaleur baisse pas bientôt/on va commencer à délirer » (SL, p. 44). La Louisiane est une terre chaude, humide, étouffante et aliénante. Un lieu sans repos, d'où l'on ne peut partir. Malgré tout, la Louisiane ne demeure-t-elle pas cette terre promise jadis à nos ancêtres, terre de tous les possibles?

« Au travail malgré l'ennui/Pour sauver l'héritage./Faire des marques ondulantes/Sur ce papier blanc » (CB, p. 46). Il faut reconquérir la langue, il faut reconquérir la culture. Il faut le faire par les mots en s'inventant un pays ima-ginaire, un pays littéraire. La venue au monde du pays des Franco-Louisianais, c'est donc aussi et surtout sa venue au monde par le biais de l'écriture, de la parole.

> [E]lle est ouonne
> *take me home* [...]
> allons suivre le bayou comme une destinée
> garroche-moi dans le golfe du Lexique (LàM, p. 11).

> Enfant du silence, crions ensemble.
> On comprend tous notre parenté commune [...]
> Enfant du silence,
> Levons nos voix ensemble.
> Chantons du cœur en cœur
> Ils commencent à nous entendre [...].
> Il faut réclamer notre terre
> pour replanter nos rêves
> dans le fumier de nos peines (CB, p. 65).

Solitude et solidarité

La Louisiane demeurant isolée des autres communautés francophones d'Amérique et le milieu littéraire franco-louisianais étant extrêmement petit, il n'est nullement étonnant de voir les poètes s'interpeller l'un l'autre, en signe de solidarité. Cheramie, par exemple, dédie le poème *La Contre-danse d'un contre-temps* à Zachary Richard et *Il y a des loups dans mon pays* à Jean Arceneaux.

Mais ces écrivains ne cherchent pas seulement à fraterniser avec la commu-nauté immédiate des poètes franco-louisianais, comme le montre cet extrait de *Lait à mère* : « J'ai appris les mots [...] que mon pépère a essayé de m'apprendre. [...] Il est mort d'un cancer quand j'avais huit ans, et je connais-sais juste quelques mots. [...] Cet enfant de huit ans [...] a prêté serment d'apprendre tous les autres mots. Mais les autres il m'a fallu les chercher chez Antonine Maillet, Jean Arceneaux, Richard Guidry, Herménégilde Chiasson, Émile Des Marais, Debbie Clifton, Patrice Desbiens, Gérald Leblanc, Michèle Lalonde » (LàM, p. 44).

Seule référence québécoise, le choix de Michèle Lalonde s'explique à la lecture du vers suivant : « *Are you going to speak white once and for all you French bastards ? ! Sons of French whores ? !* » (LàM, p. 44). Le poème de Lalonde n'en appelle-t-il pas à la solidarité de tous les peuples exploités et de toutes les cultures muselées ? Toutes les autres références font appel aux poètes des minorités francophones hors Québec. Comme la France à l'échelle internationale, le Québec, dominant la scène franco-américaine, dicte sa loi et impose ses institutions. C'est lui qui possède le plus imposant bassin de lecteurs francophones et le plus grand nombre de maisons d'édition. Comment survivre sans le Québec ? En s'associant ? Est-ce qu'on ne voit pas là surgir quelque chose de l'idéal d'un Jean Marc Dalpé écrivant dans « La nécessité de la fiction » : « un pays fiction qui ne sera jamais qu'une fiction/ne sera jamais qu'un cri rauque lâché aux quatre vents/ ne sera jamais qu'un chant/qui sera le chant des tou'croches que nous sommes/le chant des émigrants immigrants marginaux métis/pas t'à fait'ci pas t'à fait ça que nous sommes […] le chant d'un Lucky Tootoo de la Louisiane qui call l'orignal/comme son chum de Hearst lui a appris à le faire/en montant en pleine tempête de neige la rue Ontario à Montréal[17]. » Se regrouper permet d'échanger, d'augmenter le lectorat et les lieux de distribution sans attendre la sanction québécoise, le Québec ne prêchant peut-être que pour sa propre paroisse. Qui d'autre que les communautés francophones hors Québec peut comprendre la minorisation des Franco-Louisianais, leur marginalisation, leur combat pour la survie ? Qui de mieux que ces petites communautés pour comprendre leur déchirement, leur situation inconfortable et sans repos ? « Elle ne peut pas quitter son pays sans trouver la mort./elle ne peut pas rester là, sa mort s'en vient./elle court, elle court/ elle s'embourbe dans la nuit » (LàM, p. 22). Le Québec, de toute façon, ne regarde-t-il pas la Louisiane francophone comme déjà morte ?

« Comme Sarajevo/L'Amérique veut pas savoir/Qui sont ses bâtards » (LàM, p. 26). De façon plus large, les poètes louisianais étudiés semblent rechercher la solidarité de toutes les petites cultures, de tous les peuples minoritaires, minorisés, bafoués. « J'éteins enfin la radio/Pour essayer d'écouter/ Les tambours des Attakapas/Dans le silence/Dans la distance du temps./Ils étaient pourtant/Nombreux et courageux […] Mais leurs tambours ne font/ Plus de bruit./Ils ont pourri avec le temps » (SL, p. 38). N'est-ce pas le sort qui guette les Franco-Louisianais, moins courageux, moins guerriers et beaucoup moins nombreux ?

Si notre analyse s'est concentrée autour des thèmes de la langue, du pays et de la collectivité, c'est que les poètes sont conscients que la possibilité même de l'écriture poétique et de la publication des textes est liée à la situation de la langue française et de la culture cadienne et créole. La précarité de cette situation se reflète dans leurs œuvres, constamment déchirées entre l'espoir et la désillusion.

Arceneaux écrit : « Le prophète tourne en rond, […] personne comprend, personne s'en fout/De sa vision, on le traite de fou./Il dérange, ou mieux, il gêne. Il devrait voir que c'est pas la peine/Forcer la chose quand ça voudrait mourir./Il faudrait l'enterrer et la laisser pourrir » (SL, p. 100). On peut se demander si une telle initiative, qui est de faire advenir une littérature écrite, n'est pas désespérée et artificielle. Comme nous l'avons vu, la résurgence de la poésie franco-louisianaise dans les années 1970 a été possible grâce à l'appui de l'institution littéraire. Il faut dire que les littératures franco-canadiennes contemporaines hors Québec ont elles aussi été grandement soutenues par les institutions littéraires financées en majeure partie par l'État. Malgré cela, ces deux situations sont extrêmement différentes. Dans son article «Trois littératures francophones au Canada 1972-1992[18]», René Dionne écrit:

> Animés par une ambition commune: la promotion de l'identité spécifique de communautés dont ils voulaient améliorer la situation socioculturelle et politique, contestataires et récupérateurs [...] s'employèrent, d'une part, à créer des institutions, et d'autre part, à occuper une place meilleure dans celles qui existaient déjà, car, il ne faut pas l'oublier, depuis des décennies ou plus d'un siècle un processus d'institutionnalisation était en marche: des œuvres avaient été créées, des périodiques existaient, des bribes d'enseignement se donnaient, des associations littéraires ou culturelles étaient en place...

Toutes choses qui n'existaient pas en Louisiane, les ponts étant coupés avec le français écrit depuis le début du siècle.

De toute façon, si la littérature franco-louisianaise perdure, nous pouvons également nous demander quelle forme elle prendra et quelle langue elle utilisera. En effet, les jeunes qui aujourd'hui apprennent le français dans les écoles apprennent un français international qui tient peu compte des spécificités cadiennes et encore moins créoles. Les professeurs viennent généralement du Québec ou de l'Europe. Le fossé entre les générations est immense. Les grands-parents, francophones cadiens, comprennent à peine leurs petits-enfants et vice versa. Dans le futur, la langue cadienne perdra-t-elle ses spécificités pour se «standardiser»? Est-ce par là que passe la survie de la langue française en Louisiane, et donc d'une littérature franco-louisianaise riche et vivante? Nous ne pouvons répondre à cette question. Encore faut-il que ces étudiants, pour qui le français n'est pas la langue maternelle, transmettent cette langue à leurs enfants. Il nous est donc permis de douter.

NOTES

1. Article paru dans *Francophonies d'Amérique*, n° 4, 1994, p. 129-135.

2. Barry Jean Ancelet (dir.), *Cris sur le bayou. Naissance d'une poésie acadienne en Louisiane*, Montréal, Éditions Intermède, 1980.

3. Barry Jean Ancelet, «The Cajun Who Went to Harvard. De l'oral à l'écrit en Acadie tropicale», dans Jules Tessier et Pierre-Louis Vaillancourt (dir.), *Les autres littératures d'expression française en Amérique du Nord*, Ottawa, Éditions de l'Université d'Ottawa, 1987, p. 94-95.

4. Barry Jean Ancelet (dir.), *Cris sur le bayou. Naissance d'une poésie acadienne en Louisiane*, op. cit., p. 10. Pour éviter de multiplier les notes, les références à ce recueil seront données ainsi dans la suite du texte: CB, suivi du numéro de la page.

5. Deborah J. Clifton, *À cette heure, la louve*, Moncton, Éditions Perce-Neige, «Acadie tropicale», 1999.

6. Jean Arceneaux, *Suite du loup. Poèmes, chansons et autres textes*, Moncton, Éditions Perce-Neige, 1997.

7. David Cheramie, *Lait à mère*, Moncton, Éditions d'Acadie, 1997.

8. Beverly Matherne, *Le Blues braillant/ The Blues Cryin'. Poésie blues/ Blues Poetry* [CD], Merrick

(N.Y.), Cross-Cultural Communications, 1999.

9. Zachary Richard, *Faire récolte,* Moncton, Éditions Perce-Neige, «Acadie tropicale», 1997.

10. Zachary Richard, *Voyage de nuit: cahier de poésie, 1975-1979,* Montréal, L. Courteau, c. 1987.

11. Barry Jean Ancelet (dir.), *op. cit.*

12. Barry Jean Ancelet, cité dans «The Cajun Who Went to Harvard», *loc. cit.*, p. 100.

13. Deborah J. Clifton, *op. cit.,* p. 48. Les références à ce recueil seront données ainsi dans la suite du texte: HL, suivi du numéro de la page.

14. Jean Arceneaux, *op. cit.*, p. 101. Les références à ce recueil seront données ainsi dans la suite du texte: SL, suivi du numéro de la page.

15. David Cheramie, *op. cit.*, p. 15. Les références à ce recueil seront données ainsi dans la suite du texte: LàM, suivi du numéro de la page.

16. François Paré, *Les littératures de l'exiguïté,* Le Nordir, Ottawa, 1994, p. 70.

17. Jean Marc Dalpé, «La nécessité de la fiction», dans Robert Dickson, Annette Ribordy et Micheline Tremblay (dir.), *Toutes les photos finissent-elles par se ressembler? Actes du Forum sur la situation des arts au Canada français: forum de l'Institut franco-ontarien,* Sudbury, Prise de parole, 1999, p. 25.

18. Dans *Cahiers Charlevoix,* 3, 1998, p. 217.

EXPÉRIENCE DE TRAVAIL
ET SEXE COMME CRITÈRES MIGRATOIRES :
LE CAS DES IMMIGRANTES CANADIENNES-FRANÇAISES
À LOWELL (MASSACHUSETTS) AU DÉBUT DU XXe SIÈCLE

Yukari Takai[1]
Université internationale de Sapporo (Japon)

Depuis plus de deux décennies, la famille constitue l'un des domaines privilégiés d'analyse en histoire de l'immigration des Canadiens français vers la Nouvelle-Angleterre. Des chercheurs ont montré que la famille était à la fois une unité de migration et une source de renseignements sur les destinations aux États-Unis. Dans l'historiographie déjà volumineuse portant sur ce peuple à la mobilité extraordinaire, comme sur l'histoire de l'immigration en général, le processus de l'insertion et de l'établissement, c'est-à-dire la période suivant l'arrivée des migrants aux États-Unis, constitue le sujet d'un nombre important d'études. Par contre, les historiens ne se sont guère intéressés de manière systématique à l'examen des modes complexes de migration dans le processus qui liait la société d'origine des migrants et la société d'accueil. Parmi ces travaux, mentionnons l'étude pionnière menée par Ralph Vicero ainsi que les analyses de James P. Allen et, plus récemment, celles d'Yves Frenette et de Bruno Ramirez. La plupart de ces études ne vont pas au-delà de la fin du XIXe siècle. L'ouvrage de Bruno Ramirez et Yves Otis mis à part, aucune recherche n'a encore examiné systématiquement le processus de migration au cours des années 1900 à 1920, période pendant laquelle la migration canadienne-française a subi une transformation radicale. De plus, même s'ils ont fait preuve d'imagination dans l'utilisation des sources disponibles, ces deux derniers chercheurs n'accordent guère d'attention à la problématique homme-femme (*gender relations*), un concept d'analyse qui est de plus en plus pris en considération dans l'étude des migrations trans-Atlantique et trans-Pacifique.

La présente recherche s'inscrit dans un effort visant à combler cette lacune dans nos connaissances sur l'histoire de l'immigration canadienne-française. Pour ce faire, nous analysons de près les immigrants canadiens-français à Lowell (Massachusetts) de 1900 à 1920. Plus précisément, notre étude vise à examiner de quelle manière et à quel degré les immigrantes canadiennes-françaises ont vécu les changements structurels pendant les deux premières décennies du XXe siècle. Elle tente aussi de montrer comment le sexe des immigrants a influé sur leur adaptation. Ces analyses mènent à une question centrale : de quelle façon les immigrantes canadiennes-françaises ont-elles modifié ou conservé leur rôle au sein du ménage pendant le processus de migration ? Autrement dit, comment ont-elles vécu leur expérience migratoire et, en contrepartie, qu'ont fait leurs homologues masculins ? Pour répondre à cette question, la présente étude met en relief les modes migratoires et les expériences de travail des immigrantes canadiennes-françaises en partance pour Lowell. L'analyse qui suit révèle un degré de rationalité dans un mouvement qui, autrement, apparaîtrait comme un assemblage chaotique de déplacements que des individus ont entrepris de façon arbitraire.

Avant de discuter de la question, il y a lieu de décrire brièvement le contexte historique de Lowell et de ses immigrants canadiens-français. Située à 40 kilomètres au nord-ouest de Boston, la ville de Lowell était l'un des centres importants de l'industrie du textile aux États-Unis. Depuis la création de la ville, la production du textile a toujours constitué le secteur principal de l'économie lowelloise. Les manufactures de textile — de coton surtout mais aussi de laine — ont recruté des travailleuses d'abord dans les communautés rurales environnantes, dans les années 1830 et 1840 ; elles ont ensuite embauché des immigrantes venues d'Irlande et, de plus en plus, du Canada pendant la deuxième moitié du XIXe siècle. Puis, les *new immigrants* de l'Europe de l'Est et du Sud sont arrivés en grand nombre au tournant du siècle et au début du XXe siècle. Les Canadiens français représentaient le groupe le plus nombreux dans la ville et ils le sont restés pendant le dernier tiers du XIXe siècle. Pendant les deux premières décennies du XXe siècle, leur proportion parmi ceux qui sont nés à l'étranger et ceux ayant des parents nés à l'étranger s'est maintenue à plus du quart de la population (soit environ 24 000). À ce moment-là, la majorité des Canadiens français à Lowell étaient nés aux États-Unis, ce qui indique clairement que le flux migratoire du nord vers le sud déclinait et que la croissance de cette population était devenue plus dépendante de la croissance naturelle.

L'analyse qui suit est basée sur des données longitudinales tirées d'un échantillon que nous avons créé à partir de deux séries de sources nominatives : les listes manuscrites des recensements fédéraux américains et des fiches du *Soundex Index to the Border Entries* (que nous appellerons ci-après les *Border Entries*). De plus, cette étude utilise un rapport produit en 1908-1909 par la Commission de l'immigration des États-Unis, *Reports of the Immigration Commission : Immigrants in Industries*. Malgré les préjugés raciaux de cette commission, ce rapport, publié dans une collection qui comprend 41 volumes, reste une source remarquable pour l'étude de l'immigration au tournant du siècle. Le volume 10, par exemple, contient des renseignements détaillés sur des travailleurs canadiens-français de l'industrie du textile. En particulier, l'étude qu'on y fait de la communauté A est importante pour notre analyse ; en effet, des facteurs tels que la croissance de la population et le développement physique ainsi que la chronologie de l'arrivée des différents groupes d'immigrants portent grandement à croire que la ville A dont il est question dans ces rapports n'est nulle autre que Lowell.

Le processus de migration des Canadiens français

Les immigrantes ont-elles voyagé seules ou en famille ? Joy Parr écrit que les émigrantes célibataires qui voyageaient seules n'étaient pas rares. C'était particulièrement le cas des travailleuses qualifiées, telles les émigrantes du Midland arrivées à Paris, en Ontario, au tournant du siècle. Les Canadiennes françaises à Lowell au début du xxᵉ siècle ont démontré des modes migratoires différents. La majorité (73 %) des immigrantes de notre échantillon sont arrivées à Lowell avec leur famille et une petite minorité a voyagé sans famille. La plupart des immigrantes qui voyageaient seules avaient eu une expérience de travail industriel au Canada. Comme l'indique la figure 1, parmi les Canadiennes françaises n'ayant pas eu de travail rémunéré au Canada, seulement 17 % (ou 8 individus) ont voyagé seules, alors qu'un peu plus de la moitié (11 individus) de celles ayant eu un travail rémunéré au Canada sont allées seules aux États-Unis. Inversement, parmi les premières, 80 % (40 individus) ont voyagé accompagnées alors qu'une petite moitié (10 individus) des autres ont été accompagnées.

Les exemples suivants tirés des recensements fédéraux des États-Unis illustrent l'expérience de deux immigrantes ayant eu un travail industriel ou un métier au Québec. Née à Saint-Wenceslas au Québec, Laura Archambault, 19 ans, travaillait comme opératrice dans une fabrique de bas de son village. En septembre 1909, elle partit seule pour Lowell. Quant à Anna Aubert,

Figure 1
Distribution des Canadiennes françaises à Lowell (1900-1920)
selon l'expérience de travail au Canada et le mode de voyage (%)

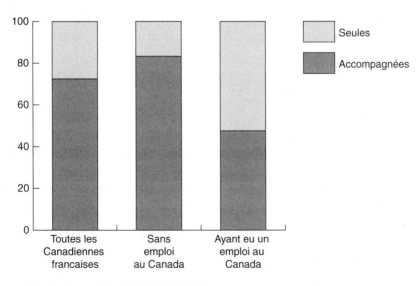

Source : *Border Entries to the U.S.A.* (1900-1920).

couturière de 24 ans, elle quitta son village natal au Québec, en septembre 1912, pour retrouver sa sœur à Lowell dès son arrivée à destination. Ces deux cas portent à croire que le fait d'avoir eu un travail rémunéré au Canada peut avoir été, pour une immigrante canadienne-française, une raison d'entreprendre le voyage seule. L'expérience du travail industriel dans une manufacture de textile ou du métier de couturière constituait un avantage pour une immigrante dès son arrivée à Lowell ; sans doute est-ce là une raison pour laquelle il était possible pour une jeune Canadienne française d'aller s'établir au sud de la frontière sans être accompagnée de membres de sa famille.

À quoi peut-on attribuer les différences dans les modes de migration entre les Canadiennes françaises à Lowell et les femmes du Midland à Paris, en Ontario ? D'abord, l'agro-économie du Québec à la fin du XIXe et au début du XXe siècle demeurait largement une économie rurale de subsistance, l'agriculture commerciale y ayant encore peu d'ampleur. Alors qu'un grand nombre d'époux et de pères étaient des agriculteurs sans terre ou n'ayant qu'un petit lopin qui travaillaient souvent comme journaliers, plusieurs femmes dans ces milieux ruraux produisaient des fruits et des légumes et gardaient des animaux sur des terrains que possédait leur famille. Ainsi, les femmes continuaient à assurer la subsistance de leur famille tandis que quelques-unes parmi elles étaient salariées. De plus, les Canadiennes françaises se mariaient généralement tôt comparativement à leurs homologues suédoises et anglaises. Cela signifie qu'en comparaison avec les femmes immigrantes originaires d'Europe du Nord, peu de Canadiennes françaises quittaient leur paroisse d'origine sans être accompagnées d'hommes de leur famille. Nous pouvons conclure qu'en ce qui concerne le mouvement géographique des Canadiennes françaises, le type spécifique d'organisation de l'agriculture, d'une part, et la division du travail qui soutenait l'économie de subsistance basée sur la famille et l'agriculture commerciale, d'autre part, constituaient la base structurelle de l'autonomie restreinte des femmes et la rareté de la migration féminine indépendante.

Les mêmes conditions structurelles ont abouti à une prédominance des modes migratoires suivant lesquels les femmes ont rarement déclenché des projets migratoires pour leur famille. Contrairement au mode de migration en chaîne plutôt atypique que l'on observe à Paris (Ontario) et à Lawrence (Massachusetts) au début du XXe siècle, selon lequel les hommes partaient aux États-Unis en dernier plutôt qu'en premier, « suivant à contrecœur l'initiative des femmes » (Parr, 1990, p. 26), le mode de migration des immigrants canadiens-français à Lowell était différent : ceux-ci trouvaient d'abord un travail avant d'aller chercher ou de faire venir les autres membres de leur famille. Le modèle prédominant qui se dégage des histoires orales est celui dans lequel le père et le fils partaient les premiers pour les États-Unis.

Les conditions économiques générales constituent un autre facteur qui contribuait au mode migratoire des femmes canadiennes-françaises. Lowell au début du XXe siècle n'était plus une ville mono-industrielle. Même si l'industrie du textile continuait à y prédominer, Lowell avait aussi diversifié ses activités. Ce changement dans les conditions du marché du travail a facilité, jusqu'à un certain point, la recherche d'emplois par les hommes et les femmes sur une échelle plus large, incluant les secteurs autres que l'industrie du textile. Mais ce qui a plus d'importance encore, c'est qu'en Nouvelle-Angleterre cette industrie se heurtait à une série de difficultés résultant de facteurs tels que la concurrence avec l'industrie du Sud des États-Unis, l'innovation technologique et l'introduction de lois interdisant le travail des enfants. En conséquence, le marché du travail à Lowell dépendait de plus en plus d'une main-d'œuvre comprenant un nombre croissant de femmes adultes ainsi que d'hommes appartenant aux groupes des *new immigrants*. Ces transformations socio-économiques ont sans doute signifié que les immigrantes canadiennes-françaises étaient « très utiles en raison de leur capacité de gagner des salaires tout de suite après leur arrivée dans la localité nouvelle », comme l'a observé Ardis Cameron à Lawrence (Massachusetts), communauté voisine de Lowell. En même temps, à cause de la réalité socio-économique de Lowell — des difficultés économiques dans l'industrie du textile et des possibilités d'emploi de plus en plus nombreuses dans les secteurs autres que l'industrie du textile —, il était plus logique pour ces femmes de voyager d'une localité à une autre si elles voulaient compter sur les salaires additionnels de leur famille. Immigrer en famille signifiait aussi pour ces femmes qu'elles continuaient d'assumer le rôle de fournisseur de travail non rémunéré au foyer, en plus d'avoir une part grandissante dans le travail rémunéré dans une autre ville des États-Unis.

Une analyse plus fine permet de voir que le sexe de la personne contact à destination jouait un rôle clef dans la migration des Canadiens français à Lowell. D'après les *Border Entries*, une majorité absolue de personnes contacts pour les immigrants canadiens-français à destination de Lowell étaient des membres de leur famille. La plupart des personnes contacts étaient des hommes tels que des pères et des fils ; par contre, une petite minorité étaient des femmes, ce qui indique que, contrairement aux immigrants du Midland à Paris ou aux Syriennes à Lawrence, peu de Canadiennes françaises ont déclenché une migration familiale en chaîne.

Malgré la prédominance des hommes parmi les personnes contacts, la minorité de femmes qui ont assumé ce rôle ne doit pas être occultée. Les sœurs étaient particulièrement importantes dans l'établissement de l'itinéraire des immigrantes qui voyageaient seules. Parmi les 123 migrants que contient l'échantillon que nous avons constitué, à peu près autant de sœurs (14 individus ou 11 %) que de frères (16 individus ou 13 %) sont indiqués comme personnes contacts. Par contre, parmi la minorité d'immigrantes qui voyageaient seules (19 individus), cinq (26 %) ont indiqué leur sœur comme personne contact à Lowell. Tel était le cas de Béatrice Audet, qui a donné le nom de sa sœur, Mary McElroy, comme personne à rencontrer à Lowell. Née à Stanstead au Québec, Béatrice, célibataire de 19 ans, travaillait comme téléphoniste dans son village natal jusqu'à son départ pour les États-Unis à la fin d'août 1919. Ces données que nous venons d'évoquer portent à croire que la présence d'une sœur à destination, sans doute plus que celle d'un frère, était un facteur déterminant qui a permis à une minorité de femmes célibataires de réaliser seules leur projet d'émigration. Celles-ci ont dû compter sur leurs sœurs déjà aux États-Unis pour leur fournir un soutien moral, une aide pratique dans la recherche d'un emploi et d'un logement ainsi que pour fonder économiquement un ménage en commun. Les frères aussi s'attendaient sans aucun doute à assumer des rôles similaires, mais ils ont probablement répondu aux besoins d'un réseau familial plus large. Il faut également souligner que les immigrantes voyageant seules avaient non seulement besoin d'une aide de la part de leurs sœurs, mais qu'elles pouvaient en retour, si elles étaient qualifiées, fournir à ces dernières une aide financière en commençant à travailler immédiatement après leur arrivée à destination. Il est donc possible de conclure que les immigrantes canadiennes-françaises, même quand elles voyageaient seules, ne se déplaçaient pas dans l'isolement. Au contraire, ces femmes, qui faisaient partie intégrante de réseaux familiaux, ont contribué à élargir ces réseaux, d'une manière sélective, selon le sexe.

L'expérience de travail des immigrantes

Les immigrantes canadiennes-françaises qui émigrent seules sont plutôt rares, mais l'étude de ces femmes illustre néanmoins l'importance du travail rémunéré dans leur vie et aussi l'importance de leur expérience du travail industriel dans la décision prise par leur famille d'émigrer aux États-Unis.

Parmi les immigrants canadiens-français, un plus grand nombre de femmes que d'hommes travaillaient dans des manufactures avant même de s'établir à Lowell. Selon l'étude de 1909 de la Immigration Commission, alors que la moitié des immigrants et immigrantes canadiens-français avaient travaillé sur la ferme familiale, une proportion frappante de femmes (23 %), mais une minorité d'hommes (9 %), avaient travaillé dans des usines de textile au Canada (voir la figure 2). Ces chiffres montrent que, pour une proportion notable de Canadiens français, de femmes en particulier, travailler dans une usine de textile à Lowell ne représentait pas une rupture, mais plutôt une continuité dans la vie professionnelle.

Il n'y a pas que chez les Canadiennes françaises où le pourcentage de femmes engagées dans une manufacture de textile est élevé. Alors que la plupart des hommes originaires de Grande-Bretagne avaient travaillé comme opérateurs, de nombreux Irlandais ainsi que la majorité des Grecs, des Lituaniens et des Polonais avaient été agriculteurs avant d'aller à Lowell. Par contre, une majorité absolue de leurs filles, de leurs sœurs et parfois de leurs épouses avaient été employées dans une manufacture de textile dans leur pays. À Lawrence, au Massachusetts, à peu près à la même époque, on observe des configurations similaires parmi les «nouveaux immigrants» originaires de Lituanie, d'Italie et de Russie, ainsi que parmi de «vieux immigrants» d'Irlande et du Canada français. À partir de ces faits, Ardis Cameron (1993)

Figure 2
Occupations au Canada des immigrants canadiens-français travaillant dans l'industrie du textile à Lowell en 1990 (%)

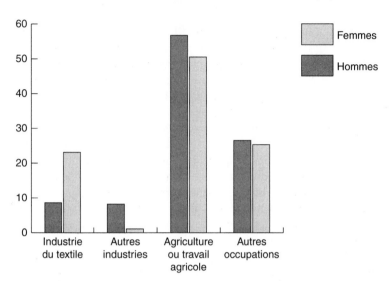

Source : *Reports of the Immigration Commission : Immigrants in Industries*, vol. X, 1911, p. 243-244.

conclut que les immigrantes avaient précédé les immigrants dans l'acquisition de compétences de travail en industrie, ce qui a amélioré leur capacité de trouver du travail dès leur arrivée à destination. Cameron va plus loin en laissant entendre qu'à Lawrence au tournant du siècle cette situation a renforcé le pouvoir des femmes immigrantes au sein de la famille. Pourra-t-on conclure de même en ce qui concerne la place des Canadiennes françaises de Lowell au sein de leur famille ? C'est une problématique qui ouvre la voie à une série de questions méthodologiques et théoriques.

Dans le cas de Lowell, nous savons déjà que, dans les années 1870, les pères et les maris immigrants canadiens-français ont connu, jusqu'à un certain point, une « marginalisation » quand ils se sont trouvés en chômage ou quand ils étaient sous-employés, alors que leurs enfants et leurs épouses avaient trouvé plus facilement du travail dans les usines de textile. Nous savons aussi, à partir de sources d'histoire orale, qu'il y avait des hommes et des garçons qui se chargeaient de tâches domestiques telles que la lessive et le lavage des planchers. Toutefois, en l'absence de preuve déterminante, il est impossible de vérifier si la situation que Ramirez appelle une « déstabilisation des relations hiérarchiques » est oui ou non le reflet d'une modification du pouvoir des femmes au sein de la famille. Aussi nous contenterons-nous de souligner l'augmentation des « valeurs » industrielles acquises par les femmes canadiennes-françaises pour la migration de leur famille, d'une part, et un changement relativement peu articulé dans la répartition du travail domestique non rémunéré, d'autre part. Ces cas reflètent des relations asymétriques ou un décalage dans l'évolution de la place théorique et réelle occupée par les femmes immigrantes.

L'exemple de Mary-Louise Clermont illustre le cas des immigrantes canadiennes-françaises dont l'expérience de travail constituait un atout pour leurs familles. Mary-Louise travaillait comme tisserande avant de «descendre aux États», à la fin de décembre 1908, en compagnie de ses parents, de deux sœurs et d'un frère. Ses parents et sa sœur Priscilla étaient employés, au Québec, comme journaliers. Annie, son autre sœur, n'avait pas de travail rémunéré et son frère Remeus était désigné comme *loom sweeper*. Le recensement américain de 1920 indique que Mary-Louise était contrôleuse dans une usine de chaussettes. C'était l'un des emplois les mieux payés que les travailleuses canadiennes-françaises pouvaient obtenir dans l'industrie du textile de Lowell à l'époque. Le ménage de Mary-Louise se composait alors de sa mère veuve, qui n'avait pas de travail rémunéré, et de ses deux sœurs qui travaillaient comme façonneuses dans une usine de chaussettes. Remeus avait sans doute quitté le ménage. Ces données longitudinales démontrent que l'expérience industrielle de Mary-Louise comme tisserande, un métier en demande à Lowell au début du XXe siècle, était, pour une famille dirigée par des journaliers, une ressource indispensable à la réalisation d'un projet familial de migration.

L'expérience de travail au Canada était non seulement importante pour les familles de ces immigrantes, mais aussi pour elles-mêmes. Claudia et Valentine Ducharme avaient travaillé comme opératrices au Québec avant leur départ pour Lowell, en 1919, voyage qu'elles firent non accompagnées de leur famille. L'année suivante, le recensement fédéral des États-Unis indique que Claudia travaillait dans une usine de coton comme finisseuse des velours, un métier relativement bien payé, alors que Valentine travaillait comme domestique dans une famille. Ces données portent à croire que la compétence de travail acquise par les sœurs Ducharme au Canada et leurs perspectives de trouver un emploi à Lowell ont facilité leur migration sans compagnie masculine. Ainsi, les cas de Mary-Louise et de l'une des deux sœurs Ducharme confirment une continuité dans l'expérience industrielle des travailleuses d'«élite» dans l'industrie du textile.

Il y avait aussi des femmes qui n'indiquaient aucune occupation au Québec, mais qui devenaient des travailleuses de l'industrie du textile peu de temps après leur arrivée à Lowell. Le jumelage des données des recensements avec celles des *Border Entries* fournit des exemples de travailleuses industrielles «nouvelles» en apparence, comme Annie Brière. En septembre 1909, Annie, âgée de 36 ans, est allée à Lowell avec son mari, journalier de 33 ans, et trois enfants âgés de dix, sept et quatre ans. À l'arrivée, Annie a répondu qu'elle n'avait pas de travail au Canada. Un an plus tard, le recensement de 1910 indique qu'elle travaillait comme tisserande dans une usine de textile à Lowell. Étant donné que le métier de tisserand nécessite une période de formation pouvant aller de quelques semaines jusqu'à six mois, il est plutôt exceptionnel qu'Annie ait obtenu un tel travail sans avoir d'expérience antérieure. Toutefois, il est possible qu'elle ait appris son métier rapidement entre le moment de son arrivée à Lowell en septembre et la tenue du recensement en avril de l'année suivante. Il est aussi possible que l'indication dans le recensement résulte d'une erreur de la part des agents de recensement, qui avaient tendance à manquer de précision dans la désignation des emplois occupés par les femmes du Québec. Une autre possibilité, plus probable, est qu'Annie Brière avait elle-même négligé de déclarer correctement le métier qu'elle exerçait au Québec. Dans un cas comme dans l'autre, nous estimons qu'Annie avait sans doute eu une expérience de travail industriel au Québec avant son mariage ou ses accouchements, mais qu'elle n'avait pas de travail rémunéré au moment où elle a immigré.

Les exemples que nous venons de citer illustrent le changement et la continuité dans les itinéraires de travail de quelques immigrantes canadiennes-françaises. Lorsqu'elles sont parties des villes et des villages du Québec pour se rendre à Lowell, la plupart d'entre elles ont passé d'un travail agricole à un travail industriel. Une minorité considérable de femmes, plus que d'hommes, avaient travaillé dans un secteur industriel au Québec avant de migrer. Pour ces dernières, travailler dans une usine de textile ou de chaussures n'était pas une expérience nouvelle, mais représentait une continuité, sur le plan du travail.

L'importance croissante du travail rémunéré des femmes pour leur famille immigrante révèle un changement historique dans le processus de migration des Canadiens français. Au sommet de ce mouvement, dans les années 1870 et 1880, le nombre d'enfants au sein d'un ménage, et plus précisément le nombre d'enfants salariés par rapport à ceux qui ne l'étaient pas, est un facteur crucial pour la migration de la famille. Au début du xxe siècle, les femmes commençaient à jouer un rôle plus important dans la prise de décisions au sein de la famille. Ce changement dans la stratégie familiale reflète en grande partie, on peut l'affirmer, une série de transformations radicales qui ont eu lieu sur le marché du travail à Lowell. Ces changements incluent une série de campagnes contre le travail des enfants partout en Nouvelle-Angleterre, les progrès de la technologie et l'intensificaion des processus de travail dans l'industrie du textile ainsi que la concurrence de plus en plus vive des industries du Sud des États-Unis. Ces circonstances contribuaient au développement des aptitudes. L'expérience de travail des immigrantes canadiennes-françaises dans un secteur industriel au Canada était donc un élément déterminant pour les familles dans leur décision de donner suite à leur projet de migration à une étape précise du cycle de la vie familiale.

Les renseignements tirés des recensements confirment davantage l'importance de la capacité des femmes d'obtenir un travail rémunéré. Au début du xxe siècle, les immigrants canadiens-français à Lowell ont réussi à trouver des emplois mieux rémunérés voire plus réguliers sur le marché du travail dans cette ville. En même temps, une proportion plus grande de leurs homologues féminines étaient employées comme travailleuses qualifiées ou semi-qualifiées. Cela signifie que, même si les hommes gagnaient la plus grande partie du revenu des ménages canadiens-français à Lowell, les femmes assumaient une part de la contribution qui marquait une différence cruciale dans le niveau de vie familial ainsi que dans la réalisation de leur projet migratoire. Les salaires des femmes ont été davantage mis en valeur lorsque la contribution des jeunes enfants a baissé de façon substantielle. À la lumière de l'importance croissante dans la capacité des femmes à gagner un salaire, il n'est pas exagéré de conclure que l'émigration des Canadiennes françaises a tourné la page d'un chapitre de l'«histoire des enfants» dans les années 1870 à 1880 et de celle de l'«histoire des femmes» au début du XXe siècle.

Conclusion

Les modes de migration des Canadiens français vers Lowell ont connu des changements remarquables au début du XXe siècle. Même si la majorité des femmes immigrantes continuaient à voyager en famille, une minorité considérable, incluant des femmes célibataires, se déplaçaient seules vers les États-Unis. Pour ces femmes, la présence d'une sœur à destination était importante. Les femmes ayant des connaissances techniques, une expérience de travail et probablement des liens avec un réseau ont acquis une importance notable dans la décision de leur famille d'émigrer aux États-Unis. Ces changements semblent indiquer que les femmes canadiennes-françaises ont assumé un rôle plus articulé dans le processus d'émigration à Lowell. Est-ce que ce changement traduit une croissance de leur pouvoir au sein de la famille? Cette question pourrait faire l'objet d'une autre recherche.

La valeur accordée à la capacité des femmes de gagner un salaire, mise à part leur participation au marché du travail rémunéré, ne représentait pas un obstacle à leur engagement à s'occuper de leur famille. Il est vrai que des époux ont partagé quelques-unes des tâches ménagères. Toutefois, les femmes continuaient à assumer, de bon cœur ou non, la plus grande part des travaux domestiques au sein de la famille. Et la prise en charge de ces travaux non rémunérés semble demeurer le fondement de la survie de ces familles immigrantes. La conjonction du travail rémunéré et du travail non rémunéré constitue un autre sujet de recherche possible.

BIBLIOGRAPHIE

Allen, James P., «Migration Fields of French Canadian Immigrants to Southern Maine», *Geographical Review*, vol. 62, n° 3, juillet 1972, p. 366-383.

Blewett, Mary, *The Last Generation: Work and Life in the Textile Mills of Lowell, Massachusetts, 1910-1960*, Amherst, University of Massachusetts Press, 1990.

Cameron, Ardis, *Radicals of the Worst Sort: Laboring Women in Lawrence, Massachusetts, 1860-1912*, Urbana, University of Illinois Press, 1993.

Early, Frances, «French-Canadian Beginnings in an American Community: Lowell, Massachusetts, 1868-1886», Ph.D. Thesis, Concordia University, 1979.

Frenette, Yves, «Macroscopie et microscopie d'un mouvement migratoire: les Canadiens français à Lewiston au XIXe siècle», dans Yves Landry *et al., Les chemins de la migration en Belgique et au Québec: XVIIe-XXe siècles*, Louvain-la-Neuve, Éditions Acadia, 1995, p. 221-233.

Gabaccia, Donna, «Women of Mass Migrations: From Minority to Majority, 1820-1930», dans Dirk Hoerder et Leslie Page Moch (dir.), *European Migrants: Global and Local Perspectives*, Boston, Northeastern University Press, 1996.

Hareven, Tamara, *Family Time and Industrial Time*, Cambridge, Cambridge University Press, 1982.

Parr, Joy, «The Skilled Emigrant and Her Kin: Gender, Culture, and Labour Recruitment», *Canadian Historical Review,* vol. 68, n° 4, 1987, p. 528-551.

Parr, Joy, *Gender of Breadwinners*, Toronto, University of Toronto Press, 1990.

Ramirez, Bruno, «L'émigration canadienne vers les États-Unis, perspective continentale et comparative», dans Catherine Collomp et Mario Mendez, *Amérique sans frontières: les États-Unis dans l'espace nord-américain*, Vincennes, Presses universitaires de Vincennes, 1995, p. 91-113.

Ramirez, Bruno et Yves Otis, «French-Canadian Emigration to the USA in the 1920s. A Research Report», Montréal, Université de Montréal, 1992.

Ramirez, Bruno, *On the Move: French-Canadian and Italian Migrants in the North Atlantic Economy, 1860-1914,* Toronto, McClelland and Stewart, 1991.

Takai, Yukari, «Limited Progress: French-Canadian Immigrant Men Occupational Mobility Within the Segmented Labour Markets of Early Twentieth-Century Lowell, Massachusetts», *Journal of Sapporo International University,* n° 31, mars 2000, p. 105-114.

U.S. Congress. Senate, *Reports of the Immigration Commission: Immigrants in Industries,* 61st Congr., 2nd Sess., Senate Doc. 633, Vol. 10, Washington, D.C., 1911; Imp. Arno and the New York Times, 1970.

Vicero, Ralph Dominic, «Immigration of French Canadians to New England, 1840-1900: A Geographical Analysis», thèse de doctorat, University of Wisconsin [Madison], 1968 [c1969], 449 f.

NOTE

---

1.   Je tiens à remercier le professeur Bruno Ramirez et son équipe de recherche de m'avoir permis d'utiliser une partie de leurs données de recherche tirées des *Border Entries*, qui ont ensuite été complétées par l'auteur aux fins de la présente analyse. Que soit aussi remercié Niclas Rivian pour l'aide qu'il a apportée à la correction de mon texte.

LES CANADIENS FRANÇAIS DU MICHIGAN: LEUR CONTRIBUTION DANS LE DÉVELOPPEMENT DE LA VALLÉE DE LA SAGINAW ET DE LA PÉNINSULE DE KEWEENAW, 1840-1914

de JEAN LAMARRE
(Sillery, Septentrion, 2000, 226 p.)

Dean Louder
Université Laval

L'émigration vers les États-Unis constitue l'événement majeur de l'histoire canadienne-française au XIXe siècle. Le foisonnement, ces dernières années, d'excellentes synthèses sur l'exode des Canadiens français vers la Nouvelle-Angleterre est là pour le prouver (Yves Roby, *Les Franco-Américains de la Nouvelle-Angleterre, 1776-1930*, Éditions Septentrion, 1990; *Les Franco-Américains de la Nouvelle-Angleterre: rêves et réalités*, Éditions Septentrion, 2000; François Weil, *Les Franco-Américains, 1860-1980*, Éditions Belin, 1989; et Armand Chartier, *Histoire des Franco-Américains de la Nouvelle-Angleterre, 1775-1900*, Éditions Septentrion, 1991). Or, la Nouvelle-Angleterre n'a pas été la seule région d'accueil pour ces immigrants. Pendant les années 30, 40 et 50 du XIXe siècle, elle n'a même pas été la région d'accueil privilégiée, puisque ce statut fut réservé à la région des Grands Lacs. Dans cet ouvrage, tiré de sa thèse de doctorat réalisée sous la direction de Bruno Ramirez à l'Université de Montréal, Jean Lamarre lève le voile sur une histoire méconnue, celle des Canadiens français de deux régions d'ampleur restreinte et de caractère fort différent l'une de l'autre: la vallée de la rivière Saginaw, comprenant deux comtés (Bay et Saginaw), située au cœur de la péninsule inférieure du Michigan et, plus au nord sur la péninsule supérieure face au lac du même nom, le «pays de cuivre» délimité par trois comtés (Houghton, Keweenaw et Ontonagon).

L'approche comparative, omniprésente dans ce livre, est intéressante à deux points de vue. D'abord, l'analyse de la population canadienne-française de deux régions différentes du Michigan, assez éloignées l'une de l'autre, permet de situer les Canadiens français sur trois frontières économiques différentes (des fourrures, forestière et minière) et d'y tracer leur évolution. Ensuite, à une échelle plus vaste, elle démontre la différence profonde entre l'expérience des Canadiens français du Michigan et celle des Franco-Américains de la Nouvelle-Angleterre. Dans le Midwest, une élite hésitante n'a jamais réussi à inculquer à des paroissiens confiants et bien intégrés dans leur nouveau milieu le message traditionnel de la survivance. Aussi leur participation aux conflits ouvriers tranche-t-elle nettement avec le comportement de leurs concitoyens de l'Est.

L'étude met en évidence le triangle migratoire Québec–Nouvelle-Angleterre–Michigan, car nombreux étaient les gens à passer de l'un à l'autre, soit par le canal Érié ouvert en 1825 ou celui de Sault-Sainte-Marie qui a vu le jour en 1855. Le cas de Constant Pagé, cité à la page 151, est particulièrement éloquent à cet égard :

> Né au Canada en 1822, [il] épousa une Canadienne. Le ménage ne tarda pas à quitter le Québec puisque c'est dans l'État du Maine que naissait un de leurs enfants en 1857. Touché par la crise économique de 1857, le couple revint au Canada où est né un autre enfant en 1860. Mais le ménage n'y demeura que peu de temps puisqu'il mit le cap sur l'Ohio où deux autres enfants sont nés en 1863 et en 1866, après quoi ils se dirigea vers le Michigan où un autre enfant est né en 1868. En 1870, le ménage Pagé résidait dans le canton de Schoolcraft, comté de Houghton, et Constant travaillait à la construction du canal Portage.

De tels récits parsèment le texte et témoignent avec éclat de la mouvance continentale des gens du peuple de la vallée du Saint-Laurent.

En Nouvelle-Angleterre, c'est la Crise sentinelliste des années 1920 qui crée une profonde rupture dans la solidarité franco-américaine. Cinquante ans plus tôt, le Mouvement annexionniste a eu un effet similaire, quoique moins déchirant, au Michigan. Dirigé initialement de Montréal par Médéric Lanctôt, ce mouvement, qui préconisait l'indépendance politique du Canada et son annexion aux États-Unis, a trouvé des adeptes en grand nombre à Detroit, la plus vieille et la plus assimilée des communautés francophones du Michigan. Les Canadiens français plus récemment arrivés, surtout ceux de la vallée de la Saginaw, encore très attachés aux valeurs canadiennes ont refusé d'emboîter le pas. Malgré la « crise », l'immigration continuait de plus belle. La multiplication de journaux à partir de 1870 en témoigne : *Le Courrier, Le Patriote, Le Citoyen* et *L'Ouest français* dans la vallée de la Saginaw, et *Le Franc Pionnier, L'Union franco-américaine* et *Le Courrier du Michigan*. Aucun d'eux n'a fait long feu et le dernier, fondé en 1913, fut déménagé à Detroit en 1919.

En regardant la photo d'un groupe de bûcherons sur la page couverture, le lecteur peut s'attendre dans ce livre à une belle facture iconographique. Le sujet s'y prête si bien. Or, il n'en est rien. La seule photo de tout le livre est celle de la page couverture dont l'auteur n'est même pas certain de l'origine, disant qu'elle a été « possiblement » prise au Michigan à la fin du XIXe siècle. Les quelques tableaux sont bien présentés, mais les cartes laissent à désirer. La liste des figures est absente. Qui plus est, la carte à la page 134 ne porte pas le bon titre. Étant donné l'importance que l'auteur semble attribuer aux communautés canadiennes-françaises de Calumet et de Linden Lake, il aurait dû les mettre sur une carte. Autre erreur de géographie, à la page 157, l'auteur situe la ville d'Escanaba dans la basse péninsule du Michigan, ce qui est faux.

Il aurait été révélateur de jeter plus de lumière sur les relations entre les Canadiens français et les autres ethnies qui se ruaient en même temps vers la Saginaw et la Keweenaw. Ce qui est aussi très intéressant dans ce travail et qui pourrait éventuellement être exploité davantage, c'est la migration de Canadiens français de la Keweenaw à Butte au Montana, deux régions basées sur l'exploitation du cuivre.

Ce livre ouvre bien des pistes de recherche. Une suite s'impose. Que sont devenus les Canadiens français du Michigan depuis 1914? Leurs descendants sont encore sur place. Un regard rapide sur l'annuaire téléphonique de Houghton, Marquette, Bay City et Saginaw en témoigne, mais nous en savons relativement peu.

PUBLICATIONS RÉCENTES
ET THÈSES SOUTENUES

Lorraine Albert
Université d'Ottawa

La section des livres comprend surtout les titres publiés en 2000 et ceux de 1999 qui n'ont pas été répertoriés dans le numéro 10 de *Francophonies d'Amérique*.

Notre liste inclut des thèses de maîtrise et de doctorat soutenues depuis 1998, car il nous est difficile d'avoir accès aux thèses de l'année courante. Nous serions d'ailleurs reconnaissants aux personnes qui voudraient bien nous faire parvenir les titres des thèses récentes soutenues à leur établissement ou ailleurs, dans les domaines qui intéressent cette revue.

Les titres précédés d'un astérisque font l'objet d'une recension dans les pages qui précèdent.

Nous tenons à remercier d'une façon toute particulière, cette année encore, Gilles Chiasson, bibliothécaire à l'Université de Moncton, de sa précieuse collaboration aux sections d'Acadie et des État-Unis.

L'ACADIE (Gilles Chiasson, Université de Moncton)

ADAMS, Harold W. J., *Trouble at Sea: Survivors and the Widows and Orphans of Victims of the Escuminac Disaster Tell Their Stories on the 40th Anniversary, June 20, 1959*, Miramichi (N.-B.), Cadogan Publishing, 1999, 110 p.

Album paroissial 1998: Église St-François de Sales, Rogersville, Rogersville (N.-B.), Paroisse Saint-François de Sales, 1999?, 110 p.

ARCHAMBAULT, Nathalie, *L'Île de la lumière: roman*, Moncton, Éditions d'Acadie, 2000, 96 p.

ARSENAULT-McGRATH, Edna, *Fie-toi à moi!*, Sherbrooke, Éditions du CRP, «L'avenir de la mémoire», 1999, 192 p.

BASQUE, Maurice (dir.), *L'Acadie au féminin: un regard multidisciplinaire sur les Acadiennes et les Cadiennes*, Moncton, Chaire d'études acadiennes, Université de Moncton, «Mouvange», 2000, 345 p.

*BASQUE, Maurice, Nicole BARRIEAU et Stéphanie CÔTÉ, *L'Acadie de l'Atlantique*, Moncton, Centre d'études acadiennes, Université de Moncton, «Francophonies», 1999, 146 p.

BASQUE, Maurice et Nicole BARRIEAU, *Pour la gloire de Dieu et de la paroisse: histoire des églises de la paroisse Saint-Jean-Baptiste et Saint-Joseph de Tracadie*, Tracadie (N.-B.)?, Éditions Faye, 2000, 94 p.

BELZILE, Albert, *Du choc à l'âme*, Tracadie (N.-B.)?, Éditions Faye, 1999, 65 p.

BONNAR-MARTIN, Solange, *Le pouvoir du silence: ma rencontre des Acadiens*, Montréal, Éditions Armande Pilon, 1999, 288 p.

BOUCHER, Carole et Rémy HACHÉ, *Registre des actes de décès: paroisse St-Urbain, Lamèque, N.-B., 1848-1920*, Shippagan (N.-B.), Archives SHND, 1999, 165 p.

BOUDREAU, Berthe, *Guide de présentation d'une thèse*, Moncton, Faculté des études supérieures et de la recherche, Université de Moncton, 1999, 49 p.

BOUDREAU, R. L., *The Man Who Loved Schooners*, Halifax, Nimbus Pub., 2000, 170 p.

BOUTET, Gérard, *Journal d'Acadie: de la vieille France au Nouveau Monde*, Poitiers (France), M. Fontaine, 2000, 181 p.

BRAUD, Gérard-Marc, *Les Acadiens en France: Nantes et Paimbœuf, 1775-1785*, Nantes (France), Ouest Éditions, 1999, 299 p.

BREAU-MAJOR, Germaine, *On revient toujours chez soi: Cocagne*, Cocagne (N.-B.), s. n., 2000, 154 p.

BUOTE, Gilbert, *Placiade, l'homme mystérieux à New York*, Moncton, Bouton d'or Acadie, «Météore», 1999, 125 p.

CAMPEAU, Lucien, *The Beginning of Acadia, 1602-1616 (Book I): The Explorers*, Bridgetown (N.-É.), Gontran Trottier, 1999, 96 p.

CAMPEAU, Lucien, *The Beginning of Acadia, 1602-1616 (Book II): The Souriquois*, Bridgetown (N.-É.), Gontran Trottier, 1999, 137 p.

CAMPEAU, Lucien, *The Beginning of Acadia, 1602-1616 (Book III): The Mission*, Bridgetown (N.-É.), Gontran Trottier, 1999, 221 p.

CHIASSON, Anselme, *Anna Malenfant: gloire de l'Acadie et du Canada: biographie*, Moncton, Éditions d'Acadie, 1999, 158 p.

CHIASSON, Éveline et Annette CHIASSON, *Mémoires par Isidore É. Robichaud*, Bathurst (N.-B.), s. n., 1999, 40 p.

CHIASSON, Herménégilde, *Brunante: récits*, Montréal, XYZ, «Hiéroglyphe», 2000, 132 p.

COLLETTE, Médard et Maurice BEAUDIN, *Plan de financement multi-années des universités du Nouveau-Brunswick, 2000-2001 à 2002-2003, soumis au ministère de l'Éducation, province du Nouveau-Brunswick*, Moncton, Groupe de travail Plan de financement multi-années (2000-2001 à 2002-2003) des universités du Nouveau-Brunswick, 1999, 79 p.

COMEAU, Fredric Gary, *Fuites: poèmes*, Trois-Rivières, Écrits des Forges, 2000, 66 p.

COMEAU, Louis, *Père Louis se raconte et réfléchit: album / Album: Father Louis Recalls and Reflects on His Life and Times*, Yarmouth (N.-É.), Sentinel Printing, 1999, 79 p.

CORMIER, Éric, *Le Flirt de l'anarchiste: poésie*, Moncton, Éditions Perce-Neige, «Poésie», 2000, 78 p.

CORMIER-LEBLANC, Roberte M., *Saint-Grégoire, la petite rivière de Bouctouche*, Saint-Grégoire (N.-B.), R.M. Cormier-Leblanc, 2000, 195 p.

COUTURIER, Gracia, *La Chandeleur de Maurice*, illustrations de Denise Bourgeois, Moncton, Éditions d'Acadie, 2000.

COUTURIER, Gracia, *Élise à Louisbourg*, illustrations de Suzanne Dionne-Coster, Moncton, Éditions d'Acadie, 2000.

DESJARDINS, Gérard (comp.), *Le Madawaska raconté par «Le Moniteur acadien», 1867-1926*, Dieppe (N.-B.), G. Desjardins, 1999.

DESPRÉS, Rose, *La Vie prodigieuse: poèmes*, Moncton, Éditions Perce-Neige, «Poésie», 2000, 122 p.

DESROCHES, Aurore, *Belleprée 2*, Sainte-Adèle (Québec), Éditions Belleprée, 2000, 189 p.

DE VARENNES, Gérald, *René de Varennes et sa descendance, 1634-2000*, Montréal, L'Auteur, 2000, 278 p.

DEVEAU, J. Alphonse, *Chicaben ou Pointe-de-l'Église de l'époque indienne à nos jours*, Wedgeport (N.-É.), Éditions Lescarbot, 1999, 176 p.

DEVOE, John Brooks, *Devoe-deVaux Family History, 1691-1991: The Story of an Acadian Family From Beaubassin to Bras d'or*, Stratham (New Hampshire), Devoe Acadian Society, 1999, 163 p.

DOIRON, Julie, *The Longest Winter*, Fredericton, Broken Jaw Press, 1999, 64 p.

DOUCET, Clive, *Notes From Exile: On Being Acadian*, Toronto, McClelland and Stewart, 1999, 216 p.

DUGUAY, Henri-Eugène, *Raoul: un amour pas comme les autres: témoignages: missionnaire-laïc acadien*, Robichaud (N.-B.), Éditions Ad hoc, 1999, 128 p.

DUGUAY, Henri-Eugène, *Cap-Pelé: survol 2000: bicentenaire 1800-2000*, Saint-André Leblanc (N.-B.), Éditions Ad hoc, 2000.

DUGUAY, Henri-Eugène, *Une histoire à se rappeler: Notre-Dame-de-Grâce, Georgetown, Parkton, Moncton*, Saint-André Leblanc (N.-B.), Éditions Ad hoc, 2000, 168 p.

DUGUAY, Rose-Marie, *Pour une communauté alphabétisée: manuel de formation pour les intervenants en alphabétisation familiale*, Moncton, Centre de recherche et de développement en éducation, Université de Moncton, 1999, 157 p.

FLO, Monsieur, *Le petit diable qui reste dessus le soleil*, Balmoral (N.-B.), Éditions du Tracteur volant, «Les voyages de Léotitoro», 1999, 24 p.

Francis Coutellier: cartes et symboles: mémoire de lieux: catalogue d'exposition, Fredericton, Galerie d'art Beaverbrook, 1999, 43 p.

Frère Merville Gagnon (Léo-Stanislas): Frère de l'Instruction chrétienne, s. l., Frères de l'Instruction chrétienne, 1999, 79 p.

FRIGAULT, Jacques-A., *Le carnet de route du pèlerin acadien: jubilé de l'an 2000, témoignage*, Tracadie-Sheila (N.-B.), La Grande Marée, 1999, 177 p.

GALLANT, Melvin, *Tite-Jeanne et le prince triste: conte*, Moncton, Bouton d'or Acadie, «Météorite», 1999, 41 p.

GALLANT, Mathieu, *Transe migration: poèmes*, Moncton, Éditions Perce-Neige, «Poésie», 2000, 56 p.

GIROUARD, Anna, *La Vente d'honneur: roman historique [des années 1894]*, Sainte-Marie-de-Kent (N.-B.), Éditions Les Balises, 1999, 2 vol.

GIROUX, Michel et Eugène O'SULLIVAN, *Procédure pénale*, Moncton, Centre international de la common law en français, École de droit, Université de Moncton, «La common law en poche», vol. 14, 1999, 101 p.

GOUPIL, Laval, *James le Magnifique: théâtre*, Tracadie-Sheila (N.-B), La Grande Marée, «Théâtre acadien», 2000, 116 p.

GRELL, Paul, *Les jeunes face à un monde précaire: l'exemple canadien: enquête sur la côte Est du Nouveau-Brunswick (1994-1995)*, Paris, L'Harmattan, «Logiques sociales», 1999, 272 p.

HALL, Agnez, *Les Descendants de John Amos Hall et Micheline Arsenault, 1826-2000*, Tracadie (N.-B.)?, Éditions Faye, 2000, 121 p.

HAMEL, Judith, *Modo et la planète Mars*, Moncton, Bouton d'or Acadie, 2000, 22 p.

L'Impartial illustré (fac-similé), Tignish (Î.-P.-É), Comité historique acadien Prince-Ouest, 1999, 88 p.

L'indispensable, 1999-2000 : l'annuaire des services en français à Terre-Neuve et au Labrador, St. John's, Fédération des francophones de Terre-Neuve et du Labrador, 1999, 56 p.

JOHNSTON, Wendy, *Sur la lancée de l'an 2000 : 20 ans au cœur de l'économie, 1979-1999*, Moncton, Éditions d'Acadie, 1999, 146 p.

LAFOREST, Jacinthe et David Le GALLANT, *Souvenances acadiennes de Tignish : publié à l'occasion du bicentenaire de Tignish, 1799-1999*, Tignish (Î.-P.-É.), Comité consultatif du Bureau des services gouvernementaux de Tignish et des environs, 1999, 78 p.

LAMARCHE, Rodolphe et Jean-Yves DAIGLE, *L'industrie de la tourbe au Nouveau-Brunswick : naissance, développement et perspectives d'avenir*, Moncton, Institut canadien de recherche sur le développement régional, 1999, 88 p.

LANDRY, Ginette, *Le circuit patrimonial de Maria : circuit routier des sites patrimoniaux*, Maria (Québec), Bout de ligne, 1999, 60 p.

LANDRY, Merville, *Généalogies des familles de Tidiche*, Beresford (N.-B.), L'Auteur, 1999, 177 p.

LANDRY, Ulysse, *La Danse sauvage : roman*, Moncton, Éditions Perce-Neige, « Prose », 2000, 194 p.

LAPLANTE, Corinne, *Une femme libre : Sœur Cécile Renault, 1924-1996*, s. l., s. n., 1999, 119 p.

LAPLANTE, Corinne, *Une Acadienne dans « l'enfer vert » de l'Amazonie péruvienne : Sœur Eva Albert, dite Saint-Albert, 1894-1975*, Cap-Saint-Ignace (Québec), La Plume d'Oie, 2000, 172 p.

LEBLANC, Daniel Omer, *Les Ailes de soi*, Moncton, Éditions Perce-Neige, 2000.

LEBLANC, Gérald, *Je n'en connais pas la fin : poésie*, Moncton, Éditions Perce-Neige, 1999, 100 p.

LEBLANC, Mario, *Taches de naissance : poésie*, Moncton, Éditions Perce-Neige, 1999, 63 p.

LEBLANC, Roger Paul, *Monsieur Gustave : roman*, Scoudouc (N.-B.), Éditions Rose Stanislas, 2000, 169 p.

LE GALLANT, David, *Tignish Roots, 1799-1999*, Tignish (Î.-P.-É.), Comité historique acadien Prince-Ouest, 2000, 75 p.

*LÉGER, Dyane, *Le Dragon de la dernière heure : poésie*, Moncton, Éditions Perce-Neige, « Poésie », 1999, 132 p.

LÉGER, Maurice A., *Savoir décliner le verbe aimer : père Edgar T. LeBlanc, 1894-1962, curé de Saint-Henri de Barachois, 1926-1962*, Shédiac (N.-B.), L'Auteur, 2000, 184 p.

LÉGER, Ronald, *Roadkill à 30 kilomètres par seconde*, Moncton, Éditions Perce-Neige, 2000.

MAILLET, Marguerite (adaptation), *Le Petit Chaperon rouge*, Moncton, Bouton d'or Acadie, «Émeraude», 2000, 22 p.

MANWARING, John, *Les contrats*, Moncton, Centre international de la common law en français, École de droit, Université de Moncton, «La common law en poche», vol. 12, 1999, 138 p.

MICHAUD, Marie-Andrée, *La voie du cœur: entretiens sur le cheminement intérieur avec Antonine Maillet, Andrée Ruffo, Jean Vanier, Yehudi Menuhin et plusieurs autres*, Saint-Laurent (Québec), Fides, 2000, 226 p.

MIGNOT, Andrée-Paule, *Nous reviendrons en Acadie*, illustrations de Francis Back, Montréal, Hurtubise HMH, 2000, 120 p.

MORAIS, Cindy, *Zizanie: poésie*, Moncton, Éditions Perce-Neige, 1999, 60 p.

OUELLON, André, *Le Vol de l'albatros: [roman] incursion en les méandres de l'amour*, Tracadie-Sheila (N.-B.), Éditions La Grande Marée, 2000, 219 p.

PALLARD, Henri, *Les professions juridiques*, Moncton, Centre international de la common law en français, École de droit, Université de Moncton, «La common law en poche», vol. 13, 1999, 130 p.

PAQUETTE, Denise, *La Terre à aimer*, Moncton, Bouton d'or Acadie, «Léa et Laurent», 2000, 22 p.

Paroisse Saint-Georges de Grand-Sault, N.-B., 1950-2000: publication-souvenir, Grand-Sault (N.-B.), Comité du livre Paroisse de Grand-Sault, 2000, 119 p.

PELLERIN, Anita, *Bon gré, mal gré j'ai chanté!: autobiographie*, Shédiac (N.-B), Imprimerie A. Dupuis, 1999, 144 p.

PERRON, F. René, *Acadie: recherches des promoteurs et recruteurs en France: Loir-et-Cher, Maine-et-Loire, Indre-et-Loire, Seine-Maritime: connexions généalogiques et inter-régionales: archives diverses permettant de compléter les écrits antérieurs de nos brochures: ETA, ST1, ST2, ST3, ST4, ST5, ST6: suite n° 7 et annexes*, Paris, Les Amitiés acadiennes, 2000, 173 p.

PERRON, Jean et Étienne MARQUIS, *Jean Perron: profil d'un vainqueur*, Montréal, Éditions Trustar, 2000, 301 p.

PICHETTE, Robert, *Une croix honorable: les ordres de Saint-Jean au nouveau monde / This Honourable Cross: The Order of Saint John in the New World*, Ottawa, Ordre militaire souverain de Malte, Association canadienne, 1999, 24, 23 p.

PLOURDE, Jean-Guy, Jean-Paul LAFORGE et Morel Z. OUELLETTE, *L'Académie Notre-Dame de Drummond, 1949-1999: une histoire à raconter...*, Grand-Sault (N.-B.), The Merritt Press, 2000, 290 p.

POIRIER, Donald, *Introduction générale à la common law,* 2ᵉ éd., Cowansville (Québec), Éditions Yvon Blais, 2000, 653 p.

RAIMBAULT, Alain, *Herménégilde l'Acadien : roman,* illustrations de Béatrice Leclercq, Montréal, Hurtubise HMH, « Plus », 2000, 80 p.

RAINVILLE, Maurice et Simone LEBLANC-RAINVILLE, *Le rassembleur : Léger Comeau, 1920-1996 : biographie,* Moncton, Éditions d'Acadie, 2000, 415 p.

ROBERT, Gisèle, *Comme un coq en pâte : récits,* Moncton, Bouton d'or Acadie, 1999, 175 p.

ROBICHAUD, Donat, *Les Robichaud d'Amérique : dictionnaire généalogique,* Paquetville (N.-B.), L'Auteur, 1999, 936 p.

SAMSON, Garvie, *Poems and Lyrics by a Centenarian : Sr. Cécile-Marie, F. J. (Annie Adèle Samson),* Dartmouth (N.-É.), L'Auteur, 2000, 35 p.

SAVARD, Denis J., *Dictionnaire généalogique des familles Arsenault (Arseneaux, Arseneau, Arseneault),* Saint-Nicolas Est, Multimondes, 2000, 770 p.

SAVOIE, Donald J., *Le développement économique communautaire au Canada Atlantique : illusion ou panacée ?,* Moncton, Institut canadien de recherche sur le développement régional, « Maritimes », 2000, 131 p.

SIROIS, Anne-Marie, *Rose-Neige et les six nains : un nain croyable conte,* Moncton, L'Auteur, 2000, 23 p.

THÉRIAULT, Louis, *Histoires innocentes et coupables : nouvelles,* Montréal, Éditions Lescop, 1999, 223 p.

THIBODEAU, Serge-Patrice, *Le Roseau : poèmes 1997-2000,* Moncton, Éditions Perce-Neige, 2000.

WADE, Jeanne d'Arc, *Chercher l'arc-en-ciel : apprécier la vie malgré la maladie, la souffrance et les épreuves : témoignage,* Tracadie-Sheila (N.-B.), Jeanne d'Arc Wade, 1999, 151 p.

WHITE, Stephen A., *English Supplement to the Dictionnaire généalogique des familles acadiennes. Part I : 1636 to 1714,* Moncton, Centre d'études acadiennes, Université de Moncton, 2000, 336 p.

L'ONTARIO

ANDERSEN, Marguerite, *Bleu sur blanc : récit poétique,* Sudbury, Prise de parole, 2000, 81 p.

ANNE CLAIRE, *Les Nuits de la Joconde : roman,* Laval (Québec), Trois, 1999, 249 p.

ARIS, Ghassan, *Les Amants de Bagdad,* Ottawa, Éditions du Vermillon, 2000, 159 p.

BEAUCHAMP, Liliane B. Gauthier, *Léoda Gauthier : un homme du peuple, 1904-1964*, Sudbury, L. B. Beauchamp, 2000, 91 p.

BÉLANGER, Louis (dir.), *Métamorphoses et avatars littéraires : essais*, Vanier (Ontario), Éditions L'Interligne, 2000.

BERNARD, Roger, *À la défense de Montfort*, Ottawa/Hearst, Le Nordir, 2000.

BIENVENUE, Yvan *et al.*, *Contes urbains : Ottawa*, avec cinq détails d'une peinture murale de David Cation, édition préparée et préfacée par Patrick Leroux, Ottawa/Hearst, Le Nordir, 1999, 64 p.

*BOURAOUI, Hédi, *Ainsi parle la tour CN : roman*, Vanier (Ontario), Éditions L'Interligne, « Vertiges », 1999, 354 p.

BRODEUR, Hélène, *Marie-Julie*, Ottawa, Éditions du Vermillon, 2000.

BRUNET, Jacques, *Messe grise ou la Fesse cachée du Bon Dieu : roman-théâtre*, Orléans (Ontario), Éditions David, 2000, 160 p.

CADIEUX, Marie et Richard POULIN (dir.), *Amours à mort : nouvelles*, Vanier (Ontario), Éditions L'Interligne, « Vertiges », 2000, 220 p.

CHAMBERLAND, François-Xavier, *L'Ontario se raconte de A à X : entrevues radiophoniques*, Toronto, Éditions du Gref, « Dont actes », n° 19, 1999, 617 p.

CHARETTE-RENAUD, Céline, *Identité canadienne franco-ontarienne*, Montréal, Éditions de La Chenelière, « Mosaïque », 2000, 48 p.

CHRISTENSEN, Andrée et Jacques FLAMAND, *Que l'apocalypse soit !*, Orléans (Ontario), Éditions David, 2000, 140 p.

COLLECTIF, [Recueil d'haïkus des élèves du Collège de l'Outaouais], Orléans (Ontario), Éditions David, 2000, 90 p.

COLLECTIF, *Saisir l'instant*, Orléans (Ontario), Éditions David, 2000, 89 p.

CRÉPEAU, Pierre, *Paroles du soir*, Orléans (Ontario), Éditions David, 2000.

DALLAIRE, Michel, *L'Enfant de tout à l'heure : roman*, Vanier (Ontario), Éditions L'Interligne, 2000, 217 p.

DALPÉ, Jean Marc *et al.*, *Contes sudburois*, Sudbury, Prise de parole, 2000.

DESBIENS, Patrice, *Sudbury (poèmes 1979-1985)*, Sudbury, Prise de parole, 2000.

DESCHÊNES, Donald et Émile MAHEU, *Les Contes d'Émile et une nuit*, Sudbury, Prise de parole, 1999, 312 p., avec disque compact.

DICKSON, Robert, Annette RIBORDY et Micheline TREMBLAY (dir.), *Toutes les photos finissent-elles par se ressembler ? : actes du Forum sur la situation des arts au Canada français [Sudbury, 1998]*, Sudbury, Prise de parole, 1999, 390 p.

DION, Germain, *Qui a tué la Vieille Bas-de-laine?: poésie*, Ottawa, Éditions du Vermillon, «Rompol», 2000, 208 p.

DIONNE, René, *Les auteurs et les œuvres: bibliographie descriptive*, Ottawa, Éditions du Vermillon, 2000.

DONOVAN, Marie-Andrée, *L'Harmonica*, Orléans (Ontario), Éditions David, 2000, 104 p.

DUHAIME, André (dir.), *Haïku et francophonie canadienne*, illustrations et encres de Gernot Nebel, Orléans (Ontario), Éditions David, 2000, 108 p.

DUMITRIU VAN SAANEN, Christine, *Mémoires de la terre: poèmes*, Toronto, Éditions du Gref, 1999, 71 p.

DU RANQUET, Dominique, *Journal du père Dominique du Ranquet, missionnaire jésuite en Ontario de 1843 à 1900, de la mission qu'il fit en 1843 dans l'Outaouais supérieur sous la direction de l'abbé Hippolyte Moreau: tensions socioculturelles en dehors des peuplements majoritaires blancs au milieu du XIXe siècle*, texte annoté et publié avec introduction de Fernand Ouellet et René Dionne, Ottawa, Éditions du Vermillon, «Visages», n° 11, 2000, 267 p.

FLAMAND, Jacques (dir.), *Casino - vertigo: seize auteurs des Outaouais*, Ottawa, Éditions du Vermillon, 2000.

FORCIER, Céline, *Secret de Misha: roman*, Ottawa, Éditions du Vermillon, «L'aventure», 2000, 210 p.

FORTIN, Robbert, *L'Aube aux balles vertes*, suivi de: *Avaler sa plus brûlante salive* et de *L'Odeur d'aimer: poésie*, Montréal, L'Hexagone, 2000, 152 p.

FRASER, Alain, *Reflets de notre temps: chroniques*, Vanier (Ontario), Éditions L'Interligne, 1999, 240 p.

GALLAYS, François, *Diffractions*, Orléans (Ontario), Éditions David, 2000, 382 p.

GARIGUE, Philippe, *Le Temps de l'intelligence: poèmes*, Toronto, Éditions du Gref, «Quatre-routes», n° 5, 1999, 124 p.

GERVAIS, Gaétan, *Les jumelles Dionne et l'Ontario français (1934-1944)*, Sudbury, Prise de parole, 2000.

HUNEAULT, Estelle, *Au fil des ans: l'Union catholique des fermières de la province d'Ontario de 1936 à 1945*, Ottawa, Presses de l'Université d'Ottawa, «Amérique française», n° 7, 2000, 136 p.

LACASSE-LOVSTED, Lucienne, *Puisque les fleuves nous conduisent...: poésie*, Toronto, Éditions du Gref, «Écrits torontois», n° 15, 1999, 91 p.

LACOMBE, Gilles, *Éphémérides et courants d'air: proses*, Vanier (Ontario), Éditions L'Interligne, «Paroles vivantes», 2000, 110 p.

LALONDE, Jacques, *Dérives secrètes : roman*, Ottawa, Éditions du Vermillon, 2000, 239 p.

LAVALLÉE, Loïse, *Une faim de louve : cantiques charnels*, illustrations de Nicolas Stone, Orléans (Ontario), Éditions David, 2000, 152 p.

LAVIGNE, Louis-Dominique et Robert BELLEFEUILLE, *Mentire : pièce de théâtre*, Sudbury, Prise de parole, 2000, 90 p.

LECLAIR, Didier, *Toronto, je t'aime*, Ottawa, Éditions du Vermillon, 2000.

LÉON, Monique et Pierre LÉON, *La Nuit la plus courte : drame en trois actes*, Toronto, Éditions du Gref, « Écrits torontois », nᵒ 14, 1999, 164 p.

L'HEUREUX HART, Jacqueline, *Pique atout ! Cœur atout !*, 2ᵉ éd., Ottawa, Éditions du Vermillon, « Paroles vivantes », 2000.

MCGIBBON, Marcelle, *La Rumeur du fleuve : pièce en dix-neuf tableaux avec accompagnement musical*, Toronto, Éditions du Gref, « Écrits torontois », nᵒ 17, 2000.

MATTEAU, Michèle, *Quatuor pour cordes sensibles : nouvelles*, Vanier (Ontario), Éditions L'Interligne, « Vertiges », 2000, 116 p.

MILLETTE, Dominique, *Fugues et contretemps*, Sudbury, Prise de parole, 2000.

MOËN, Skip, *Gouverneur du crépuscule : roman*, Vanier (Ontario), Éditions L'Interligne, « Vertiges », 2000, 287 p.

MOHTASHAMI-MAALI, Arash, *Deuils d'automne : poésie*, Sudbury, Prise de parole, 2000, 130 p.

MUIR, Michel, *L'Inépuisable Tremblement des vivants : poèmes*, Orléans (Ontario), Éditions David, 2000, 88 p.

MUIR, Michel, *Mes mots : carnets intimes*, Ottawa, Éditions du Vermillon, « Visages », nᵒ 10, 2000, 162 p.

OUELLET, François et François PARÉ, *Traversées : lettres*, Ottawa/Hearst, Le Nordir, 2000.

PARISIEN, Odette, *Nulle part où poser son rêve*, Ottawa, Éditions du Vermillon, « Paroles vivantes », nᵒ 40, 2000.

PELLETIER, Pierre Raphaël, *J'ai à la bouche une libellule nue*, Vanier (Ontario), Éditions L'Interligne, « Paroles », 2000, 68 p.

PILON-DELORME, Lise-Anne, *Frimousse à la foire*, illustrations de Pierrette Dulude-Bohay, Ottawa, Éditions du Vermillon, 2000.

POLIQUIN, Daniel, *Le roman colonial : essai*, Montréal, Boréal, 2000.

POULIN, Gabrielle, *La vie, l'écriture : mémoires littéraires*, Ottawa, Éditions du Vermillon, 2000.

POULIN, Richard, *La déraison nationaliste: conflits nationaux, pays «socialistes» et marxisme: essai*, Vanier (Ontario), Éditions L'Interligne, 2000, 315 p.

Profil de l'alphabétisme des adultes francophones ontariens, Toronto, Section de l'alphabétisation et de la formation de base, ministère de la Formation et des Collèges et Universités, 2000.

PRUD'HOMME, Paul, *S.O.S. jeunesse*, Ottawa, Éditions du Vermillon, 2000.

PSENAK, Stefan, *La Vie éparpillée: poésie*, Ottawa/Hearst, Le Nordir, 1999, 70 p.

PSENAK, Stefan, *Du chaos et de l'ordre des choses: poésie*, 2e éd., Ottawa/Hearst, Le Nordir, 2000.

PSENAK, Stefan (dir.), *Le Poème déshabillé: poésie*, Vanier (Ontario), Éditions L'Interligne, 2000.

ROUSSEAU, Luc et Yvon GAUTHIER (dir.), *Actes de la 6e Journée du savoir de l'Acfas-Sudbury, 19 mars 1999*, Sudbury, Institut franco-ontarien, 2000, 276 p.

ROVENTA, Eugène, *Éléments de logique pour l'informatique*, Toronto, Éditions du Gref, 2000.

ROY, Lucille, *Entraves: poésie*, Ottawa, Éditions du Vermillon, «Parole vivante», n° 38, 1999, 68 p.

*SAVOIE, Paul, *à tue-tête: récit*, Vanier (Ontario), Éditions L'Interligne, «Vertiges», 1999, 180 p.

SOMAIN, Jean-François, *Le Chien de Shibuya: roman*, Ottawa, Éditions du Vermillon, 2000.

SYLVESTRE, Paul-François, *Sissy ou une adolescence singulière: roman*, Toronto, Éditions du Gref, «Écrits torontois», n° 18, 2000.

TAILLEFER, Jean, *Ottawa, P.Q.: roman*, Ottawa, Éditions du Vermillon, «Romans», 2000, 266 p.

Témoins de notre histoire: entrevues réalisées pour le compte de la Société historique de Hearst et de la région à l'été 1986, Hearst (Ontario), Éditions Cantinales, 2000, 161 p.

THÉRIEN, Michel A., *Corps sauvage*, Orléans (Ontario), Éditions David, 2000, 108 p.

TREMBLAY, France, *Courir sur les miroirs: poèmes*, Ottawa, Éditions du Vermillon, «Parole vivante», 2000, 64 p.

VILLERS, Jean-Pierre A. de, *Le Dernier Vol du Petit Prince / The Last Flight of the Little Prince*, Ottawa, Éditions du Vermillon, 2000.

VOLDENG, Évelyne, *Les Crocodiles dans les champs de soya*, Vanier (Ontario), Éditions L'Interligne, 2000.

L'OUEST CANADIEN

BERNIER, Jean-Yvon, *Des toquades d'homme: contes et fables*, Saint-Boniface, Éditions des Plaines, 2000, 170 p.

BOSC, Paul, *Le Mystère du Cheyenne*, Saint-Boniface, Éditions des Plaines, 2000.

CHAPUT, Simone, *Incidents de parcours: nouvelles*, Saint-Boniface, Éditions du Blé, 2000, 182 p.

COLLECTIF, *Pays d'eau et de soleil*, Saint-Boniface, Éditions des Plaines, 1999, 160 p.

D'AOUST, Gus, *Gus D'Aoust, trappeur de la toundra*, traduit de l'anglais par Lucien Nayet, Saint-Boniface, Éditions des Plaines, 1999, 319 p.

DUBÉ, Jean-Pierre, *Ma cousine Germaine*, Saint-Boniface, Éditions du Blé, 2000.

DUVAL, Marie-Hélène, *Parole éternelle: quand la parole se fait image: année liturgique B*, dessins de Albert Fréchette, Saint-Boniface, Éditions du Blé, 1999, 107 p.

GABORIEAU, Antoine, *La Langue de chez nous*, Saint-Boniface, Éditions des Plaines, 1999, 286 p.

GENUIST, Monique, *Racines de sable: roman*, Sudbury, Prise de parole, 2000, 130 p.

GOSSELIN, Marcel, *Mozes*, Saint-Boniface, Éditions du Blé, 2000.

HUSTON, Nancy, *Coffret Nancy Houston*, 2 (contient: *Instruments des ténèbres*; *La Virevolte*; *Cantique des plaines*), Arles, Actes Sud, «Babel», 1999, 3 vol. (318, 252, 344 p.)

HUSTON, Nancy, *Nord perdu* suivi de *Douze France*, Montréal, Leméac; Arles, Actes Sud, «Un endroit où aller», 1999, 134 p.

HUSTON, Nancy, *Prodige: polyphonie*, Paris, Corps 16, 1999, 128 p.

HUSTON, Nancy et Leïla SEBBAR, *Lettres parisiennes; autopsie de l'exil*, Paris, J'ai lu, 1999, 221 p.

HUSTON, Nancy, *Limbes / Limbo: un hommage à Samuel Beckett*, Arles, Actes Sud, «Un endroit où aller», 2000, 64 p.

LACASSE-LOVSTED, Lucienne, *Narcos, machos, motos*, Saint-Boniface, Éditions des Plaines, 1999, 160 p.

LAVOIE, Michel, *La Colombe blanche*, Saint-Boniface, Éditions des Plaines, 1999, 107 p.

LEVASSEUR-OUIMET, France, *1899-1999, Saint-Joachim, la première paroisse catholique d'Edmonton*, Edmonton, F. Levasseur-Ouimet, 1999, 338 p.

LÉVESQUE, Claire, *Mal de mère : roman*, Saint-Boniface, Éditions des Plaines, 2000, 190 p.

LUNDLIE, Lise, *Une pépinière de chefs : l'histoire du Collège Mathieu, 1918-1998*, Regina, Société historique de la Saskatchewan, 1999, 460 p.

MATHIEU, Daniel L., *Lettres à Marie*, Saint-Boniface, Éditions des Plaines, 2000.

*MORCOS, Gamila et Gilles CADRIN, *Visages de Georges Bugnet*, Saint-Boniface, Presses universitaires de Saint-Boniface, «Cahiers franco-canadiens de l'Ouest», nᵒˢ 1-2, 2000, 340 p.

PICOUX, Luisa, *Vent de panique*, Saint-Boniface, Éditions des Plaines, 2000.

PROUST-WEAVER, Ginette, *Au village du Père Noël*, Saint-Boniface, Éditions des Plaines, 1999, 35 p.

RICARD, François, *Gabrielle Roy : une vie : biographie*, édition mise à jour, Saint-Laurent (Québec), Boréal, «Boréal compact», nᵒ 110, 2000, 646 p.

ROY, Gabrielle, *Le pays de Bonheur d'occasion*, édition préparée par François Ricard, Sophie Marcotte et Jane Everett, Montréal, Boréal, «Cahiers Gabrielle Roy», 2000, 160 p.

Sous les mâts des Prairies : anthologie littéraire fransaskoise et de l'Ouest canadien, Regina ?, Édition de la Nouvelle Plume, 2000.

TACHÉ, Alexandre (Mgr), Adolphe OUIMET et Louis RIEL, *Louis Riel et les troubles du Nord-Ouest de la Rivière-Rouge à Batoche*, Montréal, Éditions du Méridien, «Mémoire québécoise», nᵒ 8, 2000, 208 p.

Théâtre en pièces : 13 courtes pièces, Saint-Boniface, Éditions du Blé, 2000.

VERMETTE, Auguste, *Au temps de la Prairie : l'histoire des Métis de l'Ouest canadien*, racontée par Auguste Vermette, témoignages recueillis, édités et annotés par Marcien Ferland, Saint-Boniface, Éditions du Blé, 1999.

VÉRON, Laurence, *Le français décodé*, avec la collaboration, pour les exercices, de Sylvie Dilk et Julien Lévesque, Saint-Boniface, Presses universitaires de Saint-Boniface, 2000, 365 p.

VIOLY, Christian, *Silences immobiles : récit poétique*, Saint-Boniface, Éditions des Plaines, 2000, 92 p.

LES ÉTATS-UNIS (Gilles Chiasson, Université de Moncton)

Amériques : Louisiane francophone, Porto Rico, Romainville (Seine-Saint-Denis), Passages d'encres, «Passages d'encres», nᵒ 12, 2000, 112 p.

BÉLANGER, Claude et Damien-Claude BÉLANGER, *A Quebec Beyond Its Frontiers : The Emigration of French Canadians to New England, 1850-1930*, Montréal, Collège Marianopolis, 1999, 47 p.

CYR, Yvon, *Acadian-Cajun Family Tree*, [fichier d'ordinateur], [É.-U.], Progency Publishing, 1999, 1 disque au laser d'ordinateur plus 1 livret.

DAIGRE, Una F., *Diocese of Baton Rouge Catholic Church Records, Volume 1a, Revised: The Registers of St. Charles aux Mines in Acadia, 1707-1748*, Baton Rouge (La.), Diocese of Baton Rouge, Department of Archives, 1999, 214 p.

DANCHIN, Sebastian, *Musiques de Louisiane: musique cajun, zydeco et blues*, Paris, Édition du Layeur, 48 p. avec CD audio.

FAMILLE CORMIER GENEALOGY COMMITTEE, *La Famille Cormier, Descendants of Robert Cormier, 1610-1999*, Lafayette (La.), La Famille Cormier Inc., 1999, 371 p.

La Famille de Babineaux, 1999, Lafayette (La.), Genealogy Committee, Babineaux Family Genealogy, 1999, 38 p.

La Famille de Granger, 1999, Lafayette (La.), Genealogy Committee, Granger Family Genealogy, 1999, 43 p.

GASPARD, Russell, *Antoine Hébert (1621-After 1686) « tonnelier » (Barrel Maker » de (of) Martaize, France, et ses descendants (and his Descendants)*, Abbeville (La.), R. R. Gaspard, 1999, 189 p.

GUIRARD, Greg, *Cajun Families of the Atchafalaya / Les familles Cadien de l'Atchafalaya*, s. l., L'Auteur, 1999, 104 p.

The Heberts of Louisiana: The Etienne Hebert Line: Descendants of Jean Emmanuel and Madeleine Marie Dugas, Abbeville (La.), L'Association des Hébert du Monde pour le Congrès Mondial Acadien, 1999, 572 p.

The Heberts of Louisiana: The Etienne Hebert Line: Descendants of Jacques Hebert and Marguerite Landry (Part I), Abbeville (La.), L'Association des Hébert du Monde pour le Congrès Mondial Acadien, 1999, 127 p.

The Heberts of Louisiana: The Etienne Hebert Line: Descendants of Guillaume Hebert and Marie Josephe Dupuy (Part II), Abbeville (La.), L'Association des Hébert du Monde pour le Congrès Mondial Acadien, 1999, 58 p.

The Heberts of Louisiana: The Etienne Hebert Line: Descendants of Antoine Hebert and Jeanne Corporon = Anne Orillon (Part I), Abbeville (La.), L'Association des Hébert du Monde pour le Congrès Mondial Acadien, 1999, 247 p.

The Heberts of Louisiana: The Etienne Hebert Line: Descendants of Jean Hebert and Jeanne Doiron (Part II), Abbeville (La.), L'Association des Hébert du Monde pour le Congrès Mondial Acadien, 1999, 30 p.

*LAMARRE, Jean, *Les Canadiens français du Michigan: leur contribution dans le développement de la vallée de la Saginaw et de la péninsule de Keweenaw, 1840-1914*, Sillery (Québec), Septentrion, 2000, 226 p.

Nos cousins et cousines en Louisiane: tableaux généalogiques des familles membres de la Fédération des associations de familles acadiennes qui ont des descendants en Louisiane / Our Cousins in Louisiana: Genealogical Charts of the Descendants in Louisiana of the Member Families of the Fédération des associations de familles acadiennes, s. l., Fédération des associations de familles acadiennes, Comité de généalogie, 1999, 186 p.

The Roy Family: From Acadia to Minnesota and Beyond, Blaine (Minn.), Roy Family Book Committee, 1999, 508 p.

SAINT-PIERRE, Télesphore, *Histoire des Canadiens français du Michigan et du comté d'Essex, Ontario*, Sillery (Québec), Septentrion, «Cahiers du Septentrion», 17, 2000, 336 p.

TAURIAC, Michel, *La Louisiane aujourd'hui*, photographies: Pierre Esparbet, Patrick Frilet, Paris, Jaguar, «Aujourd'hui», 2000, 240 p.

THIBODEAUX, Gene, *On the Banks of Plaquemine Brulée: une histoire de la Pointe de l'Église: Church Point, Louisiana*, Church Point (La.), L'Auteur?, 1999, 228 p.

THIBODEAUX LeBLANC, Shirley, *Famille de Thibodeau*, Lafayette (La.), L'Auteur, 1999, 927 p.

GÉNÉRAL

*ALLAIRE, Gratien, *La Francophonie canadienne: portraits*, Sudbury, Prise de parole; Sainte-Foy, AFI-CIDEF, 1999, 224 p.

BERTRAND, Luc, *L'Énigmatique Mackenzie King: biographie*, Vanier (Ontario), Éditions L'Interligne, 2000.

BLACKFORD, Karen A., Marie-Luce GARCEAU et Sandra KIRBY (dir.), *Feminist Success Stories / Célébrons nos réussites féministes*, Ottawa, Presses de l'Université d'Ottawa, «Actexpress», 1999, 348 p.

BROCHU, André, *Anne Hébert: le secret de vie et de mort*, Ottawa, Presses de l'Université d'Ottawa, «Œuvres et auteurs», 2000, 284 p.

*CORBO, Claude, *La mémoire du cours classique: les années aigres-douces des récits autobiographiques*, Montréal, Éditions Logiques, «Théories et pratiques dans l'enseignement», 2000, 445 p.

COURVILLE, Serge, *Rêves d'empire: le Québec et le rêve colonial*, Ottawa, Presses de l'Université d'Ottawa, «Conférence Charles R. Bronfman en études canadiennes», 2000, 68 p.

COUTURIER, Jacques Paul, Wendy JOHNSTON et Réjean OUELLETTE, *Un passé composé: le Canada de 1850 à nos jours*, 2ᵉ éd., Moncton, Éditions d'Acadie, 2000, 419 p.

FAUCHON, André (dir.), *La Francophonie panaméricaine, état des lieux et enjeux*, Actes du dix-huitième Colloque du Centre d'études franco-canadiennes de l'Ouest tenu au Collège universitaire de Saint-Boniface les 20, 21 et 22 mai 1999, Winnipeg, Presses universitaires de Saint-Boniface, 2000.

FÉDÉRATION DES COMMUNAUTÉS FRANCOPHONES ET ACADIENNES DU CANADA, *Dialogue, vitalité, fierté, appartenance francophones: outil de discussion / Dialogue, vitalité, fierté, appartenance francophones: Discussion Paper*, Ottawa, FCFA, 2000, 59, 61 p.

FORTIN, Andrée (dir.), *Produire la culture, produire l'identité?*, Sainte-Foy (Québec), Presses de l'Université Laval, «Culture française d'Amérique», 2000, 264 p.

FRIGON, Sylvie et Michèle KÉRISIT (dir.), *Du corps des femmes: contrôles, surveillances et résistances*, Ottawa, Presses de l'Université d'Ottawa, «Études des femmes», nᵒ 6, 2000, 307 p.

*GAUVIN, Lise, *Langagement, l'écrivain et la langue au Québec*, Montréal, Boréal, 2000, 254 p.

GRISÉ, Yolande et Jeanne d'Arc LORTIE, avec la collaboration de Pierre SAVARD et Paul WYCZYNSKI, *Les Textes poétiques du Canada français, 1606-1867*. Vol. 12: *1865-1867*, édition intégrale, Montréal, Fides, 2000, 717 p.

HARVEY, Fernand et Gérard BEAULIEU (dir.), *Les relations entre le Québec et l'Acadie, 1880-2000: de la tradition à la modernité*, Sainte-Foy (Québec), Éditions de l'IQRC, 2000, 295 p.

LAFLAMME, Simon, *Des biens, des idées et des personnes au Canada (1981-1995): un modèle macrologique relationnel*, Sudbury, Prise de parole, 2000.

LARIN, Robert, *Brève histoire du peuplement européen en Nouvelle-France*, Sillery (Québec), Septentrion, 2000, 226 p.

LAVOIE, Laurent (dir.), *La poésie d'expression française en Amérique du Nord: cheminement récent*, textes présentés lors du 8ᵉ Colloque de l'Association des professeurs de littératures acadienne et québécoise du Cap-Breton, à Sydney, les 23 et 24 octobre 1998, Beauport (Québec), MNH, 2000, 184 p.

LEPAGE, Françoise, *Histoire de la littérature pour la jeunesse: Québec et francophonies du Canada*, Orléans (Ontario), Éditions David, 2000, 828 p.

LEPAGE, Yvan G. et Robert MAJOR (dir.), *Croire à l'écriture: études de littérature québécoise en hommage à Jean-Louis Major*, Orléans (Ontario), Éditions David, 2000, 431 p.

*MAJOR, Robert, *Convoyages : essais critiques*, Orléans (Ontario), Éditions David, 1999, 356 p.

MOOGK, Peter N., *La Nouvelle-France : The Making of French Canada : A Cultural History*, East Lansing, Michigan, Michigan State University Press, 2000, 340 p.

NORMAND, Germaine, *Fonder foyer en Nouvelle-France : les Normand du Perche*, Sainte-Foy (Québec), Éditions Multimondes ; Éditions du Trille, 1999 ?, 296 p.

OUELLETTE, Jeannine, *Les femmes en milieu universitaire : liberté d'apprendre autrement*, Ottawa, Presses de l'Université d'Ottawa, « Études des femmes », n° 5, 1999,

PANET-BERCZY, Amélie, *Quelques traits particuliers aux saisons du Bas-Canada et aux mœurs de l'habitant de ses campagnes il y a quelque quarante ans mis en vers*, texte présenté par Roger Le Moine, Orléans (Ontario), Éditions David, 2000.

POIRIER, Guy et Pierre-Louis VAILLANCOURT (dir.), *Le bref et l'instantané : à la rencontre de la littérature québécoise du XXIᵉ siècle*, Orléans (Ontario), Éditions David, 2000, 238 p.

SAINT-PIERRE, Marjolaine, *Saint-Castin : Baron français chef amérindien (1652-1707)*, Sillery (Québec), Éditions du Septentrion, 1999, 258 p.

*STEBBINS, Robert A., *The French Enigma : Survival and Development in Canada's Francophone Societies*, Calgary, Detselig Enterprises, 2000, 254 p.

TAHON, Marie-Blanche et Denyse CÔTÉ (dir.), *Famille et fragmentation*, Ottawa, Presses de l'Université d'Ottawa, « Études des femmes », n° 7, 2000, 158 p.

*THÉRIAULT, Joseph Yvon (dir.), *Francophonies minoritaires au Canada : l'état des lieux*, Moncton, Éditions d'Acadie, 1999, 578 p.

VOLDENG, Évelyne et Georges RISER, *Lecture de l'imaginaire : huit femmes poètes des deux cultures canadiennes, 1940-1980*, Valenciennes (France), Presses universitaires valenciennes ; Orléans (Ontario), Éditions David, 2000, 236 p.

THÈSES

BÉLANGER, Damien-Claude, « Lionel Groulx et la Franco-Américanie », M.A., Université de Montréal, 2000, 184 p.

BOUDREAU, Denis, « l'implantation et l'évolution du Mouvement des caisses populaires acadiennes en milieu urbain (1945-1972) : l'exemple des caisses populaires de Moncton et de Bathurst », M.A., Université de Moncton, 1999, 165 p.

BOULAY, Yvette, « Le Fransaskois : un aperçu sociolinguistique », M.A., Université Laval, 1999, 207 p.

BROUÉ, Catherine, «Édition critique de la description de la Louisiane et de la Nouvelle découverte du Père Louis Hennepin», Ph.D., Université Laval, 1999, 654 p.

CÔTÉ, Stéphanie, «l'implication des Sœurs de la Providence dans le développement de l'Hôtel-Dieu de l'Assomption de Moncton, 1922-1967», M.A., Université de Moncton, 2000, 141 p.

DUBOIS, Lise, «La traduction officielle au Nouveau-Brunswick: sa place et son rôle», Ph.D., Université Laval, 1999, 290 p.

GAMACHE, Edwige Lydie, «The Renewed Presence of Exotic Otherness in the French and Francophone Texts of the Late Twentieth Century (Maryse Conde, Antonine Maillet, David Cheramie)», Ph.D., University of California, Berkeley, 1998, 166 p.

GAUVIN, Karine, «Une approche énonciative et interactive de je sais et de je sais pas en Acadie du Nouveau-Brunswick», M.A., Université de Moncton, 1999, 136 p.

GOUPIL, Mylène, «l'évolution du récit du "Grand dérangement" chez les auteurs étrangers de 1757 à 1890», M.A., Université de Sherbrooke, 1998, 238 p.

HALL, Eden-Margaret, «Ethnogenesis and Identity: Toronto's Changing Francophone Community», M.A., York University, 1999, 148 p.

HARDY, Stephan Cory, «*Cantique des plaines* de Nancy Huston: le rôle du mythe dans une quête d'identité», M.A., University of Manitoba, 1999, 147 p.

KEVRA, Susan Katherine, «Body Image/s: Representations of the Body in the Novel of French Canada and Quebec», Ph. D., University of Massachusetts, 1998, 260 p.

KLAMBAUER, Edith, «L'Acadie à la recherche d'une identité», M.A., Universität Wien, Gablitz, Autriche, 1998, 114 p.

RAYMOND, Maurice, «Mise en scène de la pulsion ou représentation de l'impossible dans l'œuvre en prose de Ronald Després», M.A., Université de Moncton, 1999, 233 p.

RINGUET, Isabelle, «Les stratégies de mobilité sociale des interprètes en Nouvelle-Écosse et à l'Île Royale, 1713-1758», M.A., Université de Moncton, 1999, 146 p.

SWEET, Brad, «Réfractaire and Mission Priests in Post-Deportation Acadian Education in Eastern Nova Scotia, 1792-1840», M.A., Université Laval, 1999, 124 p.

TAPIE, Édith, «Les structures socio-économiques de Grand-Pré, communauté acadienne», M.A., Université de Poitiers, 2000, 114 p.

Comment communiquer avec

FRANCOPHONIES
D'AMÉRIQUE

POUR TOUTE QUESTION TOUCHANT AU CONTENU DE LA REVUE
AINSI QUE POUR LES SUGGESTIONS D'ARTICLES:

PAUL DUBÉ
DIRECTEUR
FRANCOPHONIES D'AMÉRIQUE
DÉPARTEMENT DES LANGUES MODERNES
ET DES ÉTUDES CULTURELLES
UNIVERSITÉ DE L'ALBERTA
Edmonton (Alberta)
T6G 2E6
TÉLÉPHONE: (780) 492-1207
TÉLÉCOPIEUR: (780) 492-9106
COURRIEL: pdube@gpu.srv.ualberta.ca

POUR TOUTE QUESTION RELEVANT DU SECRÉTARIAT DE RÉDACTION:

CENTRE DE RECHERCHE EN CIVILISATION
CANADIENNE-FRANÇAISE
UNIVERSITÉ D'OTTAWA
145, rue Jean-Jacques-Lussier
C.P. 450, succ. A
Ottawa (Ontario) Canada
K1N 6N5
TÉLÉPHONE: (613) 562-5800 poste 4001
TÉLÉCOPIEUR: (613) 562-5143
COURRIEL: crccf@uottawa.ca

POUR LES NOUVELLES PUBLICATIONS ET LES THÈSES SOUTENUES:

LORRAINE ALBERT
DÉPARTEMENT DES COLLECTIONS
BIBLIOTHÈQUE MORRISET
UNIVERSITÉ D'OTTAWA
C.P. 450, succ. A
Ottawa (Ontario) Canada
K1N 6N5
TÉLÉPHONE: (613) 562-5800, poste 3657
TÉLÉCOPIEUR: (613) 562-5133
COURRIEL: lalbert@uottawa.ca

POUR LES QUESTIONS DE DISTRIBUTION OU DE PROMOTION:

LES PRESSES DE L'UNIVERSITÉ D'OTTAWA
UNIVERSITÉ D'OTTAWA
542, rue King Edward
C.P. 450, succ. A
Ottawa (Ontario) Canada
K1N 6N5
TÉLÉPHONE: (613) 562-5246
TÉLÉCOPIEUR: (613) 562-5247
COURRIEL: press@uottawa.ca

FRANCOPHONIES
D'AMÉRIQUE

Revue annuelle: ISSN 1183-2487

		Canada	**Autres pays**
Abonnement		22,00 $	24,00 $
	TPS 7%	1,54 $	0
	TOTAL	23,54 $	24,00 $
Au numéro		24,00 $	26,00 $
	TPS 7%	1,68 $	0
	TOTAL	25,68 $	26,00 $

Numéros déjà parus

- ■ *Francophonies d'Amérique*, nº 1 (épuisé)
- ❏ *Francophonies d'Amérique*, nº 2 .... _____ $
- ❏ *Francophonies d'Amérique*, nº 3 .... _____ $
- ❏ *Francophonies d'Amérique*, nº 4 .... _____ $
- ❏ *Francophonies d'Amérique*, nº 5 ISBN 2-7603-0406-X ...... _____ $
- ❏ *Francophonies d'Amérique*, nº 6 ISBN 2-7603-0429-9 ...... _____ $
- ❏ *Francophonies d'Amérique*, nº 7 ISBN 2-7603-0445-0 ...... _____ $
- ❏ *Francophonies d'Amérique*, nº 8 ISBN 2-7603-0466-3 ...... _____ $
- ❏ *Francophonies d'Amérique*, nº 9 ISBN 2-7603-0498-1 ...... _____ $
- ❏ *Francophonies d'Amérique*, nº 10 ISBN 2-7603-0522-8 ...... _____ $

Total (transport inclus) .... _____ $

Mode de paiement

- ❏ Veuillez m'abonner à *Francophonies d'Amérique* (facturation par retour du courrier)
- ❏ Veuillez m'adresser les titres cochés
- ❏ Ci-joint un chèque ou un mandat de ...._____ $
- ❏ Visa   ❏ Mastercard   Nᵒ _____

Date d'expiration _____ Signature _____

Nom _____

Institution _____

Adresse _____

_____Code postal _____

Service d'abonnement:

AGENCE INTERNATIONAL
INTERNATIONALE SUBSCRIPTION
D'ABONNEMENT AGENCY
C.P. 444, Outremont, QC
Canada H2V 4R6
Tél.: (514) 274-5468
Téléc.: (514) 274-0201
Tout le Canada:
Tél.: 1-800-361-1431

LES PRESSES
DE L'UNIVERSITÉ
D'OTTAWA

Vente au numéro:
gaëtan morin éditeur
Diffuseur exclusif des Presses de l'Université d'Ottawa
171, boul. de Mortagne, Boucherville, QC
Canada J4B 6G4

Tél.: (450) 449-7886
Téléc.: (450) 449-1096
courrier électronique: presses@gmorin.qc.ca

Diffusion en Europe:
Initiatives Santé
26, avenue de l'Europe
78141 Vélizy, France

Tél.: (01) 34 63 33 01
Téléc.: (01) 34 65 39 70